한국인 상담과 심리치료를 위한 문화 심리학

한국인 상담과 **심리치료**를 위한

| 채정민 지음 |

(주)교 문 사

현재 우리 사회에는 스트레스와 심리적 질병을 앓는 사람들이 기하급수적으로 증가 중이다. 사소한 일이 쌓여서 그랬든, 중대한 일이 갑자기 터져 그랬든 간에 수십년 전보다 심리적 질병을 앓는 환자의 수가 훨씬 증가한 것만은 사실이다. 이러한 상황에서 때로는 적지 않은 사람들이 자살을 선택하기도 한다. 우리나라는 OECD 국가 중 압도적인 자살률을 기록하고 있다.

상담과 심리치료의 역할과 수요는 나날이 증가하고 있다. 여러 대학과 대학원에서는 상담자와 심리치료가들을 육성하며, 기존의 상담자와 심리치료가들은 현장에서 활발히 자신들의 몫을 다하고 있다.

아쉬운 것은 이들 대부분이 여전히 미국에서 개발되거나 시행되는 상담과 심리치료 이론과 기법을 가지고 활동하고 있다는 것이다. 생리학적 측면에서도 각국의 국민들이 서로 다른 면을 가지고 있다는 점이 일찍이 밝혀지고, 그에 따른 의학적 치료 방법을 다르게 적용하는데 그보다 더 다를 수 있는 문화적 측면에 대해서는 고려하지 않는 경우가 대부분이다.

문화심리학적 관점과 지식이, 상담과 심리치료에 도입되어야 한다는 생각으로 《한국인 상담과 심리치료를 위한 문화심리학》을 기획하였다. 이 책은 상담과 심리치료에서 문화심리학적 관점과 지식이 왜 적용되어야 하는지부터 문화심리학의 역사와 이론, 이를 토대로 나온 연구 결과, 이를 적용한 실제 상담과 심리치료의 사례 등을 담고 있다. 이 책을 통해 상담과 심리치료 전문가뿐만 아니라, 학문을 공부하는 대학원생과 학부생들이 한국인에게 적합한 상담이론과 기법을 습득하고 실천할 수 있기를 기대한다.

2014년 3월
서울 태릉에서 채정민

차 례
Contents

Part 2 문화심리학의 이해

Part 3 문화심리학의 활용

Part 1 문화심리학의 기초

Chapter 1

상담과 심리치료의 보편성과 특수성

1. 상담과 심리치료

1) 상담의 정의

상담이란 '내담자와 상담자가 상호작용을 통하여 내담자의 성장·발전을 도모하는 심리적 조력과정'이다. 영어에서는 상담을 카운슬링(counseling)으로 표현하는데 이는 라틴어의 '조언하다(cōnsilium)'에서 유래된 말이다. 본격적으로 이러한 상담이라는 단어가 사용된 것은 1908년 파슨스(Parsons)에 의해서이다. 이후 로저스(Rogers)가 이 단어를 사용하면서 상담이라는 개념이 널리 사용되었다.

상담의 일반적인 정의와 별개로, 심리학에서는 상담은 정의가 심리상담의 개념으로 국한된다. 따라서 상담과 심리치료에 대해 다루기 위해서는 심리학에서의 상담을 보다 치밀하게 정의할 필요가 있다. 이러한 노력은 그간 수많은 학자들에 의해 이루어졌다. 로저스는 상담을 "치료자(또는 상담자)와의 안전한 관계에서 내담자가 과거 부정했던 경험을 통합하여 새로운 자기로 변화하는 과정"이라고 보았다(Rogers, 1952). 상담의 개념을 '자아개념의 변화시키는 전문적 도움'이라는 맥락에서 본 것이다. 한편, 타일러(Tyler)는 상담을 "개인적 발달의 방향으로 현명한 선택이 이루어지도록 촉진하는 것"이라고 보았다(Tyler,

1969). 이는 상담을 '생활과정에서의 합리적 선택을 통해 개인적으로 발전하도록 도와주는 것'이라는 맥락에서 본 것이다. 피에트로페사(Pietrofesa), 레오나르도(Leonard), 반 후스(Van Hoosw)는 상담을 "내담자가 자기이해, 의사결정 및 문제해결을 하도록 전문적으로 도와주는 과정"이라고 정의했다(Pietrofesa, Leonard, Van Hoosw, 1978). 이는 '생활과제의 해결'과 '상담자와 내담자의 상호작용'을 중요시한 것으로 볼 수 있다. 이외에도 일반적이고 포괄적인 측면에서 상담에 대한 정의를 내린 예가 다수 존재한다.

렌(Wrenn, 1951)은 상담을 "학생이 필요로 하는 것이 무엇이냐에 따라 변화될 수 있고, 절차 속에서 이루어지는 두 사람 간의 역동적이며 목적이 있는 관계이며, 학생이 자기 명료화와 자기 결정을 하는 것에 초점을 두고 상담자와 학생 간 상호참여를 하는 것"으로 정의했다. 이는 상담을 학교라고 하는 특수한 장소에서 이루어지는 것으로 생각한 것이다. 이처럼 상담을 특수한 상황에서 이루어지는 것으로 여긴 정의도 다수 있다.

한편, 이장호(1982)는 상담을 "도움을 필요로 하는 사람이 전문적 훈련을 받은 사람과의 대면관계에서 생활과제의 해결과 사고, 행동 및 감정 측면의 인간적 성장을 위해 노력하는 학습과정"으로 규정했다. 이는 인지, 정서, 행동을 중요한 심리적 영역으로 보는 심리학적 의미의 상담 즉, 상담심리학적 관점에서 정의한 것이다.

이외에도 상담에 대한 정의는 많은데, 이들의 견해를 종합하면 상담의 핵심 요소란 '두 사람 이상의 상호작용', '도움을 주고받는 과정', '도움을 주는 학습과정'으로 정리할 수 있다. 현대에는 커뮤니케이션 매체 발달로 면대면(face to face)의 개념이 확장되고 있으므로, 이러한 개념을 상담의 정의에 꼭 포함시킬 필요는 없다. 이메일이나 인터넷 게시판을 통한 상담도 가능하기 때문이다. 따라서 심리학적 관점에서 상담을 정리하면 '도움을 필요로 하는 사람과 이를 도울 수 있는 전문적인 능력을 가진 사람이 상호작용을 통해 도움을 필요로 하는 사람의 필요를 충족시키면서 심리적 측면에서 성장하게 만드는 전 과정'이라고 할 수 있다.

2) 상담과 심리치료의 구분

상담과 심리치료에는 어떤 개념적 차이가 있을까? 얼핏 보면 두 용어는 별개로 존재하고 뉘앙스 측면에서도 차이가 있을 것으로 여겨진다. 하지만 두 용어 간 관계는 시간의 흐름과 학자의 관심사에 따라 약간씩 달라진다. 시간의 흐름에서 보면, 용어 사용 초창기에는 상담과 심리치료를 구분하지 않았다. 그리고 점차 둘 사이의 차이점을 발견하기 어렵다는 이유로 거의 동일한 용어로 사용되기 시작했다. 오늘날에도 많은 학자들은 상담과 심리치료의 개념을 구분 없이 사용하고 있다. 하지만 국내에서는 상담 분야와 심리치료 분야의 전문가들이 학회활동을 별도로 하면서 용어 간 구분을 시도하고 있다. 이러한 결과로, 국내에서는 상담심리사 자격증과 임상심리사 자격증을 별도로 발급하고 각각 다른 활동영역으로 분리하고 있다.

이 둘을 구분하는 시각에서 용어 간 주된 차이점을 살펴보면, 상담은 주로 교육적이고, 예방적이며, 발달적 측면에 관심을 많이 두고, 심리치료는 적응적이고, 교정적이며, 치료적인 측면에 관심을 많이 둔다고 볼 수 있다. 브래머와 쇼스트롬(Brammer & Shostrom, 1977)은 이 두 가지가 많은 점에서 공통되지만 굳이 차이를 따진다면, 상담은 "교육적이고, 직업적이며, 지지적이고, 문제해결적이며, 의식을 인식하고, 정상적인 측면과 현재의 단기적 측면에 중점을 둔다."라고 볼 수 있고, 심리치료는 "위기 상황에서 지지적이고, 재구성적이며, 심층심리를 강조하고, 분석적이며, 과거를 강조하고, 신경증이나 그 밖의 심한 정서적 문제에 관심을 두며, 장기간에 초점을 둔다."라고 설명했다. 하지만 현실에서는 대체로 상담과 심리치료를 구분하지 않고 사용하고 있다.

3) 보편성과 특수성

상담과 심리치료는 시간과 장소에 관계없이 누구에게나 동일하게 작용하는 것은 아니다. 그간 개발된 수많은 상담과 심리치료 기법 중에는 보편성(universality)을 토대로 한 것도 있고, 특수성(specificity)을 토대를 한 것도 있다. 여기서 특수성이란 보편성과 반대되는 개념이며 문화마다 상담과 심리치료 결과가 다를 수 있다는 점을 의미한다.

상담(이하, 상담과 심리치료를 통칭하여 상담이라고 적음.)의 본고장은 정신분석학이 태동한 독일로 보아야 옳지만 일반적으로 미국이 상담의 본고장으로 알려져 있다. 독일에서 심리치료의 한 기법을 제공하는 정신분석학이 등장했을 때, 미국을 중심으로 한 심리학계에서 그리 인정받지 못했던 것이다. 1950년대 미국에서는 '상담심리학'이라는 말이 등장하면서 여러 전문서적이 출판되었고 발전적인 분화과정을 거쳤다. 또한 상담을 독립된 전문영역으로 취급하여 20세기 초 직업지도(career guidance) 차원에서 실행하였고, 이러한 흐름이 현재까지도 이어지고 있다. 미국의 상담학은 전 세계로 전파되어 상담의 보편적인 형태로 자연스럽게 인식되었다.

상담의 원형(原型, prototype)을 살펴보자. 처음에 상담은 어떤 전문적인 작업이 아니라, 공동체에서 어떤 사람이 어떤 문제로 고민할 때 이를 최고 어른에게 상의하는 것이었다. 이때 최고 어른이란 해당 공동체를 잘 알고, 문제를 의뢰하는 사람을 잘 알며, 삶의 지혜를 지니고, 다른 사람의 고민을 들어주는 경험과 기술을 가지고 있는 사람이었다. 이러한 최고 어른에게 편안하게 고민을 토로하고 문제를 해결할 수 있다는 사실은 해당 공동체의 구성원에게 더할 나위 없는 혜택이었다. 그런데 점차 인구가 증가하고, 사회가 복잡하게 변하고, 개인의 삶이 다양한 형태로 전개되면서, 고민을 가진 사람이 증가하였고 소수의 최고 어른에게 고민을 털어놓을 수 없는 상황에 이르렀다. 따라서 이 최고 어른과 같은 사람을 전문적으로 훈련시켜 길러내는 과정이 생기고, 이와 함께 다양한 상담기법과 이론이 개발된 것이다. 이러한 최고 어른의 예로 볼 때 상담이란 어느 문화, 어느 시대, 어느 누구에게나 보편적으로 유효한 것이다.

이러한 상담의 보편성에 일조한 또 하나의 요인으로 사회나 문화보다는 개인에 초점을 두는 시각을 들 수 있다. 대부분의 사회에서 어떤 사람이 심리적으로 고통받고 힘들어 할 때, 그 원인을 그가 속한 사회의 문제로 생각하기보다는 해당 개인의 특성에서 찾는 경향이 있다. 특히, 개인주의적 측면이 강한 미국에서는 이러한 개인주의적 인간관이 상담이론에 작용하게 되었다. 이처럼 상담에 대한 개인초점적 시각이 강하게 자리잡았던 미국을 시작으로 전 세계에 이러한 관점과 이론이 자연스럽게 전파되었다. 이러한 관점과 이론은 당연하게 받아들여져서 누구도 이에 대한 문제의식을 갖지 않았고, 현재까지도 이러한 흐름이 이어지고 있다.

위의 관점에서 나온 이론으로는, 프로이트(Freud)를 중심으로 한 정신분석적 상담, 윌리엄슨(Williamson)을 주축으로 한 이성적 지시적 상담, 엘리스(Ellis) 등을 중심으로 한 합리적 정서적 치료, 베른(Berne)이 창시한 교류분석을 토대로 한 상담, 달라스(Dollard)와 밀러(Miller) 등을 중심으로 한 행동주의 상담, 글래서(Glasser)가 창시한 현실요법적 상담, 펄스(Perls)가 주축이 된 게슈탈트 상담, 로저스(Rogers)가 창시한 인간중심 상담, 헤일리(Haley)에 의한 역설적 상담 등이 있다.

왓츠(Watts)는 동양에 토대를 두는 유교, 불교, 노장사상, 힌두교 등이 서양적 관점에서 일종의 심리치료라고 보았다. 이러한 시각은 점차 서양 중심의, 개인 중심의, 보편적인 상담의 관점에서 벗어나 문화적 측면에 따라 다른 방식의 상담이 가능하다는 관점을 낳았다.

상담 분야 전문가들 역시 전통적으로 알려진 주요 이론에 다문화적 관점을 포함시키기 시작했다. 코리(Corey, 2009)는 최근 《상담이론의 이론과 실제》의 8판에서 그 이전 판과 다르게 프로이트(Freud)의 정신분석학 등의 주요 상담 관련 이론을 다루며 '다문화적 관점'을 포함하기도 했다.

이러한 관점은 아직까지 큰 결실을 맺지 못했지만, 이와 연관된 심리검사의 제작이나 실시 결과의 해석 등에서는 보편성보다 특수성을 반영하는 추세이다. 이러한 움직임은 상담심리학 분야에서 먼저 일어났고 최근에는 후발 주자인 문화심리학 분야가 이러한 움직임에 큰 토대로 자리 잡았다. 문화 간 비교나 특정 문화에서의 특수한 상담, 정신병의 구분 등이 문화심리학의 도움으로 진행되고 있다.

2. 상담과 심리치료의 특수성과 문화

1) 문화의 기원과 개념

문화란 용어는 라틴어의 'Cultus'를 어원으로 한다. 영어권에서는 문화를 'Culture'라 하고, 독일에서는 'Kultur'라고 한다. 이 단어는 처음에 '밭을 갈아 경작한다.'라는 의미를 가졌다가 나중에 '가치를 창조한다.'라는 의미로 변화하였다. 문화란 자연적으로 존재하는 가치 이외에 새로운 가치를 인위적으로 만들어내는 것이다. 이러한 관점에서 보면, 자연 상태로 존재하던 흙을 빚어 그릇을 만들었을 때, 이는 가치를 인위적으로 부여한 것으로 문화가 된다.

그동안 문화에 대한 개념 정의는 수없이 이루어졌다. 1950년대에 여러 개념 정의의 혼란을 막고 명쾌한 정의를 하기 위해 크뢰버와 클러크혼(Kroeber & Kluckhohn, 1952)은 문화에 대한 정의를 정리한 적이 있다. 물론 그 후에도 적지 않은 정의가 등장했다.

- 코탁(Kottak, 1994)은 인류학에서 말하는 광의의 의미로서 문화를 자연현상에 인위적 행위가 더해진 모든 것으로 보았다. 그는 문화를 사회의 성원에 의해 학습되고, 공유되고, 양식화되며, 다음 세대로 이어지는 것으로 정의했다.
- 타일러(Tyler, 1871)는 넓은 민족지적 관점에서 문화를 정의했다. 그는 지식, 신념, 예술, 도덕, 법, 관습, 그리고 기타 사회 구성원으로서 인간에 의해 획득된 모든 능력과 습관들을 포함하는 복합적 전체라고 정의했다.
- 하블런드(Haviland, 1996)는 문화란 사람들의 집단이나 사회에 범위를 둔 어떤 특정한 생활방식이라고 보았다. 여기서 생활방식이란 사회 성원들에 의해 논증된 행동의 유형으로 구성된다. 그것은 외부의 어떤 조사자도 관찰할 수 있는 분명한 행동이다. 그런 유형화되고 양식화된 행동은 미래에 어떤 다른 유형화된 행동을 하게 만드는 경향이 있으며, 그러한 경향은 사람들의 기대와 신념으로 귀결된다. 심리적인 행동이나 일상적인 행위 모두 문화로 간주되는 것이다.

앞서 언급한 크뢰버 등(Kroeber et al., 1952)은 그동안의 문화에 대한 개념 정의를 정리했다. 그는 문화란 구체적이고, 관찰가능한 활동, 인공물과 그 기저에 있는 상징, 가치 및 의미로 구성되어 있다고 정의했다.

이러한 크뢰버 등의 관점보다 더 구성주의적 관점의 정의도 등장했다. 야오다(Jahoda, 1992)는 문화를 개인의 외부가 아닌 내부에 중요한 방식으로 자리 잡은 것이라고 보았다.

이들 정의를 종합해보자. 문화에 대한 정의의 핵심은 인공성, 가치성, 공유성으로 정리된다. 여기서 인공성이란, 자연에 사람의 손길이 닿은 것을 말한다. 가치성이란, 인간에게 가치 있는 것을 말한다. 공유성이란, 혼자만의 것이 아닌 다른 사람과 함께 나누는 것을 말한다.

따라서 한 공동체나 조직은 기본적으로 동일한 문화를 향유한다고 볼 수 있다. 하지만, 하블런드(Haviland, 1996)에 따르면, 같은 사회 내 하위집단 간에 나타나는 문화적 양상마저도 다른 모습을 보일 수 있다. 이 관점에 보면 여러 문화는 각기 다른 모습을 할 가능성이 크다. 문화라는 개념을 적용해서 본다면 그 대상은 각기 다른 모습을 보일 수 있다. 상담의 경우에도 마찬가지이다. 이 역시 문화마다 그 적합성이 달라질 수 있는 것이다. 이것이 바로 상담이 특수성을 지닌다는 근거가 된다.

2) 동양의 문화 개념

동양에는 문화에 대한 별도의 개념이 존재한다. 동양에서는 문화를 어떻게 보는가? 김원중(1998)은 《주역(周易)》에서 "천문(天文)을 보아 시대의 변화를 관찰하고, 인문(人文)을 살펴 천하를 변화시킨다."라고 했고, 유향(劉向)은 "무릇 무예가 흥하면 복종하지 않게 되고, 문화를 바꾸지 않으면 후에 벌을 가하게 된다."라고 하면서 문화라는 어휘를 사용했다. 공영달은 이런 문화나 인문에 대해 좀 더 구체적으로 설명했다. 그는 《주역》에서 언급된 인문에 대해 주해하기를 "인문을 보고 천하를 만들 수 있다는 것은 성인(聖人)이 인문, 즉 시, 서, 예, 악을 관찰하고 이 가르침을 본받아 천하를 개선시켜야 함을 말한다."라고 했다.

진(晉)의 속석(束晳)은 "문화는 안으로 화목하고, 무공(武功)은 밖으로 한가하다."고 하면서 문화를 무공에 대비하여 설명하고 있다. 양(梁)의 소명태자 역시 "문화를 부드럽게 한다는 말은 내부보다 더 화목한 것이고, 무덕을 사용하는 것은 외부보다 더 먼 것을 더하는 것이다."라고 하면서 문화를 무덕에 견주어 설명했다. 그러나 고염무(顧炎武)는 "자신이 국가 천하에 이르러서 그 제도를 규율로 삼고, 그것을 발하여 목소리와 모습이 되게 하면, 문(文)이 아닌 것이 없다."고 하면서 문(文)이란 어휘를 다소 관념적으로 사용했다. 중국에서 전통적으로 사용하는 문(文)의 의미는 인간의 생활에 있어서 가장 적합한 전범(典範)을 가리키는 것이며, 화(化)는 문을 이용하여 인간의 삶의 양식을 변화시키는 것이다.

다시 말해, 문화란 문으로 다스리고 바르게 가르친다는 문치교화(文治教化)를 의미한다. 지금까지 제시된 문화의 견해를 요약하여 말하면, 서구사회에서 의미하는 문화는 주어진 환경여건에 적응하면서 살아가는 이런저런 사람의 생활방식 모두를 가리키는 데 반하여, 동양에서 의미하는 문화란 문치교화로서 이상사회를 만들어 나가는 행위를 의미한다고 하겠다.

이렇게 별도의 개념이 존재해왔다는 사실만으로도 문화는 특수성을 전제로 한다고 할 수 있다. 상담의 특수성에 대한 문화적인 토대는 동양에도 존재한다고 볼 수 있다.

3) 문화의 위상

문화와 함께 자주 거론되어 그 의미를 정확하게 구분할 필요가 있는 개념이 있다면 바로 성격(personality)과 인간성(humanity)이다. 성격에 대한 개념, 정의와 자세한 내용은 제4장에서 다루겠지만 먼저 간략하게 성격에 대한 일반적 정의를 살펴보면 다음과 같다. 성격이란 '환경에 적응하기 위해 개인이 지니게 된 비교적 독특하고 일관성 있는 심리내적 행동패턴'이다. 인간성이란 '인간이 동물과 같은 다른 존재와 특별히 구분되는 존재로서 가지는 특징'을 말한다.

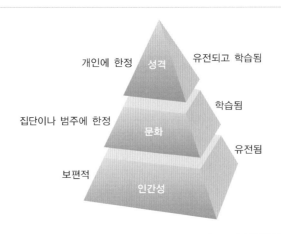

그림 1.1 홉스테드가 제시한 문화의 위상(자료: Hoftstede, 1990)

홉스테드(Hoftstede)는 이러한 문화, 성격, 인간성에 대해 다음과 같이 명확하게 구분하여 제시했다(그림 1.1 참조). 인간성은 인간이라면 누구나 다 유전에 의해 보편적으로 가지게 되는 측면이므로 따로 학습해야 할 필요가 없는 속성이다. 하지만 성격은 유전되거나 학습되는 두 가지 측면을 모두 가지고 개인마다 독특하게 주어지는 것이다. 문화는 인간성과 성격 간 존재하는 것으로 학습에만 의존하고 집단이나 특정 범주에 한정되는 것이다.

4) 문화의 표현

홉스테드(Hoftstede)는 문화가 표현되는 것이 단일한 수준에 의한 것이 아닌 다차원의 수준에 의한다고 하면서 문화를 양파에 비유하여 설명했다. 즉, 해당 문화의 구성원들이나 그 문화 외부인에 의해서 쉽게 확인할 수 있는 측면인 상징(symbol)에서부터 영웅(heroes), 의식(rituals), 그리고 맨 안쪽에 있어서 쉽게 확인이 되지 않는 가치(values) 그리고 상징부터 의식까지를 관통하여 존재하는 관행(customes)이 존재한다(그림 1.2 참조).

그림 1.2 홉스테드의 문화 표현 모형 (자료: Hoftstede, 1990)

문화의 표현

　가장 쉽게 드러나고 쉽게 이해할 수 있는 상징은 문화를 고유하는 사람들만이 특정한 의미를 인식할 수 있게 하는 단어, 제스처, 그림, 물건이다. 상징은 쉽게 만들어지고, 쉽게 사라진다.

　그다음은 영웅인데, 영웅은 살아 있든 죽었든, 사실이든 가공이든 그 사회에서 높이 추앙받는 특성을 지닌 사람으로서 행동의 역할 모델로서 작용한다. 최근 들어 텔레비전 세대에게는 겉으로 드러난 존재가 그 어느 때보다도 더 중요해졌다. 어떤 스토리는 다른 것보다 더 잘 팔린다. 예를 들면, Fido Dido를 사용한 7-up 광고에서 다른 '행위(acts)'가 사용되었는데, 동일한 광고의 특정 부분에 대해 국적을 서로 달리해서 테스트한 결과 그 효과가 달라진다는 점이 드러났다(De Mooij, 1994).

　다음은 의식인데, 해당 문화에서 사회적으로 정수(essential)로 간주되는 집합적인 행위이다. 이러한 행위를 하는 사람들은 자신들을 위해서 이렇게 한다. 예를 들면, 인사하기, 다른 사람에게 경의를 표하는 방식, 사회적이고 종교적인 기념 등이다. 얼핏 보면 합리적인 이유로 이루어지는 사업상의 만남과 정치적 만남도 의식적 목적으로 진행되는 경우가 자주 있다.

　이와 같이 상징, 영웅, 의식은 외부 관찰자의 입장에서 보이는데, 이들의 의미는 보이지 않는다. 다만, 해당 문화의 내부자가 해석할 때에만 그 의미를 알 수 있다.

　마지막으로 가치이다. 문화의 핵심에는 가치가 있다. 가치는 다른 것들에 대한 특정한 상태를 선호하는 폭넓은 경향성을 말한다. 가치는 아이들이 배우는 첫 번째 것 중에 하나인데, 이것은 의식적이라기보다는 암묵적으로 배워지는 것이다. 발달심리학자들의 견해에 의하면, 아이들은 10살 이전에 해당 문화에서 작동하는 기본적인 가치 체계를 확고히 배우게 되는데, 이 나이가 지나면 아이의 가치 체계에 변화가 일어나기 어렵다고 한다. 사람들은 자신들이 가지고 있는 가치에 대해 의식적으로 잘 알지 못하기 때문에 이것들을 논의하거나 관찰하기는 어렵다. 따라서 이 가치 측정에 대한 연구자들이 바람직한(desirable, ought to be) 것과 바라는 것(desired, want)을 구분하는 방식으로 연구해서 이러한 가치를 확인한다.

자료: Hofstede, 1991.

5) 문화의 구성 요소

문화가 무엇으로 구성되었는가에 대해서는 다양한 시각이 존재한다. 가장 유력한 주장은, 인간의 심리가 인지, 정서, 행동의 3요소에 의한다는 설명처럼 문화가 인지적 측면, 행동적 측면, 물질적 측면의 3요소를 포함한다는 것이다. 여기서 인지적 측면이란 '세상을 어떻게 보는가?' 하는 행동의 지침을 의미하고, 행동적 측면이란 '일상생활에서 다른 사람과 어떻게 접촉하는가?'를 의미하며, 물질적 측면이란 '인간이 생산해낸 인공물(artifacts)'을 의미한다. 이러한 3요소가 고루 잘 어우러져서 하나의 문화를 만들어내는 것이다.

6) 문화의 다차원성

문화는 매우 많은 속성을 가지고 있어 한마디로 표현하기 어렵다. 문화가 지닌 다차원성에는 배워야만 알 수 있는 '학습성', 해당 문화 구성원들 다수가 가지고 있는 '공유성', 특정 물체로 해당 문화의 의미를 드러내는 '상징성', 해당 문화에서 생존에 필요하도록 맞추어져 있는 '적응성', 여러 요소들이 어우러져 하나의 특징을 보이는 '통합성', 어떤 문화의 특징이 이성적으로 이해할 만한 점을 가지고 있는 '합리성', 여러 문화적 요소들이 서로에게 영향을 미치는 '역동성' 등이 포함된다.

7) 문화의 분류와 심리학적 접근방식

문화를 특수성 시각에서 살펴보려면 문화를 특징에 따라 구분할 수 있어야 한다. 그동안 여러 학자들이 문화를 몇 개의 부류로 분류하려고 시도해왔다. 하지만 이들 학자들이 가진 관점이 다양했기 때문에 누구나 동의할 수 있는 차원으로 문화를 분류하기는 쉽지 않았다. 하지만 그중 홉스테드의 연구는 주목할 만한 것이다. 사회심리학자인 그는 '문화의 결과'라는 제목의 연구를 발표하여 권위성, 남성성, 개인주의, 불확실성 회피의 차원을 제시했고, 이후 중화권 조사 응답자들을 추가함에 따라 장기적 관점이라는 차원을 포함시켜야 한

> **홉스테드(Hofstede)의 문화의 차원**

1. 권력거리

권력거리(Power Distance: PDI)는 사람들이 다른 사람들과의 관계에서 권력의 차이를 경험하는 것을 말한다. 일본에서는 '모든 것은 각각의 자리에(everything in its place)'라는 말이 자연스럽게 받아들인다. 권력거리가 작은 문화에서 파워가 있는 사람은 그렇지 않은 것처럼 하려고 애쓴다. 그리고 권력거리의 정도는 교육수준이 높아질수록 감소하는 경향이 있다.

2. 개인주의/집단주의

개인주의/집단주의(Individualism/Collectivism: IDV)는 특정한 시점에 양립하기 어려운 개인적 목표와 집단적 목표 중에서 어느 것에 더 가치를 두고 행동하려고 하느냐를 말한다. 전 세계 인구의 70~80% 정도가 집단주의에 더 가치를 둔다. 이때 집단이란 내집단(In-group)을 말하고, 여기에는 가족이나 이웃 등이 포함된다. 개인주의 문화는 보편주의적 문화인 반면, 집단주의적 문화는 국지주의적(particularistic) 문화이다. 개인주의적 문화에 속한 사람들은 모든 사람들이 공유하는 보편적 가치가 있다고 믿는 경향이 높은 데 반해, 집단주의적 문화에 속한 사람들은 다른 집단은 다른 가치를 가진다고 받아들인다. 그런데, 아시아 국가들과 이들의 가치가 서구화되고 있다는 관찰에 의해 이들이 개인성(individuality)에 새롭게 조명한다는 결론을 내리는 것은 보편주의적 사고의 한 예이다. 일본이 사실상 앵글로 색슨족의 모델로 수렴할 것이라는 기대는 소망적 사고에 기반한 것이다.

3. 남성성/여성성

남성성/여성성(Masculinity/Feminity: MAS)은 남성적 특성인 크고 빠르고 성과와 성취같은 결과가 어느 정도로 중시되는가를 말한다. 이 남성적 특성의 반대가 여성적 특성인데, 여성성 사회에서는 서비스 지향적이고, 사람 지향적이며, 작은 것이 아름답게 여겨지며, 의견합치(consensus)를 이루기 위해 노력하는 경향이 나타난다.

다음은 불확실성 회피(Uncertainty Avoidance: UAI)인데, 불확실한 상황에서 불안을 보이고, 이에 대한 정서 표출이 허용되느냐를 말한다. 불확실성 회성향이 낮은 문화인 영국에서는 '꽉 다문 윗입술(stiff upper lip)'을 특징으로 하고, 인내심을 가진 운전자가 더 많다. 불확실성 회피 성향이 약한 문화에서는 가급적 규칙이 적어야만 좋다고 느낀다. 따라서 일반론과 상식을 더 믿고, 의식적(ritual) 행동은 덜 한다.

4. 장기 지향

장기 지향(Long-Term Orientation: LTO)은 원래 유교적 역동주의(Confucian Dynamism)이라고 명명되었는데, 홉스테드가 장기적 지향으로 명칭을 변경한 것이다. 장기 지향은 긴 시간을 중심으로 살아가는 성향을 말한다. 장기 지향은 전통에 대한 강조가 나타나는 데 비해, 장기 지향의 반대 특성인 단기 지향은 마음의 평정보다는 행복을 추구하는 경향을 보인다.

다는 생각으로 전부 5개의 차원을 제시했다(Hoftstede, 1980).

홉스테드의 연구결과에 따르면, 산업화와 개인주의적 가치관은 서로 관계가 있다고 볼 수 있다. 그런데, 산업화에 따라 개인주의적 가치로 변화된다고 홉스테데가 주장한 바는 이후 타 학자들의 연구에 의해 일본 등의 사례에서는 타당성이 없음이 드러나기도 한다. 그는 자신의 연구를 통해 권위성과 집단주의가 서로 관계가 있다고 주장했는데, 프랑스, 벨기에, 스페인, 이태리 등이 바로 그것이다.

그림 1.3은 홉스테드의 1990년 연구결과이다. 이를 자세히 살펴보면, 한국은 가까운 나라 일본과 유사한 점이 있지만 명백한 차이점도 있는 것으로 드러난다. 일본은 한국보다 남성성이 강한 나라이며, 한국은 오히려 멀리 떨어져 있는 멕시코와 유사한 성향을 보이고 있다.

슈와르츠(Schwartz)도 이와 유사한 연구를 진행하며 문화를 분류했다. 그는 성취, 곤용, 동조, 쾌락주의, 권력, 안전, 자기지시(self-direction), 자극성, 전통, 보편주의를 중심으로 문화를 분류했다. 그의 연구는 홉스테드(Hoftstede)에 비하면, 가치의 차원 수가 많고, 개인들의 심리적 성향에 기초한 것이 특징이다.

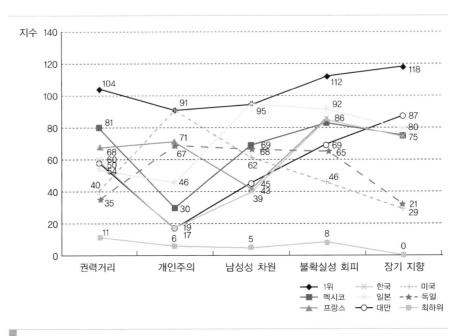

그림 1.3 홉스테드의 문화 간 가치지향의 차이 (자료: Hoftstede, 1990)

이외에도 대학 간 정치와 사회연구를 위한 컨소시움(ICPSR)에서 1981~1984년과 1990~1883년에 걸쳐 74개국에 대해 조사한 적도 있다. 이 조사는 심리학적인 것은 아니고 주로 정치와 사회 측면에 맞춰져 있지만, 역시 가치를 다루고 있다는 점에서 참고할 만하다.

8) 문화의 불변성과 가변성

문화에 따라서 그 특성을 인정하는 다양성을 인정한다 하더라도, 또 하나 남는 문제가 있다. 과연 문화가 늘 고정되어 있는 것인가에 관한 문제이다. 이에 대한 다양한 견해와 이론, 연구결과를 종합해보면 문화가 변화하지 않는다는 것은 명백한 사실이다. 하지만 그 정도가 얼마인가를 따져보면 문화는 변화한다고 볼 수도 있고, 변화하지 않는다고 볼 수도 있다.

현재까지 위 문제에 대한 여러 가지 이론이 등장했다. 콩도르세, 퍼거슨, 튀르고 등(de Condorcet, A. Furguson, A. Turgot et al.)과 같은 18세기 계몽사상가들에 의해 해당 이론의 단초가 마련되었고 타일러(Tylor)에 의해 제시된 문화진화주의, 라첼(Ratzel)을 중심으로 한 문화전파주의 등은 문화가 변화한다는 관점을 제시한다. 이에 비해, 베네딕트(Benedict) 등을 중심으로 한 문화인성론 등은 문화가 고정되어 있다는 입장을 상대적으로 강하게 드러낸다.

문화의 특징을 보다 정확하게 파악하기 위해서는 흔히 말하는 관습과 비교해보면 된다. 문화는 변화를 강조하는 데 비해 관습은 불변성을 내포한다. 문화는 시간의 흐름에 영향을 받는다. 시간은 언제나 새로운 문제를 제기한다. 새로운 문제는 변화된 행동과 신념에 적응해야 하기 때문에 문화는 변화된 환경에 적응성을 갖게 된다. 특정한 문화에서의 어떠한 변화는 적어도 대개 2가지의 영향으로부터 초래된다. 환경의 변화와 다른 문화와의 접촉이 바로 그것이다. 따라서 문화의 역동성은 적응성이라는 문화의 특성과 밀접한 연관을 갖는다.

그렇다면 문화의 가변성, 즉 문화의 변동을 어떻게 이해할 수 있을까? 문화의 변동을 설명하려는 많은 모델 중에서 비교적 최근에 개발된 모델로는, 인구압(population pressure) 모델, 재생산 압력(reproductive pressure) 모델, 스트레스(stress) 모델 등이 있다.

먼저, 사회과학에서 개발된 많은 분석모델은 문화가 보통 3단계로 나뉜다고 본다. 이들 3단계의 상호관계는 인과관계와 연관된 측면이 많다.

- 제1단계: 환경이나 생태학적 측면 혹은 기술이나 과학의 문제를 다루는 것이다. 문화유물론자들은 이 단계를 묘사하기 위해 '하부구조'라는 용어를 사용한다.
- 제2단계: 사회의 구조나 제도 같은 인간이 구성하고 있는 사회적 측면을 다룬다. 문화유물론자들은 이 단계를 묘사하기 위해 '구조'라는 용어를 사용한다.
- 제3단계: 인간의 태도, 관념, 이념, 또는 철학적 측면을 다루는 것이다. 문화 유물론자들은 이 단계를 묘사하기 위해 '상부구조'라는 단어를 사용한다.

관념적인 모델을 사용하고 관념을 가장 중요하게 여기는 학자들의 경우, 문화의 변동을 인간이 어떤 관념을 가지고 그들의 행동을 이끌어내는 것이라고 주장한다. 문화유물론의 모델에 입각하여 물질적 상태를 가장 중요하게 생각하는 학자들은 문화의 변동은 더 높은 수준의 단계로부터 더 낮은 단계로의 피드백이 물질적 변화의 필요를 초래하고, 이것이 곧 문화 변동을 이끈다고 주장한다.

인구압 모델, 재생산 압력 모델, 스트레스 모델 등의 압력 모델은 총 4단계로 구성되어 있다. 이들 모델은 문화의 변동을 적응이란 관점에서 이해하면서 문화유물론의 관점을 취한다.

- 제1단계: 환경적 측면이다.
- 제2단계: 이러한 환경에 인간이 적응해 가는 기술적 측면을 말한다.
- 제3단계: 인간이 이룬 사회구조를 설명하는 것이다.
- 제4단계: 사회의 이념이나 초자연적인 문제를 설명하기 위한 단계이다. 압력 모델은 모든 단계가 계속적으로 변한다고 가정한다.

문화는 변화하는 환경에 계속적으로 적응하기 위한 상태라고 볼 수 있다. 이러한 설명은 필수적으로 생태학적 모델의 속성을 지닌다. 압력 모델은 어느 한 시대에 해당되는 측면을 설명하는 공시적인 측면도 있고, 이러한 측면들이 연결되어 만들어내는 통시적이면서도 공시적인 모델이라고 할 수 있다.

이러한 문화 변동의 이해 틀과 함께 가변성의 입장에서 본다면 문화에 토대를 두고 상담이론과 기법이 개발되었든지 다른 문화에서 개발된 상담이론과 기법이 어떤 문화에 새로이 도입되었든지 간에 상관없이 해당 문화에 대한 적응성을 가지고 있어야 하고, 또한 가지고 있다고 볼 수 있다. 현재 유효한 상담이론과 기법이라고 하더라도, 해당 문화가 변화하는 추세에 발맞춰 적응적인 모습을 지니는 것이 필요하다. 코리(Corey, 2009)의 《심리상담과 치료의 이론과 실제》의 8판은 이러한 필요성의 대표적인 예라고 할 수 있다.

생태학적 함정

생태학적 함정(ecological fallacy) 혹은 생태학적 오류란, 문화적 수준에서 나타난 특징이 그 문화에 속해 있는 구성원 모두에게서 동일하게 나타날 것이라고 가정하는 데서 오는 함정이다. 이는 홉스테드(Hofsede, 1980)가 제안한 것으로서 비교문화의 연구결과를 과잉일반화할 때 발생한다. 예를 들어, 한국문화와 미국문화에서의 집단주의 정도를 비교하는 연구를 했다고 하자. 한국문화가 미국문화보다 집단주의가 더 강하다는 결과를 얻었을 때, 한국인은 누구나 집단주의가 강하고, 미국인은 누구나 집단주의가 약하다고 여긴다면 이를 과잉일반화라고 할 수 있다. 한국인 모두가 집단주의가 강하지는 않고, 미국인 모두가 집단주의가 약하지는 않기 때문이다.

이러한 함정을 피할 수 있는 방법을 구체적으로 제시한 학자로 슈와르츠(Schwartz, 1992)가 있다. 그는 소위 평행개인분석(parallel individual analysis)이라는 것을 제안했다. 평행개인분석이란 문화수준에서 분석한 내용을 해당 문화에 살고 있는 개인에게 적용하여 분석·확인하는 방식이다. 예를 들어, 한국문화가 문화차원에서 집단주의가 강한지를 알아내는 것만으로 그칠 것이 아니라 한국인 개개인 차원의 집단주의 정도를 분석·확인해야 한다는 것이다.

이를 위해 "한국문화에서는 부서 회식에 참석하는가? 아니면 친구와의 약속에 참석하는가?"를 물어서 분석하는 것과, "귀하는 어느 한 시점에 한 가지밖에 할 수 없는데, 부서 회식에 참석하는가? 아니면 친구와의 약속에 참석하는가?"를 함께 병행 분석하여 대답의 일치도를 확인한 다음 결론을 내려야 한다는 것이다.

문화와 개인의 공구성에 대한 모델

　사람들은 자신들이 살아가고 있는 문화에 의해 영향을 받기도 하지만 문화의 변화에 영향을 줄 수도 있다. 이를 확인할 수 있는 모델은 여러 가지로 생각해볼 수 있다. 먼저 문화는 사고방식, 가치, 행동, 정서라는 점을 중심으로 한 지향하고 있는 내용과 현실적인 내용으로 구성되어 있고, 이 두 가지는 개인에게도 지향하고 있는 내용과 현실적인 내용으로 나타날 수 있다. 그런데 이 문화의 내용이 그대로 개인에게 수용되는 것이 아니라 문화 인식도(문화 이해 수준, 지각된 문화 적합성, 지각된 문화 포괄성, 지각된 문화 강요성, 지각된 문화 유연성), 문화 수용도(문화 선호성, 문화 의존성)에 의해 각 개인들이 갖게 되는 내용이 달라질 수 있고, 이들 개인이 가진 내용이 각 개인들의 문화 창조도(문화 개선 혹은 창조 의지)에 의해 문화에 다시 영향을 줄 수도 있다. 이 모델을 통해 각 문화가 항상 그대로만 존재하지 않고 변화할 수 있으며, 개인도 그러한 문화에 지속적인 영향을 받는 것을 확인할 수 있다.

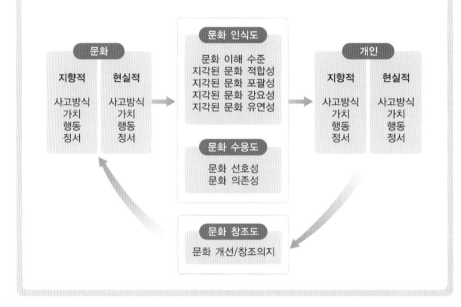

2 문화심리학의
역사와 이론

1. 문화심리학의 정의

문화심리학의 정의는 학자들마다 다르다. 하지만 일반적으로 문화심리학은 '문화적인 전통, 사회적인 관습을 규정하고 표현하는 방식, 인간의 정신을 변화시키는 방식을 연구하는 학문'으로 정의할 수 있다. 이 학문이 전제하는 것은 '(의미를 찾기 위한) 인간의 실존적 불확실성'과 '구성되어진 세계에 대한 의도적인 개념'이라고 할 수 있다. 여기에서 '실존적 불확실성'이란 인간이 태어나면서부터 의미를 추구하고 사용하는 동기를 지녔다는 사실에 초점을 둔다. 그리고 '세계에 대한 의도적인 개념'이란 의도성을 추구하는 인간과 이러한 인간이 살아가는 사회문화적 환경 간의 상호분리가 어려우며 상호영향을 준다는 점에 초점을 둔 것이다.

문화심리학은 인류학 등과 같은 여러 학문이 연관된 인문과학의 속성을 갖는다. 문화심리학은 관련 학문의 발전을 이들 학문과 공동의 목표로 갖는다. 특히, 모든 사회문화적 환경의 의도성과 특이성 분석에 적합한 인류학의 발전을 목표로 한다. 인간의 의도성과 역사성 분석에 적합한 심리학의 발전도 목표로 한다.

문화심리학의 또 하나의 특징은, 의도적인 세계의 원리 속에서 어떤 것도 진정한 것은 없다는 관점을 취한다는 것이다. 따라서 문화심리학은 실재(reality)

에 대한 연구보다는 구성되어진 측면에 대한 분류적이고 서술적인 정체성을 가지고 있다고 볼 수 있다.

혹자는 문화심리학을 해석학적 관점에서도 보기도 한다. 기어츠(Geertz)는 문화에 대한 해석적 관점을 중시한다. 그는 문화심리학적 연구를 위해서 다음과 같은 것들이 필요하다고 보았다.

- 다른 것들을 이용하여 생각하기
- 다른 것들을 제대로 이해하기
- 다른 것들을 해체하고 초월하기
- 다른 것에 개입한 맥락에서 보기

위 4가지 사항은 '다른 사람을 통해서 이해한다.'는 것을 의미한다. 외국인의 시각에서 한국문화의 특징을 살펴보는 것 역시 위와 같은 맥락을 가진다.

2. 문화심리학의 비교

1) 문화심리학과 일반심리학의 비교

문화심리학과 일반심리학은 다음과 같은 차이점이 있다. 일반심리학은 '어디를 가든 사람들은 똑같다.'라고 가정하는 것처럼 인간에게 선천적인(고정되고 보편적인) 중앙처리기제가 존재한다고 가정한다. 즉, 심리적 동일성(psychic unity)을 강조하는 것이다. 이러한 중앙처리기제는 인간으로 하여금 사고(분류, 추론, 기억, 상상)하고, 경험(감정, 느낌, 욕구, 필요, 내성)하고, 행동(투쟁,

편애, 선택, 평가)하며 학습하는 것을 가능하게 한다. 이 중앙처리기제는 초월적, 추상적, 고정적, 보편적인 속성으로 간주되므로, 일반심리학은 플라톤 철학에 기초한다고 볼 수 있다.

이러한 맥락에서 일반심리학의 연구는 내부의 심리적 구조와 과정을 외부의 환경조건과 구별하는 것을 필수로 한다. 즉, 인간이 무엇인가를 안다면, 이 내용에서 인식 주체를 순차적으로 분리시키고 분석하는 것이다. 이렇게 함으로써 개인 또는 집단의 역사, 전후관계, 작업 환경, 제도화된 성향, 자원, 신념, 가치, 지식을 기본적으로 구분하는 것이다.

일반심리학에서 가장 중요한 개념은 중앙처리기제이다. 가상의 중앙처리기제는 그것이 작동하는 모든 주제를 감독하고 초월하고 그것의 내용인 문화, 배경, 과제를 사용한다. 일반심리학자들은 전형적으로 일상생활의 복잡한 구조와 상태, 언어, 그리고 제도적인 상황을 경계한다. 그들은 현실을 단순화함으로써 중앙처리기제가 의미나 환경을 초월하는 진실을 나타낼 수 있다고 믿는다. 일반심리학자들은 실험실에서 실험하는 등의 직관적 통찰을 중시한다. 쉐퍼드(Shepard)는 심리학이 심리학적 기능의 기초가 되어야 하며, 불변하는 수학적 형태의 과학이 되도록 노력해야 한다고 주장했다.

그러나 환경을 초월하는 것은 가능한 일이 아니어서 모든 실험이 쉐퍼드가 주장한 것처럼 진행되지는 않았다. 우리는 구성되고 재표현된 특별한 의도가 담긴 세계에 사는 의도적인 존재이기 때문이다.

2) 문화심리학과 심리인류학의 비교

심리인류학(psychological anthropology)은 단드레이드(D'Andrade) 등과 같은 학자들이 중심이 되어 조명한 인류학의 한 영역이다. 이 분야에서 주로 다루는 주제는, 종교적 의식과 전설, 놀이와 예술 형태, 가족의 생활 관습, 종교적인 교리, 혈족 범위, 지식의 계승체계 등이다. 심리인류학이 심리학적인 학문이다.

표 2.1 심리학과 인류학의 만남

연 도	내 용
1910년대	심리학과 인류학의 만남
1930~1950년대	문화와 성격(Culture & Personality)에 대한 연구
1960년대	인지적 인류학(Cognitive Anthropology)의 형성
1970년대	심리학적 인류학(Psychological Anthropology)으로 변형
1980년대	문화심리학(Cultural Psychology)

최근 들어 많은 심리인류학자들이 문화심리학을 연구하기 시작하면서 문화심리학의 고전적인 가정의 일부를 개정했다. 이들은 문화의 주제를 심리적인 기능의 기초가 되는 중앙처리기제의 작용을 참조함으로써 설명하려고 노력해왔다. 이러한 움직임은 일반심리학자들이 추구한 방향과 정반대이다. 일반심리학자들은 의미 있는 자극환경에서 야기되는 '잡음'과 '왜곡'과 같은 간섭효과를 제거하기 위해 노력함으로써 중앙처리기제를 찾는데, 심리인류학자들은 상대적으로 '잡음'과 '왜곡'을 없게 만드는 오래도록 존속하는 사회문화적 환경이 있을 것이라는 가정 하에 사회문화적 환경의 중앙처리기제를 찾는다. 따라서 어떠한 사회문화적 환경이 살아남기 위해서는 중앙처리기제의 추상적인 형태와 보편적인 진리에 순응해야만 한다고 보는 것이 심리인류학자들의 시각이다.

이 심리인류학은 신체 대 마음, 감정·동기 대 사고와 같이 '문화와 성격' 대 '인지적 인류학'이라는 하위 분야로 분류될 수 있다. 심리인류학이 가정하고 있는 것은, 중앙처리기제의 구조와 기능이 내용, 주제, 요소 또는 그것이 작용하는 사회문화적 환경에 의해서 근본적으로 수정되지 않는다는 것이다. 하지만 문화심리학은 심리인류학의 이러한 가정에 의문을 제기한다.

문화심리학이 정신의 보편성에 대한 전제가 없는 심리인류학이라고 한다면, 민족심리학(ethnopsychology)은 정신이 전혀 없는 문화심리학이라고 할 수 있다. 민족심리학은 정신적인 삶에 대한 이론들로서 민족의 다양성을 연구한다. 즉, 마음, 자기, 육체, 정서에 대한 각 민족 고유의 표상(representation)을 연구한다.

물론, 문화심리학과 민족심리학은 여러 가지 유사점도 있다. 특히, 이 두 학문은 토착 민족의 심리적인 범주에 관해 공통의 관심을 보이고 있다. 반면, 민족심리학이 문화심리학과 특히 다른 점은, 민족심리학이 민족의미학(ethnosemantics)이나 민족과학(ethnoscience)의 하위 학문이라는 것이다. 민족심리학은 민족들의 신념에 관한 민족학적 연구의 주제로서 마음, 자기, 육체, 정서에 대한 연구에 주로 관심을 가지고 있다. 따라서 민족심리학은 기능하는 정신이 없는 문화심리학이라고 할 수 있다.

3) 문화심리학에서의 보편성과 상대주의적 접근

문화에 대한 관점은 보편적(universalism) 관점과 상대적(relativism) 관점으로 나뉜다. 전자는 주로 보아스(Boas)나 말리노프스키(Malinowski) 등 인류학 선구자들에 의해 만들어진 것이고, 후자는 이들의 한계를 지적하면서 1950년대 후반부터 1960년대까지 많은 관심을 모았던 관점이다. 후자의 관점이 타당하다는 점을 보여주는 예로는 다음과 같은 것이 있다(그림 2.1 참조).

서양에서 색의 3요소를 색상, 명도, 채도로 보는 것과 달리 필리핀의 하누(Hanuoo)족은 색의 3요소를 명도, 암도, 습도라고 보았다. 이러한 문화에 대한 관점의 경우와 마찬가지로 심리학계에서는 대부분 보편적 원리를 탐구하는 물리학과 같은 자연과학(hard sciences)의 엄정함을 가져야 한다고 보는 점에서 보편성이 강조되었다. 주류 심리학 중에서도 주로 미국의 주류 심리학에 의해 이러한 보편성이 추구되었으며, 그 예로 피아제의 인지발달론 검증 연구를 들 수 있다.

하지만 점차 객관적이고 불변의 진리라는 전체적 관념에 의문이 제기되면서 상대주의가 강조되었으며, 문화심리학에 의해 추구되었다. 그 예로 비고츠키의 문화역사적 발달론 검증 연구를 들 수 있다.

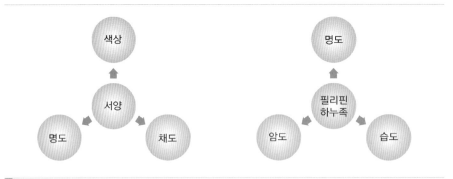

그림 2.1 서양과 필리핀 하누족의 색의 3요소 비교

3. 문화심리학의 역사

1) 분트의 문화심리학

문화심리학의 뿌리를 문화적 차이와 이에 따른 심리적 차이를 현상과 학문이라는 두 가지 측면에서 다루면 다음과 같다. 먼저 현상의 측면에서 보면, 문화는 인류의 이동과 교류가 시작됐던 수천 년 전, 혹은 수만 년 전부터 존재했다고 볼 수 있다.

학문의 측면에서는 여러 가지를 검토할 수 있다. 문화심리학의 단초가, 심리학이 태동한 시점인 1879년의 심리학자, 윌리엄 분트(Wundt)에 의한 것이라는 사실에는 별다른 이견이 없다. 이러한 움직임은 분트 이후 거의 없었다가 100여 년이 지난 시점인 1980년대에 스웨터(Shweder)가 "문화와 심리학이 상호구성한다."는 말을 함으로써 강조되었고, 이후 점차 강해져 현재에는 미래 심리학의 주요 세력이라는 평가를 받을 만큼 강해지고 있다.

분트는 내성법 이론과 실제적용방식(practice)을 제안했는데, 이는 칸트(Kant)의 지식대상(object of knowledge)을 기본적으로 수용한 것이다. 그런데, 라이프치히(Leipzig) 실험실에서 나온 수많은 연구 중에는 이러한 내성법을 적용하지 않은 것도 있다. 그 이유는 분트의 제자 중에서 내성법에 반대하는 이가 많았고, 분트 자신이 실험법 자체를 전적으로 부정하지는 않았기 때문이다. 그는 감각과 지각영역의 문제를 상위의 극단에 위치시키고, 사고, 정서, 수의적(자발적) 활동, 사회심리학을 기저의 극단에 일관되게 위치시켰다. 이들의 중간 위치에는 기억(memory), 가상(imagery), 주의(attention)가 있다고 보았다. 기저의 극단에 위치한 것에는 실험법을 적용하지 않았다.

　그는 실험법에 매료되었던 젊은 시기에도 비실험적 심리학의 필요성을 인식하고 있었다. 그는 민속심리학을 인간의 문화적 산물 특히 언어, 신화, 관습과 같은 것에 대한 역사적·인종적·비교적 분석에 기초한 사회심리학의 한 유형으로 보고 관심을 가졌다. 문화심리학을 심리학 분야 중 가장 중요하다고 여길 만큼 문화심리학에 애정이 많았다.

　분트는 실험심리학과 그의 보완물 간의 엄밀한 관계를 정립한 이후 몇 가지 수정을 했지만, 다음의 3가지 관점은 고수했다.

- 첫째, 실험심리학은 심리과학의 일부 이상이 될 수 없다.
- 둘째, 실험심리학은 사회적 측면에서의 인간의 정신과정을 조사한 심리학적 연구의 한 분파에 의해 보완되어야 한다.
- 셋째, 후자의 유형은 실험심리학의 자료에서 얻은 것 못지않게 객관적일 수 있다.

　이러한 견해를 통해 우리는 그를 단호한 반귀납주의자(antiinductivist)로 본다.

2) 분트의 학문적 프로젝트

분트가 새로운 심리학을 통해 철학과 정신과학을 개혁하기 위해 도입한 프로그램은 분트 개인의 비전(vision)으로 남아 있다. 그가 제시했던 내성법과 실험에 대한 제약은 그가 폭넓게 주장했던 타당성에 반(反)하는 것이었다.

이러한 점은 분트의 지도학생에게서 분명하게 드러난다. 그의 법통(法統)은 긍정적인 요소와 부정적인 요소를 동시에 갖고 있다. 긍정적인 요소를 살펴보면, 심리학 실험실을 설치하기 위한 제도적 노력을 했다는 점이다. 하지만 좀 더 전략적 측면에서 살펴보면, 분트의 새로운 심리학의 비전은 서로 다른 세계와 야망을 가진 지도학생들에게는 별다른 도움이 되지 못했다. 이러한 뿌리의 차이는 학문적 프로젝트(disciplinary project)에서도 마찬가지이다.

분트의 심리학을 위한 학문적 프로젝트는 철학과의 연결을 제공하지 못했고, 심리학을 독립된 학문으로 발전시키지도 못했다. 심리학적으로 철학과 정신과학의 원기를 회복하려는 그의 계획은 이들 영역의 주요한 내적 발달에 직접적으로 역행하는 것이어서 독일 내에서도 거부당했다. 이후 그는 독자적인 길을 걸을 수밖에 없었다.

이와 반대로 미국에서는 독립적인 학문 발달의 기회가 초기부터 주어졌다. 분트의 생각과는 달리 미국 내에서 새로운 심리학은 철학, 언어학, 역사, 그리고 인류학과의 연결을 통해 번성되지 않았고, 19세기 말에 몇 년 동안 팽창했던 과학주의에 고무되어 번성하였다.

분트는 끈질기게 이 두 가지를 함께 지키려고 했지만 결국 실패했다. 두 가지는 회복할 수 없을 만큼 완전히 분리되었다. 미국의 학생들은 기술유용주의(technical-utilitarian)와 직접적으로 관찰한 사실을 중시하는 경향을 따랐다. 이러한 경향을 강조한 학자들의 예로, 홀(Hall)과 티체너(Tichener)를 들 수 있다.

실증주의나 실험주의 중 어느 것도 분트주의의 실험심리학의 실제 내용을 변경할 수는 없었다. 실험주의의 실제 내용은 실험심리학적 탐구에 적당한 주제로 엄격히 제한되었고, 그 외 심리학적 내용은 민속심리학과 심리적 인과론이라는 조작적 형식으로 나타난 이론적 노력을 통해 밝혀지도록 남겨졌다. 현재는 이러한 두 측면을 모두 '비과학적' 혹은 '형이상학적'이라고 하며 거부하고 있다. 그에 대한 결과로 실험관찰이 전체 심리학을 구성한다. 하지만 이러한 전통은 여전히 지속되고 있다.

분트의 이러한 방법을 이해하기 어려운 원인은 역사에 관한 서술에 있다. 미국의 심리학이 행동주의로 전환함에 따라 이전의 모든 조망을 간략하게 기술하는 경향이 나타났다. 그 결과, 이전의 다양한 입장은 하나로 묶여 내성주의라는 이해할 수 없는 분류체계에 속하게 되었고, 분트와 그의 학생들 간의 매우 근본적인 입장 차이조차 얼버무려지고 말았다. 이와 관련하여 티치너는 "내성법의 실행에 있어 강력하고 광범위한 변화가 발생했다."고 기술했다. 여기서 '광범위한 변화'란 분트가 제시한 실험적 내성법인데, 밝히기에는 부적합하다고 명백히 밝혔던 대부분의 주제인 기억, 사고, 복합감정 등을 '체계적인' 내성법의 확장이라는 것으로 포함시켰다. 물론 분트는 이러한 전반적인 추세에 반대 입장을 표명했다. 그는 내성법의 대상이 직접적으로 외부의 물리적 대상이나 과정에 연관되어 있을 때에만 실험심리학적 탐구의 이상적 조건이 될 수 있다고 했다.

4. 문화심리학의 갈래와 특징

문화심리학이라는 학문을 좀 더 자세히 들여다보면, 다른 학문의 경우와는 달리 쉽게 동화되기 어려운 세 갈래의 문화심리학으로 구분된다는 것을 알 수

> **여러 개의 심리학**
>
> '심리학은 하나만 존재한다.'는 생각이 기존 주류심리학의 입장이라면, 문화심리학적 관점에서는 그렇지 않다고 생각한다. 문화심리학자 단치거(Danziger)는 인도네시아에 가서 현지 심리학자와 심리학이라는 주제를 가지고 별도의 강의(Psychologie: 서구의 것, ilmu djiwa: 동양의 것)를 하기 위해 상호 동의 하에 통합 강좌를 진행했다. 그런데 실상 이들 간에 일치하는 주제가 없다는 것을 알고 단치거는 강좌를 그만두었다. 심리학은 문화마다 서로 다르게 구성되기 때문이다. 이러한 관점에서 보면, 한국적 심리학, 독일적 심리학 등 여러 개의 심리학이 존재할 수 있게 된다.

있다. 비교문화심리학, 협의의 문화심리학, 토착심리학이 바로 그것이다. 이들은 각각의 고유한 학문적 뿌리와 특징을 가지고 있지만, 이들 각각의 학자들은 자신들이 지향하는 학문을 문화심리학이라고 보는 경향이 강하다. 한편으로는 이들 세 갈래의 문화심리학을 통합하여 하나의 문화심리학으로 보기도 한다.

1) 비교문화심리학

비교문화심리학의 목적은 다양한 문화적 맥락에서 심리학 이론의 일반성을 검증하여 보편심리학을 만드는 것이다. 이는 주류심리학의 하위분과에 속하며, 심리학과 행동상의 유사성 연구가 차이보다 강조된다. 이는 자연과학모델로 문화와 행동(마음)이 독립변인 대 종속변인이라는 조건에서 구분되는 것으로 여기며, 보편적 설명을 국지적 설명보다 중요하게 여긴다. 비교문화심리학에서는 분석 시 문화를 단위로 진행하고, 변수는 양적방법, 특히 실험적이고 심리측정적인 방법으로 처리한다. 비교문화심리학에서는 연구자가 관찰하는 현상에 적거나 거의 영향을 미치지 못한다고 여기며, 정보원을 정보 제공자로서 피험자·반응자로 대한다.

2) 문화심리학

문화심리학의 목적은 특정 문화 내와 이들 문화에 걸쳐 이론을 개발하여 문화에 기반 한 지식체계를 만드는 것으로서, 심리학과 인류학의 혼합분야에 속하며, 심리와 행동상의 차이에 대한 연구는 유사성보다 강조된다. 문화심리학은 인간 및 문화과학 모델로 문화와 행동(또는 마음)은 상호구성되며 서로 간에 구분될 수 없는 것이라고 여기며, 국지적 설명이 보편적 설명보다 더 중요하다. 문화심리학에서는 분석 시 단일문화를 단위로 진행하고, 변수는 질적이고 해석적인 방법, 예를 들어 기술적, 담화적, 담론적, 민속지적 방법으로 처리한다. 또한 연구자가 관찰하는 현성에 영향을 미친다고 여기며, 정보원을 전형적인 사례나 지식 정보자로 보고 우호적인 상호작용과 관찰대상으로 본다.

> **문화와 식생활**
>
> 어느 문화에서 어떤 음식을 주로 먹는가는 그 문화의 기후와 풍토 같은 자연적 요인이 상당히 많은 영향을 미친다. 예를 들어, 기후를 한대지역, 온대지역, 열대지역으로 구분한다면, 한대지역에서는 음식의 종류가 그리 많지 않고, 담백하고, 생선을 가공을 거의 하지 않은 상태로 생식하는 경우가 많다. 온대지역에서는 생산물이 풍부해서 식품의 종류가 다양하고, 쌀의 경우 찰기가 있는 것을 식용하고, 음식은 향신료를 적당히 가미하는 형태로 즐긴다. 또한, 가공품도 발달하고 술은 순한 것도 독한 것도 고루 즐긴다. 마지막으로 열대지역에서는 음식 종류가 그리 많지 않아서 주로 채소 대신 과일을 식용하며, 높은 온도 때문에 음식이 쉽게 상하므로 과다한 향신료를 사용하는데, 특히 기름을 이용한 조리식품을 애용한다. 쌀의 경우도 찰기가 적은 쌀이 나므로 이를 식용한다. 물론 요즘 들어서는 냉장고 등의 음식보관기구나 시설이 발달해서 다른 지역의 식생활 문화를 수용하여 지역별 색채가 흐려지고 있지만, 전체적으로 보면 여전히 어떤 지역이냐에 따라 식생활 문화가 달라진다고 볼 수 있다.

3) 토착심리학

토착심리학의 목적은 문화에 기반한 심리학을 만들고 이후에 가능하면 보편심리학을 만드는 것으로서, 많은 주류심리학 분야뿐만 아니라 비교문화심리학과 문화심리학에 속하며, 특별히 선호하는 경향이나 초점은 없다. 토착심리학은 자연과학과 인간 및 문화과학 모델을 모두 수용하는 모델로 비교문화심리학과 문화심리학에서 가지는 이론적 지향을 모두 수용한다. 토착심리학에서는 비교문화심리학과 문화심리학의 방법론적 접근을 모두 수용한다.

표 2.2 비교문화심리학, 좁은 의미의 문화심리학, 토착심리학의 특징 비교 (자료: Yang, 1999)

	비교문화심리학	문화심리학	토착심리학
A 목적, 범위, 초점	1. 다양한 문화적 맥락에서 심리학 이론의 일반성을 검증하여 보편심리학을 만듦 2. 주류심리학의 하위 분과 3. 심리학과 행동상의 유사성 연구가 차이보다 강조됨	1. 특정 문화 내와 이들 문화에 걸쳐 이론을 개발하여 문화에 기반한 지식 체계를 만듦 2. 심리학과 인류학의 혼합 분야 3. 심리와 행동상의 차이에 대한 연구는 유사성보다 강조함	1. 문화에 기반한 심리학을 만들고 이후에 가능하면 보편심리학을 만듦 2. 많은 주류심리학 분야뿐만 아니라 비교문화심리학과 문화심리학을 포함함 3. 특별한 선호 없음

(계속)

	비교문화심리학	문화심리학	토착심리학
B 이론적 지향	4. 자연과학을 모델로 함 5. 행동적 징후(manifestation)는 보편심리학적 과정의 표시 6. 문화와 행동(또는 마음)을 독립변인 대 종속변인이라는 조건에서 구분되는 것으로 여김 7. 심리적이고 행동적인 과정과 구조는 분리되고 구분되며 혹은 상호 고립된 존재임 8. 선호되는 심리적이고 행동적인 개념들에 대해 맥락에 무관한 정의를 함 9. 보편적 설명이 국지적 설명보다 더 중요함	4. 인간 및 문화과학을 모델로 함 5. 행동적 징후는 자신의 존재성을 가짐 6. 문화와 행동(또는 마음)을 상호 구성되며 서로 간에 구분될 수 없다고 여김 7. 심리적이고 행동적인 과정과 구조는 성군(星群)과 같음 8. 선호되는 심리적이고 행동적인 개념들에 대해 맥락에 기초한 정의를 함 9. 국지적 설명이 보편적 설명보다 더 중요함	4. 양자 수용 5. 양자 수용 6. 양자 수용 7. 양자 수용 8. 양자 수용 9. 양자 모두 중요함
C 방법론 적 접근	10. 비교 문화 11. 비교의 기준으로 가정된 개념, 구성체, 측정상의 문화 간 등가성 12. 에틱접근(derived-etic), 에틱-에믹결합(combined etic-emic), 탈중심화(decentering), 수렴(co-nvergence) 전략을 추천하지만, 에틱부과 혹은 유사에틱(impo-sed or pseudo-etic)을 널리 사용함 13. 양적(특히, 실험적이고 심리측정적인) 방법 14. 분리 변인을 분석의 적정 수준으로 여김 15. 연구자가 관찰하는 현상에 적거나 거의 영향을 미치지 못하는 것으로 여김 16. 개념은 이 분야의 학문적 관점에서 볼 때 전문가인 연구자가 주로 결정한 것임 17. 측정과 평가를 위해 목표 대상자인 피험자 혹은 반응자에 대한 대표성 있는 표집 18. 정보 제공자로서 피험자나 반응자를 대함	10. 단일문화 분석 11. 이러한 가정 없음 12. 에믹(emic) 전략을 주장하고 사용함 13. 질적+해석적(기술적, 담화적, 담론적, 민속지적) 방법 14. 문화체계 내에서 행동이 일어나는데, 이 체계를 분석의 적정 수준으로 사용함 15. 연구자가 관찰하는 현상에 영향을 미치는 것으로 여김 16. 행위자(actor)가 원주민의 관점에 서 있는 의도된 대리인으로서 주로 결정한 개념 17. 인터뷰와 관찰을 위한 목표 대상자로서 전형적 사례나 지식 정보자에게 의존함 18. 전형적인 사례나 지식 정보자를 우호적인 상호작용과 관찰의 대상으로 봄	10. 양자 수용 11. 이 같은 가정을 하지 않고, 연구자의 이론, 방법론 방식에 따름 12. 단일 문화적이고 비교문화적인 에믹(emic) 전략을 주장 13. 양 방법 수용 14. 양 분석 수준 수용 15. 양 관점 수용 16. 연구자이거나 행위자 둘 중 어느 누구도 결정할 수 있는 개념 17. 양 표집 모두 수용 18. 양자 수용

토착심리학자로 분류되는 알리퀘즈(Enriquez, 1993)는 제3세계 사회심리학자들이 '서구식 접근에서 이탈하는 것은 과학이라는 무대에서 불명예스럽다.'고 믿기 때문에 심리학의 토착화가 어렵다고 지적했다. 그린필드(Greenfield, 1999)도 토착심리학이 서구의 토착심리학과는 다른 집단주의적 문화의 전통을 가지고 있기 때문에 심리학의 토착화가 어렵다고 지적하였다. 즉, 이 전통에서는 연장자를 권위자로서 대우하게 되는데, 유학을 한 학자들이 미국과 유럽의 학자에 대한 높은 존경심과 존중감을 갖게 되므로, 토착화가 초기에 느린 속도로 진행된다고 본 것이다.

4) 문화심리학의 갈래별 특징 비교

에믹(emic)[1]과 에틱(etic)[2]의 차원에서 비교문화심리학, 협의의 문화심리학, 토착심리학과 실험심리학을 비교하면 다음의 그림과 같다. 원래 실험심리학은 인간의 수많은 공통성을 강조한다. 킹과 윌슨(King & Wilson, 1975)은 인간과 침팬지의 유전자 구조가 99% 일치한다고 주장했다. 인간의 유전인자는 서로 거의 동일하다. 인간들 사이에 나타나는 차이는 수백만 년 동안 적응해온 환경이 다르기 때문에 발생한 것이다. 각 갈래별 특징을 비교하면 실험심리학만 에틱(etic)의 극단에 해당되고, 이에 제일 가까운 것이 비교문화심리학이다. 나머지는 에믹(emic)에 가깝다.

내용과 맥락 차원에서 앞의 4가지 학문을 비교하면 그림 2.3과 같다. 내용을 강조하는 학문은 실험심리학과 비교문화심리학이 상당히 근접한 유사성을 보이며, 나머지 2개 학문은 맥락을 중시한다.

에믹(emic)
(고유한 문화 형태를 지닌 것)

에틱(etic)
(공통의 심리적 과정)

토착심리학(IP)   협의의 문화심리학(CP)   비교문화심리학(CCP)   실험심리학(EP)

그림 2.2 문화심리학의 갈래별 에믹-에틱 차원에서의 비교

[1] 문화내부적 관점 또는 문화상대주의적 관점
[2] 비교문화적 관점 또는 문화보편주의적 관점

맥락(context) 내용(content)

토착심리학(IP) 협의의 문화심리학(CP) 비교문화심리학(CCP) 실험심리학(EP)

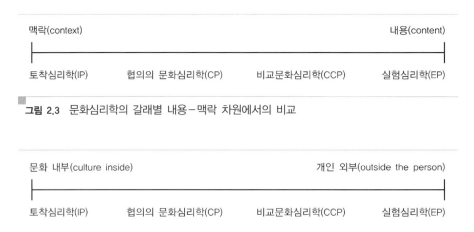

그림 2.3 문화심리학의 갈래별 내용–맥락 차원에서의 비교

문화 내부(culture inside) 개인 외부(outside the person)

토착심리학(IP) 협의의 문화심리학(CP) 비교문화심리학(CCP) 실험심리학(EP)

그림 2.4 문화심리학의 갈래별 문화 내부–개인 외부 차원에서의 비교

문화 내부와 개인 외부의 차원에서 보면, 실험심리학과 비교문화심리학은 개인 외부의 측면에서 보는 시각이 강하고, 나머지는 문화 내부에서 보는 시각이 강하다(그림 2.4 참조). 참고로, 발달심리학자는 문화를 개인 내부적 접근, 사회 및 산업심리학자는 문화를 개인 외부적 접근을 한다.

실생활 장면과 인공적 장면 차원에서 보면, 실험심리학과 비교문화심리학은 인공적인 장면에 초점을 두는 반면, 나머지 두 학문은 실생활 장면에 초점을 둔다(그림 2.5 참조). 인위적 장면은 서로 다른 차원, 요인 설계(factorial design), 실제 생활 장면을 드러낼 수 있게 하는 시나리오를 체계적으로 변화시킨다. 이러한 연구로는, 복잡하게 얽혀있는 유형을 드러내거나 복잡한 역사적 설명을 시도하는 것(Rogoff & Chavajay, 1995), 잠자리 결정하기(Shweder, Jensen, Goldstein, 1995)가 대표적이다.

실생활 장면(real life situations) 인위적 장면(artificial situations)

토착심리학(IP), 협의의 문화심리학(CP) 비교문화심리학(CCP), 실험심리학(EP)

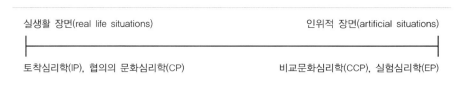

그림 2.5 문화심리학의 갈래별 실생활 장면–인위적 장면 차원의 비교

그림 2.6 문화심리학의 갈래별 외부 차원의 비교

그림 2.7 문화심리학의 갈래별 문화 내부-개인 외부 차원의 비교

의미를 중심하느냐 그렇지 않느냐의 차원에서 보면, 실험심리학과 비교문화심리학은 의미를 중시하지 않는 반면, 나머지 2개의 학문에서는 의미를 중시한다(그림 2.6 참조). 실험심리학과 비교문화심리학에서는 의미를 연구를 방해하는 장벽으로 인식한다. 비교문화심리학의 학자들에게 의미의 문제는 괴로운 일이다. 구성 개념에 대한 균등한 측정이 어렵기 때문이다(Greenfield, 1997).

맥락을 중시하느냐 개인의 특성을 중시하느냐의 차원에서 보면, 실험심리학과 비교문화심리학은 개인의 특성을 중시하는 반면, 나머지 2개의 학문에서는 맥락을 중시한다(그림 2.7 참조).

이외에도 문화를 독립변인으로 취급하느냐, 문화를 역동적으로 보느냐, 한 문화의 구성원들을 동일하게 보느냐의 3가지 차원에서 위 4가지 학문과 유사 학문을 비교할 수 있다.

- 문화를 독립변인으로 취급하느냐의 차원에서 사회 및 조직심리학자는 문화를 독립변인으로 취급하고, 실험심리학자는 실험적 조작의 방식으로 취급한다.
- 문화를 역동적으로 취급하느냐의 차원에서 변화 측면을 강조하는 것은 문화심리학이고, 고정적 측면을 강조하는 것은 비교문화심리학이다.

1. 해야 할 일
   - 첫째, 이론적·방법적·경험적 문제를 다루는 데 있어서 연구하는 과정 중 머리 속에 뭔가 토착적인 것이 생겨나기 전까지는 모호하거나 불명료한 상태를 참고 결정을 보류한다.
   - 둘째, 연구자로 기능(일)할 때는 문화적 의미에서 전형적인 원주민이 된다. 그리고 당신의 원주민적인 생각, 암묵적 지식(Polanyi의 의미로 볼 때), 생각하는 방식을 개념화, 이론화, 설계, 자료 수집, 해석하는 등의 연구 활동에 충분히 반영한다.
   - 셋째, 연구하는 현상을 개념화하거나 연구를 설계할 때마다 연구하는 심리적·행동적인 현상과 그의 사회문화적 맥락을 조심스럽게 숙고한다.
   - 넷째, 당신이 속한 사회의 사람들이 가지고 있는 문화적 고유한 심리적·행동적인 현상이나 특정에 대한 연구를 우선한다. 이러한 관점은 비서구사회에서 토착심리학의 발달 초기에 있는 경우에 명심한다.
   - 다섯째, 서구 문화의 지적 전통보다 자신의 문화적 지적 전통에 기반을 둔다.

2. 하지 말아야 할 일
   - 첫째, 연구하는 현상에 대해 충분히 몰입하여 이해하기 전에는 서구의 심리학적 개념·이론·방법·도구를 연구에 무비판적·습관적으로 적용하지 않는다.
   - 둘째, 서구 심리학자들이 자신들의 토착심리학을 개발하는 데 있어서 겪은 중요한 경험을 간과하지 않는다. 이러한 관점은 비서구 토착심리학의 발전에 유용하게 적용된다.
   - 셋째, 연구 과정의 어떤 단계에서도 영어나 다른 외국어로 생각하지 않는다. 이것은 연구를 숙고(Contemplation)할 때 토착적으로 왜곡하거나 방해하는 측면을 방지하기 위함이다. 사피르-워프(Sapir-Wharf)의 가설에 따르면, 우리의 세계에 대한 개념적 범주화는 해당 언어의 내용과 구조에 의해 부분적으로 결정된다.

자료: Yang, 2001.

한 문화의 구성원들을 동일하게 보느냐 하는 차원에서 문화심리학자는 개인차를 무시하지만, 비교문화심리학자는 개인차에 관심을 둔다. 예를 들면, 트리안디스(Triandis)의 집단주의에 상응하는 개인성향(allocentrics)과 개인주의에 상응하는 개인성향(idiocentrics)의 구분이 비교문화심리학자의 성향이다.

Chapter **3** 문화심리학의
연구법

1. 문화심리학 고유 연구법

1) 에틱 접근법과 에믹 접근법

에틱 접근법과 에믹 접근법은 파이크(Pike, 1954)에 의해 제기되었다. 에틱(etic)의 어원은 '음성의(Phonetic)'이며, 특정 체계를 외부의 관점에서 행동 연구를 통해 보는 것이다. 이 접근법은 외계(alien system)를 본질적인 차이로 보고, 연구자의 문화를 가지고 연구를 하며, 대상 문화를 비교하여 측정한다. 어떤 우울증 척도로 여러 문화를 동일한 방식으로 측정하여 그 차이를 비교하는 연구를 예로 들 수 있다.

에믹(emic)의 어원은 '음소의, 음소론의(Phonemic)'이며, 체계 내부의 관점에서 행동연구를 하는 것을 말한다. 각각의 문화에 적합한 우울증 개념과 척도를 만들어 측정하는 연구를 예로 들 수 있다. 두 접근법은 방법론적 차이로 보이지만 실제로는 연구의 가정이 다르다.

1. 문화적 등가성의 정의

문화적 등가성(cultural equivalence)이란, 원래의 실험식 연구에서는 고려하지 않았던 것이다. 이 개념은 2개 이상의 문화 차이를 연구하는 상황에서 사용된다. 문화적 등가성은 각 문화의 차이를 독립변인으로 다루고, 나머지 연구에서 고려하는 절차는 동일하게 취급한다. 예를 들어, 한국문화에 익숙한 한국인과 미국문화에 익숙한 미국인의 개인주의 정도 차이를 비교문화의 맥락에서 연구할 때, 이들 집단은 어느 문화에서 살고 있는가가 독립변인으로서 다를 뿐, 표집된 사람들의 성별과 같은 인구통계학적 변인이나 개인주의의 측정도구가 양 집단에서 동일하게 사용되어야 한다는 것이다.

이러한 문화적 등가성을 확보하지 않으면, 연구 결과에서 나타나는 차이가 문화에 의한 차이인지 다른 변인에 의한 차이인지 알 수 없다. 따라서 비교문화 연구를 할 때는 이러한 문화적 등가성 확보를 위한 최선의 노력을 해야 한다. 그동안 이루어진 대부분의 비교문화 연구는 이러한 문화적 등가성 확보에 소홀했다.

2. 통계적 방법을 이용한 등가성의 확보

요인분석(factor analysis)을 통해 해당 문화에서 동일한 요인에 동일한 문항이 묶인다면 등가성을 확보했다고 볼 수 있다. 또한 문항반응분석(item response theory)을 통해 해당 문화에서 동일한 문항에 대해 동일한 응답이 할 경우에도 등가성을 확보했다고 볼 수 있다. 정신물리학적 방법(psychophysical method)을 통해 해당 문화에서 물리적 대상 간 거리를 동일하게 볼 경우에도 마찬가지이다.

2) 에틱 접근법과 에믹 접근법의 통합을 위한 노력

에틱과 에믹 접근은 서로 별도로 이루어지면서 대립되는 모양을 보인다. 일각에서는 두 가지 접근을 통합하자는 주장도 제기되었다. 대표적인 예가 제임스(James)였다. 그는 극단적인 보편주의와 문화적 상대주의 모두를 거부했다. 베리(Berry, 1980)는 파생된 에틱 접근을, 김(Kim), 박 등(Park & Park, 1999)은 토착심리학적 접근을 주장했다.

여기서 파생된 에틱 접근은 기존의 이론들을 조정, 통합하여 국지적 Emic 지식에 맞게 하는 것으로 에틱 접근과 마찬가지로 외부(다른 문화)에 부과하는 것이다. 외부에 부과하는 또 하나의 형태로, 현재의 심리학적 지식은 심리학자들의 심리학을 의미하는 것이며, 심리학자들이 이해시킬 사람들(일반인)의 심리학이 아님은 주장했다.

> **문화심리학 연구 시 고려사항**
>
> 1. 문화마다 심리학적 개념이 다를 수 있다. 예를 들어, 지능(intelligence)이란 개념을 '전통을 아는 것'으로 볼 수도 있지만, '느리고, 확실하고 실수를 하지 않는 것'으로 볼 수도 있다.
> 2. 지시 내용을 서로 다르게 이해할 수 있다. 미국문화에서는 선다형(Multiple-Choice)에 친숙한 편이지만, 다른 문화에서는 이러한 방식에 친숙하지 않은 경우도 있다.
> 3. 어떤 사람들은 지능검사에 공포를 느낀다. 지능검사는 원래 불안한 상태에서는 실시하지 않는다. 한 문화 내에서도 불안을 느껴 여러 번 검사해야 하는 사람도 있다. 어떤 문화에 속한 사람들은 다른 문화에 속한 사람들보다 이러한 검사 상황을 더 공포스러워 한다.
> 4. 검사 상황에 대한 의미가 늘 같지는 않다. 본드(Bond, 1984) 등의 주장에 따르면, 게토 지역에서 흑인 아이들에게 백인 심리학자가 지능검사(Stanford Binet test)와 같은 것을 사용하면 형편없는 결과가 나타난다. 하지만, 검사 전 백인 심리학자가 아이들과 바닥에 앉아 같이 놀고 난 후 검사를 실행하면 더 좋은 결과를 얻을 수 있다.
> 5. 실험자에 대한 반응이 다를 수 있다. 외부인(Outsiders)에 대한 반응은 문화에 따라 다를 수 있다. 외부인에게 협조하는 것을 금지하는 문화가 있는가하면, 외부인을 속이거나 놀리는 문화도 있다.
> 6. 연구대상의 집단 간 동기수준이 다를 수 있다. '서두름'에 대한 반응으로 '내가 왜 서둘러야 하지?'와 같은 태도를 보이는 경우가 있고, '빨리 반응해야지.'와 같은 태도를 보이는 경우도 있다.
> 7. 문화에 따라 반응세트가 다를 수 있다. 절대적으로 확신하는 것에 대해서만 답하는 문화가 있는 반면, 모르거나 관련이 없다 하더라도 모든 질문에 답하는 문화도 있다. 스페인계 미국인의 경우 극단적인 반응(예: 어떤 사항에 강력하게 동의하는 것)을 주로 나타내지만, 미국문화에 적응한 후에는 그러한 경향이 줄어든다.
> 8. 서로 다른 두 개의 문화에 속한 한두 개의 집단은 서로 등가적(equivalent)이지 않을 수도 있다. 한국의 대학생 집단과 미국의 대학생 집단은 등가적이지 않은 경우가 대부분이다.
> 9. 방법의 윤리적 수용성이 다를 수 있다. 어떤 문화에서 부인들은 자신의 의견이 없는 것과 같은 반응을 보인다. "내가 뭐 알겠어요. 저는 아무 생각 없어요."와 같은 반응의 진짜 의미는 해당 질문이 윤리적으로 적절하지 않다는 것이다. 위의 경우, 사전 조사(Pre-Test)를 통한 다른 방안을 강구한다.

　　토착심리학적 접근에서는 외부로부터 토착화하고, 내부로부터 토착화하는 것을 주장했다(Indigenization from without and indigenization from within, Enriquez, 1993).

2. 다양한 문화심리학 연구법

1) 문화심리학 연구의 방법론적 차이

문화적 차이의 정도에 따라 비교문화심리학, 협의의 문화심리학, 토착심리학의 방법론적 차이가 발생한다. 문화적 차이를 크게 인식하는 경우는 협의의 문화심리학이고, 이들의 차이를 별로 크게 인식하지 않는 경우는 비교문화심리학과 토착심리학으로 본다(그림 3.1 참조).

원래 문화적 거리(cultural distance)라는 개념은 트리안디스(Triandis)가 언어(언어군), 사회구조(예: 단혼제 대 복혼제), 종교(예: 특정한 기독교 대 특정한 불교), 사회경제적 조건(예: 1인당 GNP $30,000 대 $300), 정치체제, 문맹률 수준 등을 기준으로 정교화했다.

그린필드(Greenfield, 1997)는 학교교육을 받은 사람과 그렇지 않은 사람들이 전집에 관한 연구를 할 때 몇 가지 차이를 보인다고 언급했다. 전자는 추상에 익숙한 데 비해, 후자는 그렇지 못하다는 점이다. 집단주의 문화에서는 개인의 신념보다는 집단의 신념이나 태도를 표현해야 한다고 보았다.

많은 문화권에서는 낯선 사람과의 우호적인 관계 수립 시 시간이 많이 든다고 생각하는 경향이 있다. 그린필드는 문화적 거리가 클 경우 대학생으로 피험자의 범위를 제한하고, 민속지적 방법론과 같은 간단한 방법론을 적용해야 한다고 제안했다. 이렇게 하면 심리적 과정과 현존문화가 뒤섞여(interwind) 있다고 생각하게 만들 수 있다고 생각했다.

그림 3.1 문화심리학의 갈래별 문화차이 인식 비교

보쉬(Boesch, 1996)는 '비교문화심리학의 7가지 흠'을 통해 비교심리학에서 다음과 같은 가능성을 찾아볼 수 없었다고 보았다.

- 문화를 독립변인으로 취급
- 각 문화에서 대표적인 표집
- 문화 간에 균등한 측정
- 구체적인 연구자의 존재와 특정 참여자간의 상호작용에 의한 편파 피함
- 전적으로 문화 특수적인 토픽을 연구
- 참여자를 정보원으로서 다룸
- 우호적인 상호작용과 관찰의 목적

결론적으로, 그는 민속지적 방법만이 문화 구성원에게서 타당한 자료를 얻을 수 있는 방법이라고 주장했다. 문화적 거리가 클수록 옳은 결과를 얻을 수 있을 것이라 생각한 것이다.

다음은 한 문화를 연구할 것인가 여러 문화를 동시에 연구할 것인가의 문제이다. 여러 문화를 동시에 연구할 경우에는 문화적으로 등가적인 구성개념을 적용한다. 이에 대해 3가지 문화심리학이 서로 다른 입장을 취하고 있다(그림 3.2 참조). 비교문화심리학은 다양한 문화를 동시에 다룰 수 있는 반면, 토착심리학과 협의의 문화심리학은 한 가지 문화연구에만 초점을 맞춘다.

트리안디스(Triandis, 1972)는 이러한 점에 관하여 "협의의 문화심리학은 집단주의 문화적 관점과 잘 부합하고, 비교문화심리학은 개인주의 문화적 관점과 잘 부합한다."고 설명했다. 이에 관해서는 논란의 여지가 있지만, 집단주의와 개인주의 문화는 알려져 있는 바와 부합한다고 볼 수 있다(Markus & Kitayama, 1991; Triandis, 1995).

단일 문화(one culture)　　　　　　　　　　　　　대다수의 문화(many culture)

토착심리학(IP), 협의의 문화심리학(CP)　　　　　　비교문화심리학(CCP)

그림 3.2 문화심리학의 갈래별 문화 차이 인식 비교

이와 관련된 강력한 증거도 있다. 개인주의 성향자(idiocentric)는 내부귀인[3]을 주로 하고, 집단주의 성향자(allocentric)는 외부귀인[4]을 주로 한다(Al-Zahani & Kaplowitz, 1993; Morris & Peng, 1994; Na & Loftus, 1998; Newman, 1993). 집단주의 성향자는 귀인을 할 때 개인주의 성향자보다 맥락을 더 많이 사용한다(Miller, 1984). 룽(Leung, 1999)의 연구에 따르면, 홍콩 조차(租借)[5] 문제를 두고, 중국인들은 강요되었다는 점과 아편의 불법성을 들어 부당하다고 보았던 반면, 영국인들은 조약은 조약일 뿐이라고 생각하였다. 집단주의자들은 상태(state) 동사(he offered to help)보다 행위(action) 동사(he is helpful)를 더 많이 사용한다(Zwier, 1997).

2) 비교문화심리학의 연구법

비교문화심리학에서는 다음과 같은 방법을 사용할 수 있다. 베리(Berry, 1989)는 에틱접근(derived-etic)을 주로 사용하라고 주장한다. 에틱부과(imposed-etic) 역시 Berry(1989)가 주로 사용하는 방법이다. 에틱-에믹결합(combined etic-emic)은 Triandis(1978)가 주로 사용하기를 권하는 방법이다. 탈중심화(decentering)는 Werner와 Campbell(1970)이 선호하는 것이다. 수렴(convergence) 역시 Campbell(1986)이 주로 사용한다. 유사에틱(pseudo

---

[3] 좋지 않은 상황이나 현상을 자신의 탓으로 돌리는 것
[4] 좋지 않은 상황이나 현상을 외부의 탓으로 돌리는 것
[5] 영국이 중국으로부터 홍콩 지역을 100년간 빌린 사건

지능(intelligence)이 어느 문화에서나 보편적으로 동일하다고 생각하기 쉽지만, 문화별로 약간의 차이가 있다. 예를 들어, 짐바브웨에서는 주의, 신중함, 흥정을 지능으로 보고(Sternberg, 2002), 과테말라에서는 생동감, 기민함, 재능 있음, 독립성, 활동성을 지능으로 보며(Klein et al., 1976), 말레이시아에서는 말하기, 읽기, 사회성, 상징화 능력을 지능으로 보고 있다(Gill & Keats, 1980).

지능에 관한 개념 차이는 곧 지능 측정도구를 각 문화의 개념에 적합하게 제작하여 사용하여야 한다는 주장으로 이어진다. 특히, 한 사회가 여러 문화권 출신 혹은 여러 인종으로 구성되어 있는 다문화 사회에서는 이러한 주장이 매우 설득력 있다고 볼 수 있다.

이러한 문화별로 다른 지능 개념이 존재하는 것과 관련해서 측정 시 두 가지 관점이 존재한다. 첫째는 자이드너(Zeidner), 매튜스(Matthews), 로버츠(Roberts, 2004)에 의해 제시된 문화공평성(culture-fair) 측정 방식이 있는데, 이는 어느 문화에서든 동일하게 적절하게 사용할 수 있는 측정 방식이다. 물론 이 경우에도 문화에 따라 약간의 변형이 수반되어야 한다고 이들은 말한다. 둘째는 문화 관련성(culture-relevant) 측정 방식이 있다. 이는 특정 문화에 적합한 방식으로 지능 측정도구를 제작하여 사용하는 방식이다. 이러한 예들은 많은데, 대표적으로는 세시와 브로펜브레너(Ceci & Brofenbrenner, 1985)의 브라질 여성에 관한 측정 연구가 있다.

-etic)은 트리안디스(Triandis), 멜파스(Malpass), 데이비슨(Davidson, 1972)이 주장하는 것이다. 비교문화심리학에서는 양적 방법(특히 실험실과 현장에서 이루어지는 실험법)과 심리측정(표준화된 척도, 테스트, 심리검사도구)을 더 선호한다.

3) 각 연구법의 장단점

(1) 비교문화심리학 연구법의 장단점

비교문화심리학은 보편적 현상과 문화의 특정적 현상에 대한 일반화를 제공한다는 장점이 있다. 비교문화심리학의 연구법에서는 에믹 접근법뿐만 아니라 에틱 접근법을 사용하여 구성 개념을 측정할 수 있다. 하지만 연구자와 참여자 간 문화적 거리가 클 경우에는 위와 같은 방법을 적용하기 어렵다. 이 연구법이 반동성(reactivity)을 낳기 때문이다. 여기서 반동성이란, 어떤 한 가지의 내용에 대해 반응자들의 고유한 심리가 반영되어 서로 다른 반응을 유발하는 것이다.

예를 들어, 잘사는 문화에서는 일반 자동차가 생활용품으로 인식되는 데 비해 잘살지 못하는 문화에서는 사치품으로 인식되어 자동차 관련 조사 시 예상치 못한 결과를 얻을 수 있다. 이처럼 반동성은 의미, 지시, 동기수준, 윤리적 측면(Triandis, 1994) 등의 차이로 발생된다. 이런 맥락에서 자료의 표준화가 중요한데, 이에 대해 룽과 본드(Leung & Bond, 1989)는 표준화가 참여자 간, 문항 간, 양자 간에 이루어져야 한다고 보았다. 따라서 앞으로는 토빈(Tobin et al., 1989)이 사용한 방법인 문화심리학과 비교문화심리학의 방법을 모두 적용할 필요가 있다.

(2) 협의의 문화심리학 연구법의 장단점

다음은 협의의 문화심리학의 장점이다. 이는 토착심리학의 경우와 유사하다. 즉, 연구자와 참여자 간의 문화적 거리가 클 경우에 문화심리학을 사용할 수 있다. 즉, 연구자가 해당문화를 잘 모를 경우 표적집단면접법(focus group interview: FGI)**6**을 사용하여 토착적 내용을 파악하라는 것이다. 협의의 문화심리학의 단점도 토착심리학의 경우와 유사하다. 결과의 신뢰도와 타당도에 문제가 있는 것이다. 협의의 문제심리학의 연구법은 이해에는 도움이 되나, 좀처럼 예측이 가능하지 않다는 단점이 있다.

(3) 토착심리학 연구법의 장단점

토착심리학은 여러 가지 장점이 있다. 첫째, 각 문화의 중심 개념과 그들 간 관계를 파악함으로써 문화의 심장부에 접근할 수 있다. 트리안디스(Triandis, 1976)는 아프리카계 미국인을 대상으로 하여 생태계 불신(ecosystem distrust)이라는 현상을 밝혀냈다. 불신과 신뢰는 그 사람이 처한 상황에 영향을 받는다. 트리안디스는 이러한 맥락에서, 직업을 한 번도 가져보지 못한 사람은 직업을 가진 사람보다 자신의 어머니를 더 신뢰한다는 지각패턴을 설명했다. 토착심리학은 문화에 대한 보편(일반)이론을 위한 기반이 될 수 있다. 각 문화에서 발견

---

6 소수 응답자와의 대화를 통해 정보를 알아내는 면접조사방법

한 내용을 보편이론으로 귀납할 수 있는 것이다. 물론 토착심리학은 다음과 같은 단점도 가진다. 이러한 접근에 의해 다양한 심리학적 현상에 대한 결과가 나와도 주류 심리학자들이 관심을 갖지 않는 경향이 있다는 점이다. 또한 이와 관련하여 어떤 것이 더 중요한 것인지를 가늠할 수 있는 기준이 필요하지만, 아직까지 이러한 기준이 마련되지는 못했다. 특히 어떤 한 가지 현상에 대해 상반된 결과가 나올 때는 이러한 어려움이 더욱 커진다.

> **좋은 비교문화 연구의 조건**
>
> 1. 문화 간 유사성을 포함한 연구틀을 마련해야 한다.
> 2. 중다방법(Multimethod) 절차가 사용되어야 한다.
> 3. 문화 간 혹은 문화 내에서의 척도가 일관성을 유지해야 한다.
> 4. 경쟁 가설에 대해서 점검하고 그러한 점이 틀렸음을 증명해야 한다.
> 5. 에틱적인 구성 개념은 에믹적인 방식으로 측정되어야 한다.
> 6. 연구는 윤리적으로 실시되어야 한다.
> 7. 연구자는 자민족중심주의 편향(Ethnocentric Bias)이나, 남성중심주의 편향(AndrocentricBias)에 빠지지 않도록 노력해야 한다.

Part **2** 문화심리학의 이해

Chapter **4** 문화와
성격

1. 성격의 이해

1) 성격의 정의

성격의 뿌리인 페르소나(persona)는 '연극에서 배우가 사용하는 마스크, 겉으로 드러난 외양, 개인이 자기 주변 사람들에게 보이는 공적인 얼굴'로 정의된다. 이러한 측면은 성격을 정의하는 데 사용된다. 그렇다면 성격은 다른 사람에게 보여지는 개인의 특성일까? 일반적으로 성격은 눈에 보이지 않는 정서적 특성, 사회적 특성을 포함한다. 지금부터 성격이론가들의 다양한 정의를 살펴보자.

- 올포트(Allport)는 성격을 환경에 대한 개인의 독특한 적응을 결정하는 개인 내의 정신·신체적 체계의 역동적 조직으로 보았다.
- 미쉘(Mischel)은 성격이란 보통의 개인이 생활 속 상황에 적응하는 특성을 기술하는 사고와 감정을 포함한 구별된 행동패턴이라고 정의했다.
- 매디(Maddi)는 성격을 사람들의 심리적 행동(사고, 감정, 행위)에 있어 공통성과 차이점을 결정하는 일련의 안정된 경향성과 특성이라고 정의했다.
- 릭맨(Ryckman)은 성격을 개인이 소유한 일련의 역동적이고 조직화된 특성으로, 이런 특성이 다양한 상황에서 개인의 인지, 동기, 행동에 독특하게 영향을 미친다고 보았다.

- 카버(Carver)와 사이어(Scheier)는 성격을 인간의 행동, 사고, 감정의 특유한 패턴을 창조하는 심리·신체적 체계, 인간 내부의 역동적 조직이라고 보았다.
- 버거(Burger)는 성격을 일관된 행동패턴 및 개인 내부에서 일어나는 심리내적 과정이라고 보았다.
- 폰가스(Forgus)와 슐만(Shulman)은 성격에 다음과 같은 특징이 있다고 했다. ① 모든 행동은 적응적이다. ② 성격은 학습된 행동패턴이다. ③ 문화는 성격패턴에 영향을 준다. ④ 각각의 성격은 자체의 고유하고 독특한 구조를 지닌다. ⑤ 성격은 어떤 반응을 선택하게 할지를 결정한다. ⑥ 패턴을 알면 행동의 예언이 가능하다. ⑦ 기본적인 성격패턴의 이해는 어떤 행동의 구체적 기능을 알게 한다.

위와 같이 성격이론은 성격심리학자의 수만큼 많다는 속설이 있을 만큼 많고 다양하다. 하지만 이들을 종합하여 성격의 정의를 알아보면 '환경에 적응하기 위해 개인이 지니게 된 비교적 독특하고 일관성 있는 심리내적 행동패턴'이라고 정의할 수 있다.

2) 성격 연구의 역사

성격(personality)이라는 용어는 19세기 이전 주로 신학적[7], 법적[8], 윤리적[9] 측면에서 사용되었다. 프랑스 철학자인 르누비어(Renouvier)는 구체적으로 드러나고(embodied), 경험적으로 알 수 있는 개인을 지칭하는 범주로 이것을 사용하였다. 1895년경 제임스(James)는 미국에 그 용어를 수입하였다. 프랑스

---

[7] 신의 속성, 다른 성인의 속성을 지칭하는 것으로서 개성(personhood)의 특색(quality)이라는 느낌으로 주로 사용됨.

[8] 르네상스 기간 중에 자연권론자(natural right theorist)들이 '성격에 대한 권리(right to personality)'를 주창하면서 시작된 것이 18세기에 유럽대륙의 도덕철학의 담론 중에서 이 범주가 확립되었으며, 현재는 분명히 인간화된 것. 칸트(Kant)가 'person'과 'personality'를 명확하게 구분하였는데, 이때 후자는 자율성을 지닌 윤리적 주체를 의미함.

[9] 19세기에 들어서 이 용어는 심리학적인 맥락이 아닌 윤리적인 맥락에 머무는 경우가 많았지만, 구체적인 개인에게 적용되면서 비로소 'personality'라는 개념이 현실 세계에 발을 붙임.

에서도 19세기 후반 성격의 범주에 대한 의학화(medicalization)가 있었다. 이로 인해 의사들에게 개인의 성격은 영적인 원리(spiritual principle)가 아니라 다른 것들처럼 질병에 매우 취약한 자연적이고 구체적으로 드러난 존재였다. 1885년에는 리봇(Ribot)이 《성격의 질환(diseases of the personality)》을 저술했다. 이러한 맥락에서 성격 변화시키기(alternating personality)라고 이미 알려져 있던 개념이 이러한 발전에 중요한 역할을 했다. 이러한 위치에 있던 'personality'는 개념을 미국의 제임스(1890)가 미국에 수입했다. 중다성격에 대해 초기에 연구한 머튼(Merton, 1905)도 이러한 프랑스에서의 personality라는 개념을 수입한 주역 중 하나이다.

20세기 초반에 들어서면서 성격의 의학적 특징, 성격의 이상에 대한 공공의 관심이 많아졌다. 예전에는 도덕적 의미를 띤 'character'라는 개념이 중심적으로 많이 사용되었는데, 이제는 'personality'라는 개념을 다룬 책과 논문이 많아졌다. 'character'는 지고 'personality'는 떴다. 'character'의 개선(improvement)은 의무(duty), 시민성(citizenship), 통합(integrity), 인품(manhood)과 같은 의미를 띠고, 'personality'는 매력적인(attractive), 창조적인(creative), 지배적인(dominant) 같은 의미를 강조하며 발전하였다.

'personality'는 개인을 연구하는 것이다. 그렇다고 해서 한 개인에 관한 연구가 'personality' 연구가 되는 것은 아니다. 이는 사례(case)를 연구하는 것이다. 'personality'는 여러 사람을 대상으로 많은 자료를 가지고 연구해서 얻어진 말하자면 심리학적으로 합의를 획득하는 것(psychological consensus taking)이다.

미국에서는 제1차 세계대전 시 지능검사가 많이 개발되어 사용되었다. 전후에 이러한 공헌으로도 채워지지 않는 부분이 드러났다. 이름 하여 비지적 특성(non-intellectual traits)이다. 이러한 것을 메우기 위해서 고려한 것이 첫째로 기질(temperament)이다. 기질은 쉽게 물리적 환원론으로 빠져든다. 둘째는 인격(character)이다. 인격은 도덕적 색채가 강해서 문제가 있다. 셋째는 성격(personality)이다. 이는 더 이상 몇 사람만이 가지는 속성이 아니고, 어느 누구든 다른 사람과 구별되는 것을 가지는 것이다(Susman, 1979).

'character'는 본질적으로 단일적(unitary)이라고 가정되었는데, personality는 본질적으로 다양성을 가지고 있다고 가정된다. 다시 말해 personality는 다양한 경향성의 덩어리(an assembly of various tendencies)를 말한다. 물론 초기의 의학적 관점에서는 'personality'의 이탈된 모습 즉, 병적인 측면에 관심이 많았지만, 곧이어 한 개인이 가지고 있는 모든 경향성을 포함하는 방향으로 변모되었다.

2. 문화와 성격 연구

학술지 〈Journal of Personality〉(2001)의 특집호는 '문화와 성격'을 주제로 다루었다. 총 10편의 논문과 이들 내용을 총괄하는 소개 논문으로 구성된 이 특집호는 최근 점차 관심이 많아지고 있는 문화와 성격의 관계를 종합적으로 정리하고 있다.

특히 이 특집호는 여러 문화에 걸쳐서 이루어진 성격에 대한 연구에서 연구자들이 채택한 새로운 대안적인 이론 관점을 소개하는 데 주력하였다. 기존에 존재했던 관점이란, 각각의 독특한 지적 역사를 가진 3가지로서 비교문화적 관점, 문화적 관점, 토착적 관점이었는데, 여기에 또 하나 새롭게 추가된 것이 진화심리학(evolutionary psychology)이다. 여기에 포함된 10편의 논문을 종합하여 소개 논문을 제시한 티머시 처치(Timothy Church)는 이러한 관점들이 점차 통합해 나가고 있다고 결론지었다. 다양한 범주의 문화와 성격에 관한 연구를 살펴보면 다음과 같다.

1) 인종·민족 간 성격 연구

인종은 우리의 지각에 영향을 미치는 사회적 범주이다. 특정 인종에 대한 기대나 고정관념은 검사 결과를 왜곡시킬 수 있다. 이러한 연구는 다음의 몇 가지 어려움을 수반한다.

- 첫째, 성별과 달리 인종이나 민족은 분명하게 구분하기 어렵다. 만약 특정 민족의 순수한 혈통이 존재한다고 하더라도 다른 문화권에 노출되거나 살아가는 1.5세, 2세, 3세, 4세 등 여러 세대가 있고, 이들 중에는 다른 인종이나 민족의 피가 섞이는 경우가 적지 않다.
- 둘째, 적절한 표집의 어려움이 있다. 상호비교를 위해서는 등가적인 표집이 이루어져야 하는데 그렇지 못한 경우가 대부분이다.
- 셋째, 사회경제적 지위와 같은 통제하기 어려운 오염변인이 존재한다.
- 넷째, 집단 내 하위집단 연구의 필요성이 제기된다. 왜냐하면 한 집단 내에서도 서로 구분되는 하위집단이 있기 때문이다.
- 다섯째, 문화 간 영향을 주고받는 경우가 많다.
- 여섯째, 비교되는 두 집단에 동일하게 적용되는 특성을 찾기가 어려운 경우도 있다. 즉, 어느 한 집단에만 해당되는 특성이 있다는 것이다.
- 일곱째, 각 집단에게 맞는 규준을 정하기 어렵다.
- 여덟째, 점수만 가지고는 동일한 특질을 보이는지 결론을 내리기 어렵다.

인종·민족 간 성격 연구에서 위와 같은 악조건을 극복하고 연구하기란 쉽지 않은 일이다. 이러한 어려움을 극복하기 위한 책략으로는 앞서 살펴본 에믹 접근이 유용하다고 할 수 있다.

2) 비교문화심리학 성격 연구

비교문화심리학으로 성격을 연구할 때는 다음과 같은 점을 고려해야 한다.

- 첫째, 특정 문화에 적절한 규준에 근거하여 각 문화의 점수를 기술해야 한다.
- 둘째, 특정 문화 내에서 수집된 증거들에 기초하여 각 문화에 대한 검사의 타당성을 검증해야, 검사뿐만 아니라 성격 특질 그 자체가 연구하고자 하는 특정 문화에 의미가 있는지를 고려해야 한다.

- 셋째, 다양한 특질을 측정하는 성격 검사들이 다양한 문화권에서 각 나라의 언어로 번안되어 사용되고 있다.
- 넷째, 교차 문화 연구 시 문항은 각 문화에 적절한 형태로 번안해야 한다. 또한 적절한 표집에 근거한 표준화 과정을 거쳐야 한다.

3) 사회화와 성격 연구

문화에 길들여지는 것을 문화화 또는 사회화라고 한다. 슈와르츠와 머튼(Schwartz & Merton, 1968)은 사회화와 성격의 문제를 다루면서 '사회가 구성원에게 자신이 점유하는 지위를 필수불가결하고 바람직한 것으로 느끼게 만드는 방법은 무엇일까?'를 고민했다. 사회화 과정을 연구할 때는 '무엇을 학습하는가'와 '어떻게 학습하는가'가 중요하다.

이들이 찾아낸 연구의 한 방향은, 사회화 연구가 인류학과 통합된 점이라는 것이다. 사회화에 대한 개념 정의를 살펴보자. 1930년대에 문화란 한 세대에서 다음 세대로 전승되는 과정을 의미했다. 1954년에 차일드(Child)는 인류학자들의 견해를 개관하면서 이 용어를 공식적으로 수용했는데, 다음과 같은 이유로 불만을 갖고 있었다. 즉, 사회적 역할과 행동에 대해서는 강조하는데, 신념, 가치, 문화의 다른 인지적 측면은 배제하기 때문이다. Culturalization(Kluckhohn, 1939)이나 Enculturation(Herskovits, 1948)과 같은 용어도 등장했다. 하지만 이들 용어들이 학계에 보편적으로 받아들여진 것은 아니었다.

사회화(socialization)란 용어는 하틀리(Hartley)에 의해 '한 집단의 성원이 되기 위해 학습하는 것'이란 의미로 사용되었다. 이것은 해당 집단에서 온당하고(correct) 본질적이라고 간주하는 것을 지각하고, 그 지각을 옳고(right), 좋고, 필요한 것으로 수용하며, 이러한 것과 합치되는 행동을 학습하는 것을 의미한다. 여기에는 사고방식, 행동방식, 감정방식이 포함되며, 다른 사람의 태도와 행동뿐 아니라 자신에 대한 태도를 포함한다(Hartley & Hartley, 1952).

사회화와 성격의 관계를 이해하기 위해서 화이팅과 차일드(Whiting & Child)가 1953년에 개발한 모델을 살펴볼 필요가 있다.

개인의 성격에 영향을 미치는 요인이 많지만 그중에서도 사회화는 성격에 많은 영향을 미친다. 브로펜브레너(Brofenbrenner)는 미국과 러시아의 자녀 양육을 비교하여 이러한 문제를 다루었다. 그에 의하면, 미국의 중류 계급 부모들은 딱딱하고 엄격한 방식의 양육과 훈육 대신 아동의 충동과 욕구에 대한 인내력, 자유로운 정서 표현, 훈육에 대한 심리학적 방법(죄에 대한 추론과 호소 등)에 의존을 증가시키는 방식을 사용한다. 자녀 양육에 대한 목표와 방법 면에서 사회 계급 간 차이는 적지만, 성별, 출생 순위에 의한 차이는 나타났다. 예를 들면, 여아와 맏이에게 더 잘 대해준다. 이러한 사회화에서의 성차는 하위 계급에서 발생하는데, 상위 계급으로 이동되면 이러한 성차가 거의 발생하지 않는다.

이들은 다음과 같은 구조를 제시한다.

- maintenance systems: 구성원들의 자양분(nourishing), 거주, 보호와 관련된 경제적·정치적·사회적 조직을 지칭한다. 이것이 아동의 훈련 실습에 영향을 미친다.
- child training practices: 아동이 사회생활에 필요한 행동을 하도록 만드는 것을 말한다. 이 훈련은 부모나 대리인이 암묵적으로 의도하고 있는 것도 있고, 문화가 규정한 목표도 있다. 이 훈련이 결과적으로 성격을 형성한다.
- personality: 개인이 흉내 내고, 자신에게 발생된 것들을 조직하는 방식의 모델이다. 성격은 개인이 자신의 사회화에 대한 적응이라고 개념화할 수 있다.
- adult behavior: 자기 설명적이다. 이것은 성역할에서의 성공적인 행위가 한 예이다.
- cultural products: 종교, 문화 가치, 예술, 게임, 기본적인 생물학적 요구를 만족하는 데 직접적이지는 않지만 실제적으로 관여되어 있는 다른 문화적 특징을 지칭한다. 예를 들어, 남자의 성인식 등이 이에 해당한다.

기존 사회화와 성격의 관계를 연구한 것들을 종합적으로 개관하면, 화이팅과 차일드(Whiting & Child, 1953)와 같은 흐름의 비교문화적 연구가 대부분이다. 화이팅은 비교문화적 기법을 개선하기 위해서 6개의 문화에 단일한 현장조사 가이드를 붙인 독립적인 팀을 파견하여 조사하게 했다. 이와 유사하지만 다른 기법은 시갈 등(Segall, Campbell, Herskovits, 1966)의 것이다. 이들은 표준화된 도구를 사용해서 해당 현장에 이미 살고 있는 사람들로부터 자료를 수집했다. 이러한 방법은 전자의 방법보다 저렴하기는 하지만, 맥락적인 자세함이 덜하다.

이후 비교문화적 결과에 대해 문화 내 반복 연구가 출현했다. 가치, 상징, 종교체계는 뒤르켐(Durkheim)이 말한 바대로 사회생활을 반영하는 것으로 인식된다. 여기서 이러한 체계와 아동의 훈련 간 관계가 탐색되었다. 오랫동안 심리학자들 특히, 프로이트 학파의 관점에서 가정한 바에 의하면 신의 본질과 사람과의 관계는 어린이들이 부모에 대해 가지는 이미지의 반영이나 투사와 비슷하다. 스피로(Spiro)와 단드레이드(D'Andrade) 등이 이러한 내용을 연구했는데, 위 가설을 지지할 수 있는 방향의 결과를 얻었다(Spiro & D'Andrade, 1958). 가정 구조는 아동의 응석(indulge)이 고려되지 않는다면 신의 본성과 통계적으로 관련이 있게 나타날 수 없다.

화이팅 등(Whiting, Kluckhohn, Anthony, 1958)의 아동과 관련된 연구에서 밝혀진 사실을 보면, 대부분의 사회에서 아동은 어머니와 같이 잠자리에 들었다. 화이팅(1961)은 유아의 응석 정도가 대체로 가정에 거주하는 성인의 수에 비례한다고 보고했다. 핵가족의 경우에는 이러한 결과가 보장되지는 않았다. 아이를 어머니 혼자 키울 경우에는 아동이 응석을 많이 부리는 경우가 드물었다. 응석을 많이 부리는 것을 백분율로 표시하면, 확대가족은 87%, 일부다처가족은 83%, 핵가족은 42%, 편모슬하가족은 25% 수준이었다.

4) 다문화적 접근과 성격 연구

최근 들어 문화와 성격이 다문화적 측면에서 조명·연구되고 있다. 여러 문화권의 사람들이 하나의 새로운 문화를 만들어 생활하기 때문이다. 반 더치와 반 오덴호벤(Van Der Zee & Van Oudenhoven, 2000)은 다문화 성격의 측정 도구를 개발했다. 이 척도는 다문화 효과성(multicultural effectiveness)을 확인하기 위한 것으로, 문화적 공감(cultural empathy), 개방성(openmindedness), 정서적 안정성(emotional stability), 행위지향성(orientation to action), 모험성·호기심(adventurousness/curiosity), 유연성(flexibility), 외향성(extraversion)을 측정한다.

이 척도는 다문화 효과성을 측정하기 위한 Big5 성격검사와 개정된 NEO 성격검사 사용의 한계가 있다는 점에서 새롭게 제작되었다. 이전 검사의 한계를 요약하면, 소수의 보편적인 성격차원으로 중요한 직무 기준을 설명하기가 그리 용이하지 않았다는 것이다. 따라서 이 척도는 개인의 폭넓은 특질을 좀 더 좁게 설정하였다.

이 척도는 화이트(White, 1959)가 지적한 대로 '일을 잘 수행하는 능력'뿐만 아니라 '새로운 환경에서 심리적 안녕감을 느끼는 것'도 포함하였다. 케일리와 프로더로(Kealey & Protheroe, 1996)는 문화 간 효과성(intercultural effectiveness)이란 용어를 통해 적절한 업무수행 성과와 새로운 문화환경에서의 적응을 척도에 포함해야 한다고 주장했다.

케일리와 루벤(Kealey & Ruben, 1983)은 다문화 효과성의 3번째 요인인 문화 간 상호작용(intercultural interaction)을 구분했다. 이것은 다른 문화적 배경을 가진 개인에게 관심을 가지고 교제할 수 있는 능력을 말한다.

이상의 다문화 효과성은 전문가적 효과성, 개인적 적응, 문화 간 상호작용이라는 측면으로 구분할 수 있다. 아서와 베넷(Arthur & Bennett, 1995)이 해외에 파견된 사람에게 자신의 잠재적인 성공요인을 평가하게 한 결과는 다음과 같다. 그들은 자신의 성공요인으로, 가족의 처지(family situation), 유연성/적응성(flexibility/adaptability), 직무 지식과 동기(job knowledge & motivation), 관계 기술(relational skill), 기타 문화적 개방성(extra-cultural openness)을 꼽았다.

- 문화적 공감(14문항)은 호스와 케일리(Hawes & Kealey, 1981) 등이 말한 민감성(sensitivity)에 해당된다. 루벤(Ruben, 1976)은 문화적 공감에는 '타인에 대한 관심을 명료하게 투영하는(project) 능력'뿐만 아니라 '다른 사람의 사고, 정서, 경험에 대해 무리 없이(reasonably) 완벽하고 정확한 감각으로 반영하는 것'이 포함된다고 보았다.

- 개방성(13문항)이란, 집단 외 성원과 서로 다른 문화적 규범과 가치에 개방적이고 편견이 없는 태도를 말한다. 아서와 베넷(1995)은 관계적 기술 중에서 개방성을 구분해내서 무비판성, 인종적/민족적 인내심, 이 차원을 측정하는데 대한 인내심을 재는 항목을 사용해서 측정했다.

- 정서적 안정(13문항)을 다문화 효과성과 관련 지은 학자들은 별로 없다. 하지만 퉁(Tung, 1981)은 이 항목을 매우 중요한 것으로 인식하였다. 물론 해머 등(Hammer et al., 1978)이 이와 유사한 의미를 중요하게 다루기는 했지만 내용은 다소 달랐다. 정서적 안정은 아베와 와이즈먼(Abe & Weisman, 1983)의 연구와 처치(Church, 1982)의 개관 연구에서 본격적으로 다루어졌다. 본 연구에서는 정서적 안정을 스트레스를 받을 수 있는 상황에서 평온함을 유지하는 경향을 보이느냐 아니면 강한 정서적 반응을 보이느냐에 따라 구분하고, 다문화 효과성의 중요한 차원으로 다루어진다.

- 행동지향성(12문항)은 맥콜(McCall)이 '행위(action)를 하거나 무엇인가를 발생시키려는 용기'라고 규정하면서 시작된 것으로서 국제적인 실행 잠재력의 초기 증명(identification)의 단서로서 취급된다(McCall, 1994). 이것을 가진 사람은 결과를 얻기 위해 노력하고, 주도권을 쥐고 문제를 해결하려고 하며, 자신이 성취하려는 것을 알고 있다.

- 모험성/호기심(12문항)은 맥콜이 폭넓게 정의한 것으로서, 변화 용의성, 더욱더 도전하고, 모험적인 삶을 살려는 경향성, 다른 문화를 경험하고, 새로운 것을 시도하려는 소망을 말한다(McCall, 1994). 모호함에 대한 인내성(Mendendall & Oddou, 1985; Ruben, 1976)이 해당 차원에 해당된다.

- 유연성(12문항)은 실수를 통해 배우고, 필요한 행동을 맞춰서 하는 능력을 그 요소로 한다. 유연성은 다문화 효과성에서 결정적인 중요성을 지닌다.

- 외향성(15문항)은 다른 문화에서 살아가는 데 중요한 것으로서, 의사소통 기술과 대인관계 수립 능력을 포함한다. 호스와 케일리(Hawes & Kealey, 1981)는 체류국의 사람들과 상호작용하는 것, 타국인들(locals)과 우정을 맺는 것이 중요하다고 강조했다.

다문화성격 측정도구의 일부 차원들이 다문화적 상황에서 구체적인 예언인
자가 되지는 못할 수도 있지만, 경영관리상의 성공과는 일반적으로 좀 더 연관
되어 있을 수 있다.

국민 성격

1. 제도 패턴으로서의 국민 성격

이는 주로 정치과학자들이 주로 받아들이는 것으로서, 지배적이거나 전형적이며 대표적인 제도
특히 정치와 경제에 관련된 것을 요약한 것으로 본다. 그런데, 문제는 무엇이 지배적인지를 선택하
는 어려움이 있고, 그 구분이 명료하지 않음으로써 혼동이 유발될 수 있다는 점이다.

2. 문화 주제로서 국민 성격

이것은 정치나 경제 제도에 주된 강조를 두지 않고 가족, 우정, 지방 공동체, 가치, 태도, 삶의
철학, 종교와 같은 것을 강조한다. 이것은 인류학자들에게 주로 호응을 받고, 시대정신, 세계 조망,
삶의 방식과 같은 주제를 다루는 역사가, 정치 과학자, 에세이 작가들에게 관심을 받고 있다. 루스
베네딕트와 같은 학자가 이 계열에 속한다.

3. 행위(action)로서 보는 국민성격

이 관점에서는 행동(behavior)과 그 결과를 강조하는데, 특히 정치적이고 경제적인 행위에 관심
을 둔다. 이 관점에서는 사람들과 사회의 역사에 특히 강조를 두어서 호전적인 민족이냐 평화지향
적인 민족이냐 식으로 구분한다. 이를 주장한 학자로는 미국인의 성격을 물질주의로 본 알몬드
(Almond, 1950)가 가장 유명하다.

4. 조합(combination)이라는 조건에서 보는 국민 성격

이 관점에서는 앞서 제기한 여러 측면을 강조한다. 수(Hsu)가 이러한 관점을 취하고 있다. 그
는 중국인들과 유로 미국인들의 기본적인 차이점을 이민에서 찾았다. 중국인들은 상황중심적
(situation-centered) 지향성을 보이는데, 친족들과 국지적 유대에 구심력(centripetal)을 두는 경
향이 있다.

5. 민족(racial)심리학으로서의 국민 성격

이 관점은 오래 전부터 있어 왔다. 특정한 집단이 '타고난(inborn)' 것으로 추정되거나 생물학
적인 특성을 지닌 것으로 보는 관점이다. 히틀러 시대에 잰쉬(Jaensch, 1938)가 프랑스인들은 대
개 덤벙대고, 비현실적인데, 독일인은 일관성이 있고, 안정적이다고 분석한 연구가 대표적이다. 따
라서 이러한 관점을 취하는 학자는 대체로 인종차별주의적 이론가이다.

6. 다양한 시각에서의 국민 성격

잉켈리스와 레빈슨(Inkeles & Levinson, 1954)이 정의한 것을 중심으로 생각해볼 수 있다. 이들은
국민 성격을, 해당 사회의 성인 구성원 간에 양식으로 자리잡은(modal, 최빈치) 비교적 지속적인
성격 특성을 말한다고 보았다. 그리고 이 용어와 유사한 것으로는 'folk character', 'national(or
racial or popular) psychology' 등이 있다. 물론, 일부에서는 국민 성격을 해당 국민들의 가치, 제
도, 문화적 전통, 행위 방식, 역사를 통틀어서 보는 즉, 'the sum total'로 보는 경향도 있다. 이러한
국민 성격 연구를 초기에 시작한 사람들은 인류학자들로서, 이들은 원시인들의 특성을 연구하던 방
식을 국민이라는 대상에 대규모로 적용한 것이라고 할 수 있다.

Chapter **5** 문화와
인지

1. 인지의 정의

인지(cognition)는 넓은 의미와 좁은 의미에서 각각 정의할 수 있다. 먼저 넓은 의미에서의 정의를 살펴보면 인지란 '인간 마음의 작용'이라고 할 수 있다. 좁은 의미에서의 정의를 살펴보면 인지란 '인간의 마음이 어떻게 환경과 자신에 대한 앎을, 지식을 갖게 되는가, 그러한 지식을 어떻게 활용하여 생활의 각종 과제를 수행하는가 하는 문제를 다루는 것'이라고 할 수 있다. 대체로 많은 인지심리학자들과 문화심리학자들은, 좁은 의미에서의 정의를 더 따르는 경향을 보인다.

인지(Cognition)＝앎(Knowing)
인지(C)＝구조(S)＋과정(P)

인지를 연구하는 인지심리학은 그림 5.1과 같이 사회적 인지, 지능, 창의성과 같은 매우 다양한 하위 영역을 가진다.

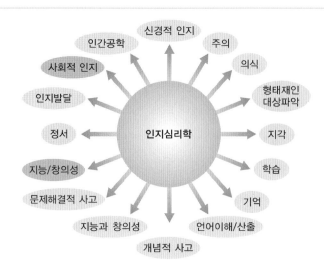

그림 5.1 인지심리학의 연구 영역

2. 문화인류학적 인지 연구

1) 문화인류학에서의 시지각 연구

인지에 대한 연구를 본격적으로 살펴보기 전, 이에 기초가 되는 연구인 시지각 연구를 살펴볼 필요가 있다. 비교문화심리학의 초석이 되는 자료로는 리버스(Rivers)가 1889년 토레스 해협(Torres Straits) 탐험을 통해 지각 습관에서 문화의 영향을 밝혔던 것이 있다. 이 지역의 원시인들은 유럽인에 비해 고등인지능력이 뒤처져 있었지만 시각적 예리함은 더 발달되어 있었다.

리버스의 연구에 의하면, 뮐러리어(Muller-Lyer) 착시와 수직-수평(Horiz-ontal-vertical) 착시 중에서 원시인들은 뮐러리어 착시에 별로 민감하지 않았지만, 수직-수평 착시에는 유럽인보다 민감하게 반응했다.

A의 가운데 선분과 B의 가운데 선분 중 어느 것이 더 긴가?

뮐러리어 착시에 더 민감한 참가자들은 A와 B의 길이가
같은 데에도 불구하고 A가 더 길다고 응답했다.

그림 5.2 뮐러리어 착시

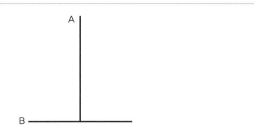

그림 5.3 수평-수직 착시

　선분이 아닌 그림 즉, 3차원 지각에 대한 연구 결과에서도 문화적 차이의 가능성이 확인되었다. 그림 5.4와 같이 3차원(3D) 지각 여부를 확인할 수 있는 그림에서 코끼리가 아닌 수사슴을 겨냥한 것으로 보면 3D 지각자 혹은 깊이 지각자라고 할 수 있는데, 고학력자가 주로 3D 지각을 했다. 또한 그림 5.5도 3차원 지각 여부를 확인하는 그림이다. 이 그림에 대해 각 창을 그리는 시간이 동일하면 2D 지각자, 그렇지 않으면 3D 지각자라고 볼 수 있는데, 고학력자가 3D 지각을 하는 것으로 드러났다. 그림 5.6에서도 3D 지각 여부를 확인할 수 있는데, 이 분리 양식 그림 테스트에서 대부분의 남아프리카인들은 좌측을 선호하는 것으로 드러났다. 이처럼 특정한 상황이나 문화에서 배우거나 그 상황에 적응해나가면 독특한 지각방식을 갖게 된다.

그림 5.4 코끼리와 수사슴 3D 착시 테스트

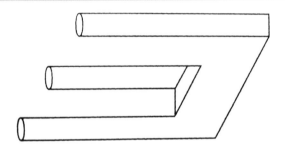

그림 5.5 Deregowski's trident 착시 테스트

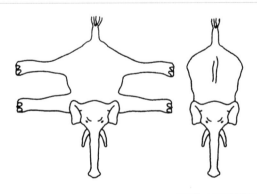

그림 5.6 분리 양식 착시 테스트

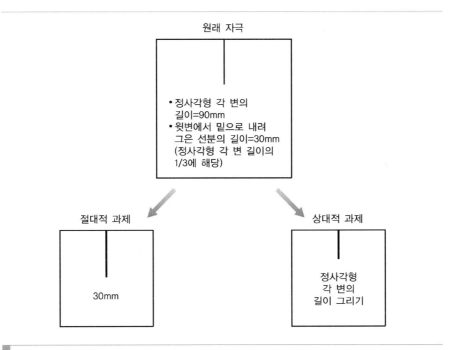

그림 5.7 그림 제시 후 따라 그리게 하기

그림에 대해 어떻게 지각하는가를 알기 위한 또 하나의 방법이 그림을 보고 따라서 그리게 하는 것이다. 그림 5.7은 원래 그림을 보여주고, 절대적 과제와 상대적 과제를 제시하였을 때의 차이를 보여준다. 이 연구에서 미국인은 절대적 과제에서 오류가 적고, 일본인은 상대적 과제에서 오류가 적었다.

2) 문화인류학에서의 인지 연구

문화심리학에서 다루는 인지는 심리학에서부터 비롯된 것도 있지만 문화인류학에서 비롯된 것들도 있다. 어떤 면에서 보면, 문화인류학에서 비롯된 인지에 대한 연구내용이 더 중요하다고 볼 수 있다. 말리노브스키(Malinowski, 1961)에 의하면, 민속지의 최종 목표는 '원주민의 관점, 즉 그들의 삶에 대한 관계, 그들이 자신들의 세계에 대해 가지는 비전을 파악하기'이다. 여기서 말하는 원주민의 관점이 바로 원주민이 인지이고, 이것이 문화인류학에서 말하는 인간의 사고방식이다.

인류학 초기에 타일러(Tylor), 프레이저(Frazer), 레비-브륄(Levy-Bruhl), 보아스(Boas) 등은 원시적 정신성(primitive mentality)을 연구했다. 말리노브스키도 보아스처럼 원주민의 사고를 이해하기 위해 중요한 열쇠로서 이들의 언어 연구에 관심을 가졌다. 보아스의 제자 라딘(Radin)은 1927년 《Primitive Man as Philosopher》에서 소위 원시인의 사고력과 논리력을 보여주었다. 또 하나의 인물이 리(Lee)인데, 그녀는 언어 간 차이가 개인들의 자기, 시간, 인과관계에 대한 인식에 영향을 미치는 방식에 대해 소개했다(Lee, 1959). 이는 이후 학자들에게 영향을 미쳤다.

제2차 세계대전 이후에도 이러한 연구 주제는 미국의 인류학에서 완전히 사라지지 않았다. 1950년대 중반에 시작된 인간의 사고과정에 대한 관심은 이후에 인지주의 인류학으로 이어졌다(Tylor, 1969). 이러한 과정에서 과거 수십 년 동안 미국의 언어학자들은 형식적인 측면에만 관심을 갖고 의미에 대해서는 무관심했는데, 비로소 문화에 따른 언어의 의미를 연구하는 분야(Ethnosemantics)가 태동했다. 즉, 인류학자들이 이 분야에서 고유한 문화적 의미를 찾으려고 노력한 것이다(Hymes, 1964). 이 분야의 전문가는 콘클리(Conklin), 워드(Ward), 구데너프(Goodenough), 프레이크(Frake) 등이다. 이들은 친족 용어, 병명 범주, 색명, 조심스럽게 명명된 개인적 용어와 해당 영역(domain, 의미의 영역)에서 각 용어가 다른 용어와 가지는 관계 등에 대해 체계적으로 연구했다. 연구자들은 정보제공자의 응답들이 진실로 의미가 있는지에 대해 정확히 질문하는 방법들을 배워야만 한다. 이 연구에서 사용되는 기법 중 하나는 성분분석(componential analysis)이다. 성분분석을 통해 연구자는 한 도메인(domain)에서 다른 용어 간 차이를 발견하고, 이들 간의 비교를 하고, 이들 간의 위계를 구성한다. 여기서 'components'란 각각의 적절한 의미 차원의 용어에 대한 의미가(value)를 뜻한다. 예를 들면, 'She'는 사람 차원에서 3인칭, 수 차원에서 단수, 성별차원에서 여자를 의미한다.

이 분야에서 가장 흥미로운 연구 중의 하나는 워너 등(Werner et al.)의 나바호족(Navajo)에 관한 연구이다. 이 사회에서는 오랫동안 인간 시체의 해부가 금지되었기 때문에 이 분야에 대한 정확한 지식이 없었던 것이다.

1960년대 후반 버클리(Berkeley) 언어행동연구소에 있던 인류학자들은 수백 개의 언어에서 색명의 흥미로운 패턴을 밝혀내기 시작했다. 다른 연구에서는 색명의 분포에 신체적 기초가 있을 것이라는 점이 제안되었다. 본스타인(Bornstein, 1975)이 어두운 망막착색(pigmentation)을 가진 사람들은 관찰한 결과, 이들은 스펙트럼상의 청-록 부문에서 손상된 시력을 보인 반면 밝은 망막착색을 가진 사람들은 색 차이에 상대적으로 높은 민감도를 보였다.

인지주의 인류학적 연구 결과를 개관하면(Dougherty, 1985), 민속의미론적(Ethnosemantic) 연구에서의 위상이 최근 들어 변화했음을 알 수 있다. 훈(Hunn)은 《The Utilitarian Factor in Folk Classification》에서 구분 시 실제적인 기준(practical criteria)의 적합성을 중시한다는 것을 발견했다.

3) 인지의 발달 연구: 단계론, 유형론, 인지도

인지주의 인류학에서 두 번째 집단은 발달과 기능에 대한 관심을 가지고 있다. 이들은 지각 학습에서부터 수학과 도덕적 추리까지에 이르는 것을 다루는데, 피아제(Piaget)의 영향을 받고 있다. 현재 비교문화심리학의 대부분은 그의 사상을 타당화하거나 수정하기 위해 이루어지고 있다.

피아제는 지식은 '현실의 수동적인 복사가 아니라 오히려 개인이 시간이라는 경과 속에서 성취하는 활동적인 구성'이라고 보았다. 그는 인지발달의 보편적 수준이 있다고 보았다. 그가 주장한 보존 개념에 대한 관심이 매우 많았다. 이러한 기본적인 개념을 숙달하는 데 유의미한 문화적 차이가 드러나는 연구들이 많았다. 하지만, 콜(Cole)과 스크라이브너(Scribner)는 한 사회 내에서도 과제가 어떻게 제시되느냐와 과거 특별한 경험을 했는지에 따라 수행성과가 달라질 수 있다고 보았다. 그의 이론과 관련하여 보존 개념 테스트 상의 수행성과와 인지적 기술 간의 상관을 내는 것은 어려운 일이다.

프랑스 인류학자 레비스트로스(Levi-Strauss)는 인간 인지의 보편성을 주장했다. 그는 개인 자료보다는 문화 차원의 자료를 이용했는데, 신화와 사회구조로부터 인간 마음(mind)의 속성을 추론하려고 했다. 아이러니하게 그는 《야생의 사고(The Savage Mind)》(1962)에서 문명인과 원시인 간 정신능력에 유의미한 차이가 없었다고 보고했으며 오히려 이들 간에는 사고방식의 차이가 있다고 보았다. 원시인은 감각적인 속성 위주로 사고하고, 문명인 특히 미국인은 추상적인 속성 위주로 사고한다는 것이었다. 물론 마술적이고 신화적인 사고를 인정했다. 또한 프로이트보다는 피아제(Piaget)의 견해에 가까운 입장에서 토템사회에 대한 연구를 했다. 터부(taboo)는 범주 간 본질적인 구분을 하게 한다. 즉, 사람과 동물, 남자와 여자, 친구와 적 등을 구분한다.

인지적 스타일(cognitive style)은 윗킨(Witkin)의 심리학적 기능의 일반적 양식에 대한 이론과 매우 밀접하게 관련이 있다. 윗킨은 지각과 관련하여 장의존성(field-dependence)과 장독립성(field-independence) 개념을 주창했다. 그리고 환경적 요인과 문화적 요인(자녀양육) 둘 다 인지적 표현(articulation)에 작용한다고 보았다.

인지도(cognitive map)란 개념은 인지적 스타일 관념보다는 덜 모호하다. 인지도란 용어는 처음 톨만(Tolman)이 《Cognitive Maps in Rats and Men》(1948)에서 공식적으로 사용했다. 1960년대에는 수많은 인류학자들이 인지도의 개념을 사용하고 재해석했다. 월리스(Wallace)는 톨만의 의미와 더 가까운 미로(mazeway)의 개념을 사용했다. 린치(Lynch)는 MIT(Massachusetts Institute of Technology)의 건축가로 인지도란 개념을 《The Image of the City》(1960)에서 문자 그대로 사용했다.

가장 최근에 이 문제를 다룬 나이서(Neisser)는 《Cognition and Reality》(1976)에서 인지도는 환경에 대한 단지 수동적인 이미지가 아니라 세상에 대한 지각적 탐색을 방향짓는 활동적이며 정보추구적인 구조라고 보았다. 그는 인간이 지각적 틀(schemata)을 통해 선택적으로 외부 정보를 지각한다고 보았다. 그의 인지도와 지각적 틀에 관한 설명은 문화와 행동의 관계를 바라보는 관점과 부합한다.

보크(Bock, 1974)는 수년 동안, 문화는 행동계획(plans for action)과 연합된 경험의 범주(categories of experience)로 구성된다고 주장했다. 이러한 문화 구조는 행동에 영향을 주기는 하지만 전적으로 행동을 결정하는 것은 아니며, 경험에 의해서 조정될 수 있다. 나아가, 문화의 요소, 예를 들면 사회적 역할, 인공물과 같은 것의 의미는 유사한 타입의 다른 요소과의 대조적 관계와, 발생할 것이라고 기대되는 상황의 타입에 의해 규정된다고 보크(Bock, 1986)는 보았다. 이 문화이론은 모든 인간이 특정한 인지 능력을 공유하고 있다고 명백하게 전제하고 있다는 점에서 심리학적이다.

나이서는 행위는 좀 더 광범위한 행위들 속에 위계적으로 묻혀 있고, 다양한 수준의 틀 거리 조직에서 기대된 결과에 의해 동기화된다고 보았다(Neisser, 1976).

4) 인종과 문화에 따른 지능

지능이라는 개념은 인지의 중요한 개념이다. 그런데, 지능은 문화와 상관없이 보편적인 것으로 보이고 이렇게 생각하는 사람들이 많다. 하지만 문화적 관점에서 보면 보편적이지 않다. 그래서 많은 심리학자들이 지능에 대한 개념 정의 문제를 피하기 위해서 '지능은 지능검사를 통해 측정한 것(Intelligence is

---

숫자 세기와 원시인

미국에서는 예전부터 아이들에게 숫자 세기를 강조하여 가르쳤다. 아이들은 숫자 세기를 잘하지 못하면 지진아로 취급되어야 했다. 홈버그(Holmberg)는 1940년대 미국 중부에 있는 시리오노(Siriono)라는 집단의 성인들이 숫자를 1에서 3까지밖에 세지 못한다는 것을 발견했다. 시리오노의 성인들은 내일 이후의 어느 날을 '내일의 형제(brother of tomorrow)'라고만 불렀다. 이러한 현상은 이곳에 국한되지 않고 여러 지역에서 발견된다. 그렇다면 이들은 정신적으로 지진하다고 볼 수 있을까? 이러한 질문은 18세기 말부터 유럽에서 시작된 것으로 유럽 국가들의 식민지 확장과 관련이 있다. '원시인'이라는 것은 인간의 범위와 한계가 어디인지에 대한 답을 위한 탐구의 대상이 된다. 당시에는 선교사, 무역업자, 식민지 집행관 등이 본국에 귀환하면서부터 이들이 소위 '원시인'에 대한 정보를 유포시키면서 원시적 정신(primitive mentality)의 본성(nature)에 대한 질문에 유용한 새로운 지식을 형성하게 되었다.

> **지능검사와 사회화**
>
> 어느 문화에 살아가는 사람들이냐와 상관없이 보편적인 지능검사를 개발해서 사용하면 좋다는 생각을 가질 수 있지만 현실적으로는 이러한 것이 쉽지 않은 경우가 많다. 예를 들어, 아프리카의 크펠레(Kpelle)족은 거리를 측정하는 데, 두 가지 측정 체계를 사용한다. 멀리 떨어져 있는 것은 팔단위(arm-span)를 사용하고, 가까이 있는 것은 손단위(hand-span)를 사용한다. 이들에게 가까이 있는 것을 팔단위를 사용해서 추정하라고 하면 많은 오차가 발생하지만, 멀리 떨어져 있는 것을 팔단위를 사용해서 추정하라고 하면 정확하다. 이 크펠레족이 이러한 거리 측정 방식을 사용하는 것은 이 문화에서 그렇게 사회화된 것이고, 이 방식을 바꾸지 않는다면 거리 측정과 관련된 내용을 담고 있는 지능검사가 있다고 할 때, 이를 크펠레족에게 그대로 사용하기는 어렵다고 할 수 있다. 따라서 이와 같은 경우에는 해당 문화에 적합한 지능검사를 제작하여 사용해야 한다.

whatever intelligence tests measure)'이라고 정의했다. 그런데 지능검사도 해당 문화권의 산물이다.

사회변화는 지능을 측정하려고 시도하는 것에 간섭하는 또 다른 요인이다. 산업사회로 변화하고, 학교에서 가르치는 내용들이 달라지면 지능의 측정 내용도 달라진다. 지배적인 앵글로 미국 문화는 예외 없이 가치와 실제에서 개인주의적인 측면을 강조하고 있다. 따라서 이 경우에는 개인주의적 편향이 강한 지능을 측정한다. 즉, 지능의 개념은 사회적 산물 그 자체이다.

따라서 복합적인 사회 내에서 인종과 민족의 차이가 있다면 연구 상에서 이러한 점을 충분히 반영해야 한다. 1980년대 중반에 인지주의 인류학이 등장하게 되었다. 아직도 '원주민들이 어떻게 생각하는가?' 하는 문제에 대한 답을 찾지는 못했지만, 이러한 문제에 접근하는 몇 가지 방법은 찾았다. 심리학적 인류학은 인지주의와 역동주의 접근법 간 합성을 시도하고 있다.

5) 1990년대 이후의 변화

1990년대 들어서 인지(Cognition, thought)와 의욕(Conation, will or motivation) 간의 대조에 대해 다시 한 번 관심을 가지게 되었다. 행위 없는 생각은 쓸모없는 것이지만, 방향 없는 추동이나 본능은 존재하지 않는 것도 진실이다. 문화는 바람직한 것에 대한 국지적 개념을 구성하고, 이러한 패턴은 다른 무엇보다도 사람들에게 영향을 미친다.

인지주의 인류학은 인지심리학, 컴퓨터과학, 언어학, 철학 등에서 많은 아이디어를 줄곧 차용해왔다. 인지주의 인류학의 중심 연구분야는 단드레이드의 《The Development of Cognitive Anthropology》(1995)에 잘 드러나 있다. 즉, 민속지적 의미학, 스키마(schema), 의견합치(consensus)이론, 인지도와 인지 유형, 지능과 인지발달 연구 등이 여기에 해당된다.

쇼어(Shore)는 '인지 모델'에 대한 다양한 연구를 수행했다. 그는 《Culture in Mind, 1996》에서 '의미 구성에서 문화의 작업은 집합적인 기억과 같은 종류를 생산하는 공유된 모델의 사용을 포함하는 것으로 이해될 수 있다.'고 보았다.

신념과 동기를 연결지으려는 야심찬 시도도 있었는데, 대표적으로 넉콜(Nuckoll)이 저술한 《The Cultural Dialectics of Knowledge and Desire》(1996)가 있다.

6) 문화인류학적 연구의 주요 결과

북미의 사고 체계는 직선성, 외부화한 논리, 디지털 사고, 의사결정, 구조적, 분석적인 특징으로 하고 있다. 이에 비해 중국은 음양, 유럽은 변증법, 일본은 전체적(holistic) 인식을 특징으로 하고 있다.

북미는 의사결정을 위해 양극단 방향으로 움직이는데, 유럽문화에서는 이데올로기와 이론적 주장을 한다. 대부분의 유럽인과 라틴 아메리카인들은 미국 사람들보다 아이디어와 이론에 더 비중을 두고, 이론과 일반화를 불신하는 경향을 보였다.

주장을 지지하는 방식도 문화 간에 차이가 있다. 일본인들은 기분이나 느낌은 옳아야 하고, 논리는 냉철해야 한다. 사우디인들은 설득을 할 때 직관적인 접근법을 사용하려고 하며, 경험적 추론에 주로 기초한 설득을 피하려 한다(De Mooij, 1994). 프랑스인들은 철학을 가지고 있고, 미국인들은 자료와 가설의 검증을 원했다. 유슈나이어(Usunier, 1993)는 프랑스인은 'Gallic'하고, 독일인은

'Teutonic'하며, 영국과 미국인은 'Saxonic'하며, 일본인은 'Nipponic'하다고 보았다. 'Saxonic'은 사실과 증거를 찾는 것을 선호하고, 'Teutonic'과 'Gallic'은 지적 과정의 중심에 이론적 주장을 놓는 경향이 있다. 'Teutonic'은 추론과 귀납법을 선호한다. 'Gallic'은 귀납법에 덜 집착하며 설득적인 단어와 어조를 사용하는 것을 선호한다. 'Nipponic'은 겸양, 전체적(global), 단서적(provisional) 접근을 더 선호한다. 이들의 사고와 지식은 일시적 상태의 것이지 절대적이고 범주화된 말을 피하는 경향을 보인다.

서구 문화는 사실상 모든 것을 범주화하며 2분법을 주로 사용한다. 커뮤니케이션 이론에서 자극-반응 개념도 2분법에 해당된다. 일본인의 사고는 논리적인 것이 아니고 직관적이다(Doi, 1973). 양극단적 사고에 친숙하지 않고, 이들의 매트릭스를 이용한 브랜드 포지셔닝도 많이 하지 않는다.

미국과 유럽 문화는 단일한 인과관계를 사용한다. 이들이 사용하는 언어와 시간 체계에 의해서 이러한 영향을 받은 것이고, 이로 인해 직선적이고 순서적인 방식으로 작용한다. 이는 동시적(synchronic) 사고 문화와는 다른 것이다. 아시아의 학습 체계는 대체로 기억에 기반한 것이다. 문화가 다르면 증거 수집과 가중치 부여, 관점 부여와 결론 도달이 달라진다. 'the point'에 관련된 방향성은 미국 문화에서 중요한 것이지, 중국이나 일본 언어의 일부분은 아니다.

3. 문화심리학적 인지 연구

1) 총체적 사고와 분석적 사고의 연구 결과

중국계 심리인류학자 수(Hsu)는 투사적 심리검사의 일종인 로샤검사(rorsc-hach test)를 사용해서 문화권에 따라 인지 방식의 차이가 있는 지를 살펴보았다. 이 연구는 중국인, 미국인, 중국계 미국인을 대상으로 진행되었고, 로샤검사 카드의 10장을 사용하였다. 그 결과 각 장의 그림에 반응하는 정도의 차가 나타났다. 중국인이 가장 빨랐고, 중국계 미국인이 그다음이었고, 미국인의 경우가 가장 느렸다.

어느 문화에 살든 상관없이 사람은 모두 태어나면서부터 수백 혹은 수천 가지의 색을 자연스럽게 구분할 수 있다고 착각하는 경향이 있다. 벌린과 케이(Kay & Berlin, 1969)의 연구에 의하면, 사람들은 처음에 흑색과 백색을 구분하고, 그다음으로는 적색, 녹색과 노란색을 구분하고, 파랑색, 갈색, 마지막으로 회색, 핑크색, 오랜지색, 자주색을 구분하는 것으로 나타났다.

이러한 지각된 색을 표현할 수 있는 단어를 제공하는 능력은 해당 문화의 복잡성이 얼마나 확보되느냐에 따라 달라진다. 즉, 문화의 복잡성이 낮은 곳에서는 색을 변별해서 지각하기는 하지만 이것을 표현할 수 있는 색 단어를 해당 문화에서 많이 제공하지 못한다고 할 수 있다.

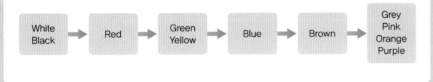

치우 등(Chiu, 1972)도 중국 어린이와 미국 어린이를 대상으로 연구를 진행했는데, 중국 어린이들은 전체 속의 관계에 더 관심을 보였고, 미국 어린이들은 부분적인 특징의 공유를 통해 전체를 분류하는 양상을 보였다.

마스다 등(Masuda et al., 2001)은 일본인과 미국인에게 물고기가 있는 그림을 보여주었다. 중국인들은 그림의 배경을 중심으로 내용을 파악하는 경향을 나타냈고, 미국인은 물고기를 중심으로 내용을 파악하는 경향을 보였다.

또한 한국과 미국의 어린이를 대상으로 언어의 습득에도 문화적 차이가 있는지 분석한 연구를 살펴보면, 한국 아이들은 동사 위주로 습득하고, 미국 아이들은 명사 위주로 습득하는 경향을 보였다.

2) 범주 지각의 문화 차이

범주 지각이란, 여러 개의 사물이나 사건들을 특정한 기준에 의해 구분하는 방식이다. 예를 들어 사람, 개구리, 닭은 2개의 범주로 나눌 수 있다. 사람과 동물로 구분하는 것도 가능하고, 사람과 먹을 수 있는 것으로 구분하는 것도 가능하다. 이때 사람과 동물 각각이 범주이고, 사람과 먹을 수 있는 것도 각각 범주이다.

범주 지각을 하기 위한 사고 방식과 관련하여 귀납적 사고와 연역적 사고를 구분할 수 있다. 귀납적 사고란, 여러 가지의 사물들을 사전에 어떤 범주를 설정하고 구분하는 방식이 아니고 각각의 관찰 사례를 중심으로 종합된 결론을 내리는 방식이다. 이에 반해, 연역적 사고란, 귀납적 사고의 반대로서 각각의 관찰 사례보다는 특정한 미리 준비된 방식으로 논리적으로 판단하는 방식을 말한다.

대체적으로 귀납적 사고는 문화보편적 현상이다. 하지만 문화적 비교를 해 보면, 미국인은 사물과 사물의 연장선에서 사고를 한다. 이러한 것을 확인하기 위한 실험이 다음과 같이 진행되었다. 즉, 사자, 기린, 토끼를 한 A 세트로 제시하고, 사자, 호랑이, 토끼를 한 B세트로 제시하면 미국인들은 A세트보다 B세트를 쉽게 고르는 경향이 있다. 이러한 경향은 동양인들이 B세트를 A세트보다 쉽게 고르는 것과는 다른 것이다.

3) 관계의 파악

관계의 파악이란, 두 개 이상의 사물들 간에 연결되어 있음을 의미하는 것이다. 이에 대해 미국인과 중국인을 상대로 연구한 결과, 중국인들은 미국인들보다 상관에 대해 지나치게 파악하는 경향을 보였다. 그리고 미국인들은 자신의 노력과 의지가 작용하는 경우 통제력 착각을 보였다.

이러한 관계의 대상이 사건이 경우에도 문화 차이를 살펴볼 수 있다. 대학생들에게 살인사건 정보를 판단하도록 과제를 주고 97개 정보를 제시하면, 한국인들은 37%를, 아시아계 미국인들은 50%를, 미국인들은 56%를 배제하였다. 이러한 결과는 한국인들이 더 많은 정보를 유지하면서 총체적인 사고를 하려는 경향이 있음을 보여주는 것이다.

4) 형식논리의 적용에서의 문화

형식논리와 경험적 지식의 관계를 살펴보기 위해서는 그리스 철학이 형식논리를 강조하여 현재의 서양철학에 지대한 영향을 미쳤다는 점을 고려해야 한다. 하지만 동양에서는 이러한 그리스 철학과는 달리 구체적인 사례 중심의 사고에 익숙한 역사를 가지고 있다.

또한, 변증법적 사고 측면에서도 살펴볼 수 있는데, 동양에서는 서로 대립되는 주장이나 상태를 접해서 변증법적 해결을 시도하는데, 서양에서는 선형적 해결을 중시한다. 즉, 미국인은 대립되는 2개의 내용 중 하나만 옳을 수 있다고 생각한다.

5) 신빙성 평가

어떤 지식이나 사실에 대해 얼마나 인지적으로 수용하느냐 여부를 신빙성 차원에서 고려할 수 있다. 신빙성 평가 측면에서 보면, 동양과 서양의 차이가 드러난다. 미국인은 서로 상반된 주장이 각기 제시되는 경우보다 동시에 제시되는 경우, 그럴 듯한 주장에 대한 신빙성 평가가 더 높아지는 경향을 보이는 데 비해, 중국인은 그와 반대로 2개의 상반된 주장 모두를 상반된 주장에 대한 초기 평가의 중간 수준에서 비슷한 수준으로 신빙성 평가를 한다.

6) 동조현상

동조(conformity)현상이란, 애쉬(Asch, 1955)에 의해 제시된 것으로서 '자신의 의사와 무관하게 그 자신이 속한 집단의 타인들의 의사에 따르는가?'를 말한다. 그림 5.8은 실험 내용이고, 표 5.1은 실험 결과이다. 애쉬의 연구 이후에 수많은 연구들이 이어졌고, 이들 연구 중에는 문화적 차이를 확인할 수 있는 연구들이 다수 있다.

고전적인(전형적인) 동조연구는 애쉬(Asch)에 의해 이루어졌다(Asch, 1955). 그는 학생 신분의 참가자들에게 아래에 보이는 선분을 제시하고, X가 A, B, C

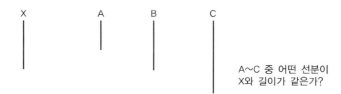

그림 5.8 동조실험 내용

중에서 어느 것과 길이가 제일 비슷한가를 물었다(그림 5.8 참조). 이 실험 집단에 참가한 6명의 참가자(위장된 실험 참가자)가 명백한 오답인 'C'를 답으로 내놓자 나머지 실제 참가자들의 37%는 위장된 참가자와 같이 오답을 내놓았다.

표 5.1 동조연구에 대한 메타분석 결과(자료: Bond & Smith, 1998)

평균동조 효과의 서열: '1'이 제일 높은 평균동조 효과를 나타냄		연구 수
1	피지	2
2	홍콩	1
3	짐바브웨, 가나, 콩고	3
6	브라질	3
7	일본	5
8	캐나다	1
9	쿠웨이트, 레바논	2
11	애쉬(Asch)의 연구	18
12	벨기에	4
13	독일	1
14	미국(애쉬의 연구를 포함)	79
15	영국	10
16	네덜란드	1
17	포르투갈	1
18	프랑스	2

Chapter **6** 문화와
정서

1. 정서의 정의

정서란 어떤 시점에서 생리적 변화, 행동 표현 그리고 이와 관련된 느낌을 주관적으로 명명할 수 있는 것을 말한다. 예를 들어 한 사람이 예쁜 장미를 보고 나서 심장박동이 평소보다 빨라지고, 얼굴이 밝아지고, 행복하다고 명명하였다면 이는 행복의 정서를 느낀 것이다.

정서는 다윈(Darwin) 시대 이래로 많은 학자에 의해 사회생활에 적응하는 데 순기능을 하는 것으로 여겨져 왔다. 정서가 진화하면서 문화에 따라 각기 다른 사회관계를 모니터하고 처리하기(negotiating) 때문이다. 정서는 한 개인이 겉으로 드러내는 다면적 속성으로 타인과의 관계에 영향을 미친다.

2. 문화와 정서 연구

1) 문화인류학과 정서

정서는 개인적인 측면뿐 아니라 문화적인 측면에서도 중요한 연구대상이다. 이를 연구하기 위해서는 정서를 개인으로서의 정서와 관계로서의 정서라는 특징 속에서 파악해야 한다. 이 두 가지 특징은 동양과 서양의 자아구성에도 작용한다. 서양에서는 독립적인 개인, 자율적인 경험체로서의 자아를 구성하는 데 비해, 동양에서는 관계적(상호의존적)인 자아를 구성하는 경향이 있다.

수월성 착각효과의 측면을 통해 이러한 자아구성과 정서의 관계에 문화적인 차이가 있는지 살펴볼 수 있다. 서양에서는 자신의 능력, 업적을 평균 이상으로 수월하다고 여기는 수월성 착각효과가 보편적인 데 비해, 관계적인 자아를 강조하는 동양문화에서는 수월성 착각효과가 적다. 개인주의 문화에서는 삶의 만족도가 자긍심에 의해 큰 영향을 받는다. 이상과 현실 간 괴리 수준과 우울증의 상관을 보면 일본인보다 미국 백인의 경우가 더 높게 나타났다. 또한, 자기와 타인의 평가차이에 대한 비교에서도 일본인의 경우는 자기평가가 타인평가보다 낮은데 비해 미국 백인의 경우에는 반대로 타인평가가 자기평가보다 높게 나타났다. 이상과 현실의 괴리 지각에서도 일본인의 경우보다 미국 백인의 경우가 더 낮게 나타났다. 결과적으로 일본인보다 미국 백인이 자기에 대해 긍정적인 편향을 보인다고 할 수 있다.

문화와 정서가 어떤 관계를 가지고 있는가에 대한 관심은 오래 전부터 문화인류학에서 시작되었다. 처음부터 인류학자와 민족지학자들은 정서에 대한 남다른 흥미, 정서(관련)어휘들에 대한 여러 이슈를 통해서 겉으로 드러나는 정서가 문화마다 특수한 성격을 지니고 있음에 큰 충격을 받았다. 이 충격은 그 이후 많은 이론가들로 하여금 정서의 문화적 상대성과 인간행동을 지배하는 문화라는 변수가 강력한 영향력을 지닌다는 사실을 고려하도록 만들었을 뿐만 아니라 이에 대한 여러 증거들을 찾기 위해 노력했다. 이러한 노력을 위해 주로 사용한 방법은 인류학에서 주로 사용하고 있는 한 문화의 구성원들과의 직접 관찰과 면담이었지만(Lutz & White, 1986) 사실 이러한 연구들은 문화 간의 실제적인 비교를 하는데 있어서 심리학과 같이 구체적인 자료를 제공하지도 못했고 그렇게 되도록 의도되지도 않았다.

이러한 인류학적 방식의 연구는 다윈이 처음 시도했다. 그는《인간과 동물의 감정표현(The Expression of the Emotions in Man and Animal)》(1872)의 집필을 위해 자료를 수집하는 과정에서 전 세계의 특파원에게 저마다의 문화에서 이루어지는 정서 표현의 패턴을 알아보는 질문지를 보내 그들의 표현 행동양식의 계통발생적·개체발생적인 연속성에 관한 증거를 찾아냈다. 이 연구는 인간의 감정을 나타내는 표정이 세계적으로 유사하다는 것을 증명하면서, 인간의 기본적인 정서가 인류보편적이라는 사실을 증명해냈다.

이후 문화적 기원에 따른 특수성을 주장하는 세력과, 어느 문화에서나 정서가 유사하게 존재한다는 보편성을 주장하는 세력 간 격렬한 논쟁이 벌어졌다 (Ekman, 1994; Mead, 1975; Russell, 1994). 하지만 이러한 논쟁은 비교문화적 정서연구의 눈부신 발전을 불러오지는 못했다. 정신생물학적 접근은 정서적 현상의 유사성에 초점을 맞추지만, 문화특수성을 지지하는 사람들은 그 차이에 중점을 두고 있기 때문이었다. 결과적으로 우리는 정서의 본질을 어떠한 관점으로 바라봐야 할지 다시금 생각할 필요가 있다.

2) 기본적인 정서 연구

정서의 본질과 관련하여 주목할 만한 연구로는 기본정서이론이 있다. 최근까지도 대부분의 정서에 관한 비교문화연구는 기본정서의 가설을 검증하고자 고안된 것이었다. 이 가설은 대부분의 인간이 잠재적으로 동일하게 기본정서를 가지고 있다고 보았다. 기본정서에 관한 이 같은 생각은 당시의 심리학에 의해 그다지 제약을 받지 않았다. 이 가설에서 정서에 관한 개념 중 핵심이 되는 것은 갖가지 정서가 독립적이고 다양한 구성성분(예: 경험, 표정, 생리적 반응 등)으로 서로 밀접하게 연결되어 전반적으로 통합되어 있다고 보았다. 더욱이 각각의 기본정서는 분석할 수 없는 어떤 경험의 특성에 의해 특징지어진 것으로 여겨졌다(Izard, 1977; Johnson-Laird & Oatley, 1989).

기본정서 가설과 관련되어 논의된 내용은 주로 다음의 두 가지라고 볼 수 있다. 첫째 논의는 대부분의 언어들이 정서에 붙어지는 이름이 아주 제한된 양식을 지닌다는 것이다. 영어에서는 증오(anger), 두려움(fear), 슬픔(sadness), 그리고 즐거움(joy)이 대표적인 예이다. 대부분의 주요 언어들은 이들에 부합하는 비교적 명확한 단어들을 가지고 있다(Russell, 1991). 둘째 논의는 표정과 선행사건들의 특별한 관계가 문화마다 다르다는 것이다. 즉, 기본정서들이 끌어낸 단서들(elicitors)의 특별한 유형과 그에 해당되는 아주 독특하고 특이한 표정들이 연결되어 있다는 것이다.

기본정서들에 관한 연구는 다방면으로 정서에 관한 비교문화심리학의 형성에 영향을 끼쳐왔다. 첫째 영향은, 정서가 여러 문화들에서 유사한가 아니면 다른가라는 질문으로 정서에 관한 비교문화연구는 연구 주제를 제한시킨 것이었다. 예를 들면, 어떤 연구들은 '화(anger)라는 것이 문화 간에 유사한가?'라는 질문을 제시하기보다는, 모든 문화에서 살펴볼 수 있는 것인지 혹은 그렇지 않는 것인지에 대해서 질문하게 한다. 게다가 화를 설명할 때, 특정 표정에 관한 보편적 인식은 다른 문화 내에 통용되고 있을 화의 다른 특징이 아마도 반응양상이나 선행자에 따라 다를 것이라는 가능성을 배제하지 않는다.

둘째 영향은, 기본정서 접근은 널리 퍼져있거나 혹은 유의미하게 실질적으로 통용되고 있는 일부 정서에 관심을 두기보다는 그것들이 가지는 잠재성에 대해 비교문화연구하는 방식으로 이끌었다. 예를 들어, 정서와 관련된 표정연구들은 제각각 다른 문화의 구성원들이 상당히 유사한 방법으로 정서를 인지하고 있음을 보여준다. 표정을 드러내는 능력은 어떤 대상을 인지하는 능력으로부터 이끌어 낼 수 있다. 그러나 결코 어떠한 정보도 생태학적으로, 실제적으로, 혹은 발생빈도로도 얻어지지 않는다. 기본정서접근은 실제로 행해지고 있는 정서보다는 전 인류의 공통적인 정서의 잠재성에 관심을 갖는다. 분명하게 말하자면, 이 두 접근법은 타당하다고 할 수 있다.

마지막 영향은, 기본정서를 탐색하는 작업이 과정으로서의 정서라고 보기보다는 상태로서의 정서라고 보는 방향으로 되게 하였다. 그런데, 이러한 어떤 불변의 특징으로서의 정서를 생각하게 되면 정서라는 것이 외적인 상태의 결과로 나타내어지고, 이것이 정서발달단계에 따라 변화한다는 점은 고려하지 못하게 만든다. 사실 가장 일반적으로 널리 행해지는 정서 유인자(elicitor)들은 시간의 흐름에 따라 변화하면서 사회적 상호작용을 한다. 그리고 이 사회적 상호작용과 정서적 평가의 '자연적인' 발달에 초점이 맞춰져야 하고, 이것이 문화 차이라는 맥락에서 다루어져야 한다. 이 기본정서 관점에서 연구하다보니 시간의 흐름에 따른 정서 발달속의 문화적 변인과 그러한 발달을 일으키는 여러 요소에 대한 관심이 사실 소홀하게 된 것이었다.

최근에 비로소 문화와 정서라는 영역은 기본정서라는 논점을 넘어 그 이상의 것으로 옮겨가기 시작하였다. 정서에 관한 비교문화 연구 내에서 사용되는 개념이나 방법론은 문화 간 존재하는 정서가 같은지 다른지에 관한 이분법적 관점보다는 좀 더 복합적인 문제를 제기하기에 이르렀다.

3) 정서의 구성요소설

많은 연구자들은 더 이상 정서를 보편적이고 기본적인 존재라고 생각하지 않고, 그 대신 복잡하게 구성되어 있는 현상으로 간주하고 있다(Frijda, 1986; Lang, 1977; Lazarus, 1991; Ortony & Turner, 1990; Scherer, 1984). 이를 주장하는 학자들은 정서적 상태가 동일하다는 가정 대신에 몇몇 다른 구성성분이 동시에 변화한다는 정서적 과정에 중요성을 두고 있다.

구성주의적 관점을 따르면, 이 정서적 과정은 대개 다음의 구성성분 ① 선행사건, ② 정서적 경험, ③ 평가, ④ 심리적 변화, ⑤ 준비성, ⑥ 행동, ⑦ 인지적 기능과 믿음의 변화, ⑧ 조절적 과정을 포함한다. 일반적으로 예로 들어 설명하는 정서에는 위와 같은 성분들을 포함한다. 다양한 구성성분을 일정한 독립변수를 가지며, 각각은 그것을 특징짓는 결정 요소를 지니게 된다. 특히나 그것이 정서적으로 변화를 일으키는 일련의 사건일 경우엔 더더욱 그러하다. 뿐만 아니라 그들은 서로 영향을 주는 경향이 있는데, 예를 들어 생리적인 변화는 한 행동이 준비되게 하거나 혹은 사실상 이미 일어나게 하는 어떤 힘에 의해 영향을 받는다. 구성주의적 접근의 중심 생각은 저마다 다른 정서 구성성분이 자동적으로 서로를 따라가는 게 아니라는 것에 있다.

다양한 정서 구성성분이 완전히 서로 독립적이라거나 혹은 정서 성분의 모든 패턴이 동등하게 일어난다고는 말하기 어렵다. 누군가는 일부 어떤 정서적 주제가 주위를 둘러싸고 있는 조직 환경과의 주요한 상호작용을 반영하고 있기 때문에 사람들의 삶 속에 보편적인 의미가 내재되어 있다고 논쟁할 수도 있다(Averill, 1994; Ekman, 1994; Lazarus, 1991, 1994).

예를 들어, 문화마다 사람들은 목표를 향한 욕구나 성과들에 대한 어떤 만족을 느끼지 못하게끔 하는 방해물을 만날 수 있고 위험한 대상이나 개인적인 상실(loss)을 경험하고 직면할 수도 있다. 이와 관련하여 보편적인 개념으로는 주요패턴의 상호작용, 접근, 그리고 접촉증대, 회피 그리고 상반되는 상호작용이나 싸움 등을 들 수 있다.

4) 문화 간 정서 비교의 방법론적 문제점

정서를 문화에 따라 비교하는 관점의 연구 즉, 비교문화심리학적 관점에서의 연구 방법상의 문제가 있다. 주된 문제는 ① 비교문화연구에서의 정서 용어이고, ② 참고논점(reference point)이며, ③ 정서의 잠재적 측면과 실제적인 것이고, ④ 기술의 수준이다.

먼저, 정서에 관한 비교연구에서 제일먼저 제기되고 연구되는 전통적인 관점은 정서와 관련된 용어들의 발생과 의미들에 관한 것이었다. 제기되는 질문들은 '여러 문화들에서 주요 정서개념이 발생하느냐?' 예를 들면, '화의 개념이 보편적인 것이냐 혹은 어떤 문화에서는 그것이 존재하지 않느냐?'이다. 만약 이러한 개념이 보편적으로 발생한다면 어느 정도까지 그들의 현상이 같은 양식으로 이루어졌다고 언급할 수 있는가? 그들은 같은 경험과 행동을 취했다고 말하는가?

흔히 아주 기본이 되는 정서의 범주에 속한다고 간주하는 정서 수준들의 대부분은 전 세계의 주요 언어에서 동등하게 발생한다. 러셀(Russell, 1991)은 "서로 다른 문화와 언어 간의 정서적 범주들에는 대단한 유사점이 있다."고 결론지었다. 이는 곧 일반적인 수준에서 이러한 정서범주들은 상황의 우연성이나 평가에 대한 것, 혹은 환경의 상호작용이나 행위준비성과 같은 주제의 양상을 언급하는 문제에 있어 문화 간 유사한 측면이 있음을 의미한다.

그러나 동시에 그것은 고려해야 할 무엇인가(내포된 의미의 차이점이나 용어가 가지는 핵심적 의미)가 있음을 쉽게 알게 해준다. 즉, 다른 언어 속에서 어휘적 동질성은 필연적인 어휘의 동등함(lexical equivalents)이 아니라는 말이다. 비얼츠비카(Wierzbicka, 1992)는 극명한 차이가 나는 언어로부터 정서와 관련된 용어의 정교한 의미분석을 토대로 하여 "사실 언어 간, 문화 간 매끄럽게 딱 들어맞는 정서용어는 없으며, 전 세계의 모든 언어 중에 보편적인 정서개념들은 없다."는 결론을 내렸다. 일부 주의를 기울인 연구들에 따르면, 심지어 독일과 스위스처럼 언어적으로 상당히 밀접하게 관계가 있는 두 나라에서조차 중요한 차이점이 있음을 보여주었다(Dunker, 1979).

사전적 의미가 동등한 단어의 의미가 어느 정도 다를 뿐만 아니라 주어진 언어의 정서분류들이 그 정서단어를 포함하기도 한다. 조금 유사한 정서의 개념들조차 다른 언어들에서는 잘 들어맞지 않는다(Gerber, 1985). 뿐만 아니라 그런 분류들은 아주 많이 다르고 정서의 영역은 아주 두드러진 범주가 설명되지 않은 것을 좀 더 일찍 언급하는 것과 같은 방법으로 다시 세분화되어 나뉜다(Levy, 1973, 1984).

다양한 언어에서 특정 정서의 이름표(label)가 존재하지 않는다는 것이 곧 각각의 구성적인 반응의 패턴의 결과로 나타나서 평가 패턴에 부합되는 것이 존재하지 않는다는 사실을 가리키는 것이 아니라는 점을 지적할 필요가 있다. 정서 어휘 목록이 숙어나 사람과 대상에귀인 하는 양상에 대한 설명을 그저 얘기하는 그런 형식보다는 주어진 문화에서 어떤 사건의 발생이나 분포를 더 잘 나타내준다는 주장에 관한 증거는 사실 없다.

다음은 참고논점이다. 모든 비교문화 연구는 참고논점을 필요로 한다. 즉 어떤 비교에 대한 근거나 기준은 만들어질 수 있는 것이다. 비교문화적 정서연구에서는 정확히 무엇을 비교하는 것인가? 만약 다른 언어에서 정서 용어가 서로 같은 대상을 의미하지 않는다면 그때는 무엇을 근거로 비교할 수 있는 것인가?

정서용어들은 정서에 관한 비교문화적 비교연구에 효과적인 출발점이 될 수 있고 참조관점으로서 이용되었던 의미의 구성 요소들을 명쾌하게 언급할 수 있도록 규정하였다. 정서용어의 특정한 구성성분으로 간주되는 것에 대응되는 것은 다른 의미 있는 것으로 여겨지는 것과의 비교를 가능케 한다. 예를 들어, 영어의 'anger'와 이팔루크(ifaluk)**10** 언어의 'song'을 비교하는 것은 의미 있는 작업이다(Lutz, 1982, 1985, 1987, 1988). 두 가지 모두 어떤 살아있는 대상으로부터 입은 손해에 대한 평가의 감정을 언급하고 있기 때문이다.

혹은 비얼츠비카(Wierzbicka, 1994)의 말을 인용하여 그 두 가지 정서가 "이 사람은 무엇인가 나쁜 짓을 했다."라는 평가를 포함하기 때문이라고 생각할 수도 있다. 그들은 몇몇 행동에서 다른 차이가 있다는 사실을 발견할 수 있었다. 'anger(화)'는 다른 사람에게 해를 입히는 어떤 보복성의 경향을 의미하는 반면, 'song'은 사람의 감정을 상하게 하려는 행동 변화를 목적으로 일련의 행위를 만들어냄을 의미한다. 이러한 행위는 어쩌면 공격적인 행동들을 포함할 수 있지만 또 한편으로는 먹는 것 혹은 살인을 시도하는 것들로도 구성될 수도 있다. 이와 유사하게 의미 있는 작업은 영어의 'shame'과 아랍의 'a'ar'의 비교를 하는 것이다. 왜냐하면, 그 두 가지 모두 경험으로서의 죄의 일반수준, 즉 규준과 복종행위경향을 언급하고 있기 때문이다. 동시에 누구든지 그 두 가지 정서의 구조와 의미의 중요한 차이점들에 관해서 주장하거나 조사할 수 있다. 그리고 그 차이점은 아마도 개인적이고 사회적 상호작용적 경험에 있어 정서의 역할을 결정할지도 모른다(Abu-Lughod, 1986; Goffman, 1982; Peristiany, 1965; Scheff, 1988).

다음은 정서의 잠재성과 실제의 문제이다. 우리는 꾸준히 심리학적 기능이나 행동들의 유형에 대해서 잠재적인 것과 실질적으로 발생하는 것 그리고 사회적인 구성에서의 실제 간의 관계를 구별하고자 노력했다. 잠재적인 것은 정신생물학적 구조의 존재여부와 선천적으로 신경생리학적인 관계에 의해 결정된 것에 의해 달라진다. 뿐만 아니라 어떤 인지적 표상을 가치 있게 만드는 것 혹은 행동의 모델을 제공하는 학습이나 사회화 양상에 의해서도 달라진다. 실제는 심리적 과정이나 행동의 양상이 좀 더 일어나게 만드는 가치나 규범, 습관, 생태학적 압력 기회와 같은 구체적인 문화적 상황에서 작용하는 복합적

---

10 태평양 '미크로네시아 연방(Federated States of Micronesia)'의 원주민

인 힘에 의해 결정된다. 그러므로 정서적 실제는 유용한 정서 메커니즘에 의해 제공된 정서적 잠재력을 속속들이 규명하지는 않는다.

다음은 기술의 수준(level of description) 문제이다. 정서에 관한 비교문화적 비교라는 맥락에서 살펴볼 마지막 논점은 정서적 현상에 관한 기술적 수준이다. 대체로 정서적 현상 내에 존재하는 문화적 차이점들은 기술의 수준이 점차 구체화 됨에 따라 좀 더 광범위해지는 경향이 있다. 하나의 예를 들어보자. 'thin ice'라는 용어는 얼음의 질을 생명의 유지에 더없이 소중한 것으로 여기는 곳에 살고 있는 Utku Inuit에게는 공포의 주요 원천으로 묘사되어 왔었다(Briggs, 1970). 그러나 신체적인 위협을 예로 하여 좀 더 일반적인 방법으로 설명을 한다면 선행경험은 명백하게 이것이 가지고 있는 특수성을 잃어버리게 된다. 이 예는 설명을 어떠한 수준에서 하느냐에 따라 같은 현상이 어떻게 비교문화적으로 유사하게도 혹은 다르게도 간주되는지를 알려준다.

정서에 있어 문화의 영향은 좀 더 직접적이다. 수렴모델들은 개개인의 정서가 문화적으로 중요한 주제들(테마들)의 직접적인 영향을 받았음을 종종 나타내 주기도 한다. 그러나 이러한 모델들의 실증적인 증거들은 여전히 미완성인 상태이다. 정서에 관한 다양한 문화적 변이들의 좀 더 나은 이해를 위해서는 개인의 정서와 문화적 사건(현상)이 어떠한 연관이 있는지를 알아보고자 하는 노력이 추구될 만하다. 최근의 연구 방향 중의 하나는 문화가 '핵심이 되는 문화적 관념'을 가지고 있다고 제안한 것인데(Markus & Kitayama, 1994), 이에 대한 여러 관심사의 논점들을 문화적으로 정의하고 형성한 것을 꼽아볼 수 있다. 문화는 문화구성원들이 아주 뚜렷하고 분명하게 만들어낸 관념들과 관련하여 변하기도 한다. 순응과 전통이 일부 문화에서 아주 뚜렷하게 보이긴 하지만 다른 문화에서는 자율성과 창조성이 현저하게 나타나기도 한다.

요컨대 문화적 관점을 이해하기 위해서는, 정서가 가지는 문화적 변수가 사회구성원의 문화적 기원과 관계가 있음을 고려해야 한다. 또한 문화에 관한 핵심적인 관심사들을 고려하고 정서들이 출현하기까지의 상태와 관련시켜보아야 한다. 비교문화적으로 다양한 평가 차원들은 정서적 사건과 비교문화적 기술에서 유용하게 쓰인다. 비록 문화 특수적인 평가 차원들의 존재에 대한 뚜렷한 증거는 없지만 그러한 차원들이 존재할 것이라는 가정은 배제하지 않는다. 일반적으로 유용한 증거들은 평가적 잠재력이 문화 간 아주 유사하다는 사실을 시사한다. 선행경험을 충실히 수행하면 문화적 차이점가 특정한 평가 범주의 유행과 관련하여 출현하는 경향이 있음을 알게 된다. 다른 무엇보다 어떤 평가차원을 사용하는 성향은 비교문화적으로 엄밀히 다르다는 사실을 알려준다.

5) 긍정적 정서 경험의 문화 차이

긍정적 정서는 다양하다. 행복감, 기쁨, 즐거움 등이 여기에 해당된다. 이러한 측면에서 미국인과 일본인을 대상으로 연구해보면, 미국에서는 개인적 만족감과 긍정적인 정서가 밀접한 관련이 있고, 일본에서는 그렇지 않다. 이러한 것은 해당 사회가 요구하는 바람직한 준거가 문화에 따라 다르고, 그에 따른 정서를 가진다고 할 수 있다.

6) 정서의 표출

정서를 느끼는 것뿐만 아니라 정서의 표출 측면에서도 문화 간 차이가 있다. 일본에서는 내집단 성원 간 분노 표출이 금기시되어 있지만, 미국에서는 주로 내집단 성원에 대한 분노 표출이 이루어진다. 중국인들은 공분을 자주 느끼는데, 이는 중국인들이 분노가 주로 자신의 요인보다는 집단의 요인에 더 많이 작용한다는 것을 의미한다. 이렇듯 각 문화권마다 정서는 사회적 가치의 인정 등에 영향을 받는다고 볼 수 있다.

윌리엄 버틀러 예이츠(William Butler Yeats)의 다음과 같은 시를 보면 중국인들이 정서를 통해 동시다발적인 경험을 한다는 것을 알 수 있다. 다음 시는 어떤 사원의 처마 밑에 있는 두 노인에 관한 내용이다.

저기, 산과 하늘을,
그 모든 비극적인 장면을 그들은 바라본다.
한 사람이 구슬픈 곡조를 청하면
능숙한 손가락은 연주를 시작한다.
주름이 많이 진 그들의 눈, 그들의 눈,
그들의 오랜, 빛나는 눈은, 즐겁다.

Chapter **7** 문화와
행동

1. 행동과 동기

행동이란 사람이 신체적 변화를 보이는 것을 말한다. 행동의 개념은 원래
땀 분비와 같은 생리적 변화를 포함하지만, 일반적으로 문화와 관련되는 행동
의 개념은 미세한 생리적 변화를 포함하지 않는 경우가 대부분이다.

동기(motive)는 행동을 이끄는 힘이다. 동기의 개념을 바라보는 여러 가지
관점이 있지만, 분명한 것은 행동을 이끄는 힘의 존재가 분명히 존재한다는 것
이다. 따라서 동기를 중개변인(intervening variable)으로 취급하고, 직접 관찰
이나 측정이 불가능한 가설적 구성개념으로 보는 시각이 많다(Petri, 1996;
Reeve, 1992).

동기의 역사적인 관점을 살펴보자. 최근 들어 '동기가 돌아왔다.'라는 말이 나
올 정도로 동기에 대한 관심이 많아졌는데, 이러한 관심은 20세기 초 심리학이
성장하던 때부터 지금까지 이어져온 것이다. 1920년대와 1930년대의 심리학·
준심리학적인 문헌을 초기의 작품과 비교하면, 동기의 의미상 변화가 놀라울
정도로 뚜렷하다. 그 시절 동기는 인간 행위의 특정한 측면이나 실체와 연결되
는 것을 뜻하는 구체명사(substantive)였다. 동사 '동기화하다(to motivate)'와
추상명사 '동기화 혹은 동기부여(motivation)'가 사용된 경우는 드물었으며, 이
러한 동사와 추사명사가 19세기 말 이전에 존재했다는 것은 입증되지 않았다

(Oxford English Dictionary, 1989). 당시에는 소설 속 사건이나 미학원리를 이야기하면서 동기화(motivation)를 언급한 경우가 있었지만 그 이상의 언급은 찾아볼 수 없다. 하지만 20세기에 들어서면서 동기(motive)에서 파생한 동사와 추상명사의 사용이 폭발적으로 증가하였다.

20세기 초에는 '동기화하다(to motivate)'가 많이 사용되었다. 이러한 용어 사용의 흐름은 사회적 통제와 관련하여 빠르게 확장된 담론의 한 부분에서 발생했다. '동기화하다'는 광고의 판매전략, 산업효율성, 교수방법 및 개인의 발전이나 개선을 위한 상황에서 주로 사용되었다. 여기서 개선이란 무력이나 환경의 조작으로 단순하게 성취할 수 없는 어떤 것을 의미했다. 당시 미국 사회과학에서 '사회적 통제'라는 말은 자율적 개인의 집합인 사회 안에서 일종의 사회적 협조와 동조의 기초를 제공하는 과정으로서의 의미를 지녔다. 사회적 통제에 관한 일반화된 담론에서 개인이 움직이는 모습을 묘사할 필요가 있어 '동기화'란 용어를 사용하게 된 것이다. 이 상황은 1920년대에 동기에 관한 심리학을 주장하기 시작했던 사람들에게도 아주 분명했다.

동기에 대한 새로운 개념을 주창한 심리학자들이 맥락화하는 방식은 인간의 주체성에 관한 이해에서 심각한 변화를 신호하는 것이었다. 동기를 판매하는 사람들에 따르면, 아무리 사소하고 습관적인 것이라고 할지라도 모든 행위는 동기화되는 것이었다.

추상명사형인 동기는 19세기의 '능동성(conation)'이라는 용어와 유사했다. 그런데 왜 새로운 용어를 발명해야 했으며, 능동성이라는 용어는 왜 사라졌을까. 전통적으로 능동성은 의식에서 취해지는 적극적인 원리를 언급하는 것이었다. 그 참조물은 개인의 내적 생활이었다. 그 존재에 대한 증거는 대체로 내성적인 것이었다. 반대로, '동기'는 내적 경험을 언급하는 다양한 용어들로부터 추상화된 것이 아니라 사람들에게 영향을 미치는 맥락에서 사용되는 다양한 용어들에서 유래하는 것이었다. 실제적 단어인 바람(want), 소망(wish), 동기(motive) 등은 어떤 면에서 동일한 것일 수도 있지만, 그것들이 사용되는 맥락은 달랐다.

또한 공장, 학교, 교도소 등에서 '유인가(incentives)'의 범주로 분류되는 것들은 동물실험실에서 '유인가'라고 부르는 것과 본질적으로 유사한 것이었다. 그러한 추론의 비약을 촉진한 것은 생물학적 본질주의라는 이데올로기였다. 즉, 인간의 행위는 그 맥락에 관계없이 보편적인 생물학적 원리의 직접적인 지배를 받는다는 신념이었다.

모든 행동은, 동물이든 인간이든, 단순하든 복잡하든, 특정 반응을 유발하는 특정 자극의 문제로 취급되었다. 동기화에 관한 모든 과학적 설명이 그러한 것처럼, 이것은 에너지(energy)라는 모호한 개념에 근거한 것이었다. 하지만, 이 경우 행위를 지시하는 에너지의 원천은 유기체가 아닌 환경에 존재하는 것이었다.

동물의 추동(drive)과 기계적 추동의 동일시는 후자를 측정했던 것과 동일한 방식으로 전자의 강도를 측정하려는 종합적인 시도를 초래했다. 생물학자 릭터(Richter)는 동물 추동의 생리학적 조건을 연구하는 장기 프로그램을 진행하였다. 한동안 이것은 대뇌보다는 혈관이나 소화체계에서 주로 탐구되었다. 그로 인해 추동의 작용을 설명하는 데 있어서 '동질정체성(homeostasis)'이라는 생리학적 개념에 의존할 수 있었다. 제2차 세계대전 이후가 되어서야 동기의 생리학적 기초에 관한 신경생리학적 고찰로 돌아가게 되었다(Hebb, 1949).

이상의 내용을 토대로 볼 때, 인간의 동기는 실험실 연구에서 조작될 수 있는 동물의 동기와 마찬가지로 '1차(primary)' 추동으로 환원될 수 있다고 가정할 수 있다. 이 점에서 추동 개념은 한 세대 이전에 사용되었던 본능이라는 개념과 아주 유사한 역할을 하게 되었다. 이것은 심리학에서 급진적 생물학적 환원주의의 도구가 되었다. 물론, 그 당시 인기 있는 생물학은 그 특성상 완고한 기계론이었다.

1930년대에 발생한 추동(drive)의 개념은 20세기에 들어서도 살아남았다. 신행동주의 학설의 양대 학자인 톨만(Tolman)과 헐(Hull) 모두 그러한 개념을 사용했다. 추동 개념은 이들 이론 체계의 좀 더 독특한 특징들이 사라진 이후에도 살아남았다. 양 체계 모두에서 추동 개념은 동물뿐만 아니라 인간의 모든 활동에 부과되는 기계적 도구주의의 구조에서 결정적인 구성 요인이었다.

일을 하거나 상품을 구입하기 위한 동기는 행위 자체에 외재하는 것으로 생각되었다. 개인적인 야망을 자극함으로써 사람들로 하여금 더욱 열심히, 더욱 꾸준히 일하도록 하는 것이 가능했으며, 두려움이나 시기심을 자극함으로써 사람들이 특정 상표의 약이나 화장품을 구매하게 하는 것이 가능해졌다. 암묵적으로, 일이나 많은 소비 상품, 사회적으로 가치 있는 활동 등에 내재적인 매력이 있다는 신념이 현저하게 결여되어 있었다. '동기화'의 과학은 이러한 행위들을 지배하는 외재적 동기들을 통제함으로써 사람들의 행동에 영향을 미치려는 시도를 안내하는 원리를 공급하는 것이었다.

요구(need) 개념과 그 당시 우세하던 추동 개념의 차이는 전자에서 기계적 생물학의 토대가 탈락되었다는 것이다. 인간 동기의 심리학은 자율적인 것이 되었으며, 동물 실험은 일반적인 동기화에 관한 기본적 지식의 원천으로서의 특권적 지위를 상실하였다는 것이다. 제2차 대전 이후, 이러한 접근은 '성취동기'에 헌신함으로써 소규모 산업을 확립시킨 맥클리랜드(McClelland)와 '인본주의' 심리학으로 알려지게 된 접근에 인간의 요구라는 개념을 제공한 매슬로우(Maslow) 같은 심리학자들에 의해 유행하게 되었다.

이러한 동기 개념들의 구성에서 가설적 생물학적 기제들은 더 이상 아무런 중요한 역할을 하지 못했다. 그 자리는 행위에 대한 일상적 정당화에서 채택되는 문화적 관습으로 채워졌다.

2. 문화와 동기

1) 동기의 문화구속성

한 사람의 동기는 그 사람이 어떤 문화권에 사느냐에 영향을 받는다. 이를 동기의 문화구속성이라고 한다. 동기의 문화구속성이 발생하는 주된 기제는, 해당 문화권 안에서 세상사와 인간을 바라보는 관점이 결정되고, 세상과 인간에 대한 동기가 형성되고, 그것을 경험하며, 후대에 전수하기 때문이다.

안신호(1999)는 이러한 문화구성주의적 관점에서 동기가 문화에 구속된다는 점을 실증적으로 증명했다. 즉 사회적 지지 욕구, 동일시를 통한 자존감 증진 욕구 등의 집단주의적 동기는 자아개념의 확장을 낳고, 이는 결과적으로 자기희생, 내집단 편향, 연고적 투표행동 등의 집단주의적 특징 행동을 보이게 된다는 모형을 제시했다. 이를 위해 그는 집단주의적 특징적 동기, 자아개념, 특징적 행동을 측정하는 여러 척도들을 사용하여 대도시권(부산), 중도시권(김해), 소도시권(진주)의 대학생들과 노인들을 대상으로 연구했다. 이 자료를 공변향 분석한 결과, 그가 원래 제시한 모형(집단주의적 동기 → 자아확장 → 집단주의적 행동)이 나타나지 않았고, 그 대신 여러 동치 모형 중 자아확장 → 집단주의적 동기 → 집단주의적 행동의 모형으로 나타났다. 이러한 결과는 원래의 모형과는 상이하지만 문화구성주의적 입장을 실증한 것이라고 볼 수 있다.

이러한 결과는 기존의 연구, 즉 트리안디스(Tiandis, 1989, 1990)와 웰던(Weldon, 1984)의 연구에서 집단주의 사회에서는 사적 자기를 공적 자기 혹은 집단적 자기와 동일시한다는 점과 일치하며, 조긍호(1998, 1999), 본드와 황(Bond & Hwang, 1986), 디보스(DeVos), 마르셀라(Marsella), 그리고 수(Hsu, 1985) 등이 동아시아 집단주의의 이론적 배경인 유학 사상의 기본 주제인 인간의 자아확장이라는 것과도 일치하는 것이다.

그리고 이러한 동양에서의 집단주의적 경향과 유학 등의 관계를 통해 동기를 이해하는 것과는 별개로 서양에서의 개인주의적 경향과 관련 사상을 이해할 필요가 있다. 개인주의 사회에서는 독립적이고 자율적인 개인의 자기실현 동기를 가장 근본적인 동기로 본다(Aron & Aron, 1986). 이러한 관점에서는 신-악마, 선-악, 인간-자연, 마음-신체, 자기-타인, 개인-집단(혹은 사회)을 2분법적으로 구분하고 이에 따라 자기의 동기를 결정한다고 볼 수 있다. 따라서 자기확장동기가 강한 동양과는 다른 동기를 가질 수 있는 것이다. 또한, 개인주의의 배경에는 자유의지에 따른 합리적 선택으로 인간의 목표지향성을 이해하려는 자유주의적 전통이 있다(Johnson, 1985).

동양과 서양에서 개인이 가지는 동기는 순수하게 개인적이라고 보기는 어렵다. 동기는 해당 사회와 문화에 영향을 받는다.

2) 다양한 동기의 개념

바칸(Bakan, 1966)은 동기를 일체성 동기(친화, 존경 등) 대 주체성 동기(성취, 자율 등)로 구분했다. 동기는 1차적 통제(환경 통제) 대 2차적 통제(내적 욕망의 통제)로 구분할 수 있다. 이들은 대립적인 기제가 아니라 상보적인 기제로 작용한다. 말레이시아에서는 2차적 통제가 개인주의 문화권보다 더 많이 사용된다. 1차적 통제가 낮은 것만은 아니다.

(1) 효능감

효능감은 자기효능감과 집단효능감으로 구분할 수 있다. 개인주의 문화권에서는 개인의 자기효능감이 중요한 기능을 한다. 집단주의 문화권에서는 집단효능감이 더 중요한 기능을 한다.

(2) 내발적 동기

자신이 결정하고 선택한 것, 마음에 드는 활동을 할 때 그 일을 잘하고, 오래 붙들고, 좋아하게 되는데, 이것을 내발적 동기라고 한다. 독립적 자아의 문화권 특징과 내발적 동기는 관계가 높다. 문화권에 따라 부모의 영향에 더 많이 영향을 받는가, 아니면 아이 자신들의 내발적 동기가 중요한가를 확인하기 위해 과제 선택권을 아이 본인에게 준 경우와 실험자가 선택해준 경우, 그리고 어머니가 선택한 경우로 나누어 아이들이 자유시간에 과제를 한 시간을 조사하였다. 이 실험에서 백인 아동은 아시아계 아동보다 본인이 선택한 과제의 경우에 자유시간에 과제를 한 시간이 길었다. 이에 비해 아시아계 아동은 백인 아동보다 어머니가 과제를 선택한 경우에 과제를 하는 시간이 길었다.

(3) 성취동기

성취동기란, 어떤 일을 잘 수행하려는 동기를 말하는 것으로서 성취동기가 높으면 과제를 보다 잘 수행하려는 욕구 때문에 주어진 상황에서 자신을 적절히 조절하고 능력을 배양시키는 행위로 나타나는 것을 말한다. 서구의 개념으

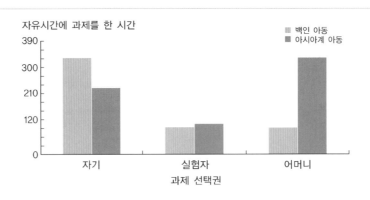

그림 7.1 백인 아동과 아시아계 아동의 선택 과제 결과

로 동양에서는 자신의 자율성을 제한하더라도 사람들 및 주변상황과 잘 조화를 이루면서 현실 수용과 개선하는 것으로 정의된다.

성취동기는 미국 등의 서양에서는 개인지향적 동기로 규정되고, 한국과 중국 등의 동양에서는 사회지향적 동기로 구분된다. 이러한 차이를 확인하기 위해 실시된 최근 연구에서 일본인들은 자신들이 못했다는 결과를 받고, 벌충행동을 보이며, 캐나다인들은 잘했다는 결과를 받고 그렇게 한다.

그림 7.1에서 볼 수 있는 것처럼 백인 아동과 그의 어머니 집단과 아시아계 아동과 그의 어머니 집단을 구분하여 자유시간에 과제를 한 시간을 살펴보면, 두 집단 간에 차이가 뚜렷하다. 즉, 백인 아동과 아시아계 아동 각각 혼자 자유시간에 과제를 하라고 한 경우에는 둘 다 높은데, 실험자가 하라고 한 경우에는 둘 다 낮았다. 그런데, 어머니가 함께 있는 상황에서는 백인 아동보다 아시아계 아동이 자유시간에 과제를 한 시간이 훨씬 높았다. 이것은 아시아계 아동이 어머니의 영향을 더 많이 받아, 과제에 대한 동기를 더 많이 가지기 때문이라고 할 수 있다.

(4) 친화동기

친화동기란, 타인과 어울려 지내고자 하는 동조적이고 의존적인 행동을 유발하는 동기로서 한국과 같은 동양문화권에 친화동기가 강하다. 일부 학자들은 친화동기와 친애동기의 구분하기도 한다.

(5) 권력동기

권력동기란, 주위 인물들에 대하여 영향력을 행사하고자 하는 동기로서 한국과 같은 집단주의 문화권에서 강하게 드러난다.

(6) 집단주의와 개인주의 문화에서의 동기와 행동

집단주의와 개인주의 문화에서의 동기와 행동을 특징을 일목요연하게 정리하면 표 7.1과 같다. 이들을 비교하기 위해 사회행위의 원동력과 목표, 자기표현의 양식, 행위의 변이가능성을 중심으로 비교하였다. 사회행의 원동력과 목표 면에서 집단주의가 의존성을 강조하는 반면 개인주의는 자율성을 강조한다. 자기표현의 양식 면에서는 집단주의가 자기억제를 강조하는 반면, 개인주의는 자기주장을 강조한다. 행위의 변이가능성 측면에서는 집단주의가 가변성을 강조하는 반면, 개인주의에서는 안정성을 강조한다.

표 7.1 문화유형에 따라 중시되는 대인평가 특성(자료: 조긍호, 1999)

구 분	집단주의(관계중심적 인간관)	개인주의(개체중심적 인간관)
사회행위의 원동력과 목표	• 의존성 강조 – 조화성 중시 – 상황귀인 우세 – 타인중심적 정서 권장	• 자율성 강조 – 독특성 중시 – 성향귀인 우세 – 자기중심적 정서 권장
자기표현의 양식	• 자기억제 강조 – 양보와 협동 중시 – 겸양 편향 우세 – 정서 표출 억제	• 자기주장 강조 – 적극성과 경쟁 중시 – 자기고양 편향 우세 – 정서표출 권장
행위의 변이가능성	• 가변성 강조 – 노력 중시 – 성취 결과의 노력 귀인 우세 – 부적 정서 수용(자기비판은 자기개선의 조건)	• 안정성 강조 – 능력 중시 – 성취 결과의 능력귀인 우세 – 부적 정서 배척(정적 정서 추구)

Chapter **8** 문화와
발달

1. 발달의 정의

　초기에는 발달의 정의를 아동기 초기에만 국한되는 것으로 보는 시각이 많았지만 점차 개념이 수정되면서 오늘날에는 발달을 '수태 이후 죽을 때까지 시간의 흐름에 따라 변화하는 것'으로 이해한다. 최근에는 전 생애발달적(life-span developmental) 연구가 주로 이루어지며, 이러한 관점을 개인 차원에만 적용하는 것이 아니라 문화적 차원에 적용하는 경우가 많아졌다.

　예를 들어, 한국 어린이와 미국 어린이가 곰을 설명한다고 하자. 한국 어린이는 '뭐하는 것일까?' 하고 곰의 동작에 초점을 맞추는 반면, 미국 어린이는 '저게 곰이야?' 하며 대상의 실체(명사)에 초점을 맞추는 경향이 있다. 이러한 결과를 통해 우리는 미국의 문화가 보다 성취지향적이고 자유의 추구를 중요한 가치로 삼는다고 말할 수 있다.

2. 발달의 주요 쟁점

1) 유전과 환경

　유전(nature)과 환경(nurture)에 대한 논쟁은 중요한 함의를 갖는다. 유전론에 따르면 인간은 그 자신을 타고난 대로 내버려두는 것이 최선이다. 머리가 나쁜 아이로 태어났다면, 부모나 교사가 아무리 노력해도 그 아이의 지적능력을 높일 수 있는 방법은 없다. 반면 환경론에 따르면, 주변 환경에 의해 삶은 무수히 많은 가능성을 갖는다. 교육의 역할이 막대해지는 것이다. 일반적으로 유전과 환경에 대한 논쟁은 상호작용으로 받아들여진다.

2) 본성과 양육

인간의 행동이 본성에 의해 결정되는지 아니면 양육에 의해 결정되는지에 대한 논쟁은 오래전부터 있어 왔다. 이는 미국의 기능주의 심리학자 제임스(James, 1842~1910)에 의해 시작되었다고 볼 수 있지만, 철학계에서는 영국의 경험주의 철학자 로크(Locke, 1632~1704)에 의해 시작되었다고 볼 수 있다. 이들의 주장 이후 무수히 많은 학자들이 양측에서 주장을 폈지만 아직도 어느 쪽이 완벽하게 옳다고 할 수는 없다.

본성 즉, 유전결정론을 주장한 학자로는 철학자 루소(Rousseau, 1712~1778), 칸트(Kant, 1724~1804), 진화론자 다윈(Darwin, 1809~1882), 우생학자 골턴(Galton, 1822~1911), 심리학자 제임스 등이 대표적이다.

양육 즉, 환경결정론을 주장한 학자로는, 행동주의 심리학자 왓슨(Watson, 1878~1958), 정신분석학자 프로이트(Freud, 1856~1939), 인류학자 보아스(Boas, 1858~1942), 사회학자 뒤르켐(Durkheim, 1858~1917) 등이 대표적이다.

본성과 양육의 이러한 논쟁에 대해 최근에 체계적으로 자세히 정리한 책은 리들리(Ridley, 2003)의 《본성과 양육: 인간은 태어나는가 만들어지는가(Nature Via Nurture: Genes, Experience, and What Makes Us Human)》가 있다. 리들리는 양측의 주장을 양육을 통한 본성이라는 관점에서 조화시키려는 노력을 이 책을 통해 보여주었다.

3) 단계적 발달과 연속적 발달

발달과 관련된 또 다른 논쟁은 단계적 발달과 연속적 발달에 관한 것이다.

단계적 발달이란 애벌레가 번데기를 거쳐 나비가 되듯 질적으로 다른 변화를 위한 단계를 거치는 것이다. 이는 사고에서의 근본적인 재구조화를 가정한다. 반면 연속적 발달이란 한 알의 씨앗에서 나온 새싹이 커다란 아름드리나무로 성장하는 것과 같다. 즉, 발달이란 양적 변화를 가정한다.

3. 피아제 이론과 비고츠키 이론 비교

피아제(Piaget) 이론은 발생론적 관점에 해당되고 비고츠키(Vygotsky) 이론은 사회문화구성론적 관점에 해당된다. 피아제는 인류가 연령 변화에 따라 인지발달을 단계적으로 이룬다고 보았다. 반면 비고츠키는 인류가 사회문화에 의해 인지발달을 이룬다고 보았다.

피아제의 이론은 동화와 조절 개념을 중심으로 이루어져 있다. 동화란 기존의 지식에 새로운 지식을 가져오는 것이고, 조절이란 자기의 스키마(schema)를 새로운 정보를 통해 수정한다. 이 2개의 개념을 어떻게 조직화하고 균형화하느냐에 따라 인지 능력이 달라진다. 조직화는 개별적 요소를 하나의 체계적인 조직으로 관계 짓고 자리매김하여 정렬하는 경향을 말한다. 균형화란 생활 속에서 적응기제(동화와 조절)로 균형 상태를 만들려는 경향을 말한다. 이러한 균형이 있기 때문에 인지를 발달시킨다. 그래서 인지발달을 위해 불균형 상태에 두면 인지발달이 가능하다.

피아제의 이론은 단계(stage)이론으로서 각 단계는 다음과 같은 특징을 보인다.

- 1단계는 감각운동기(0~2세)로 감각을 통해 세계를 지각하는 단계이다.
- 2단계는 전 조작기(2~7세)로 언어능력 발달, 자기중심적 사고, 상징놀이, 의인화를 할 수 있으며 1~10까지의 수를 암기해서 셀 수 있다.
- 3단계는 구체적 조작기(7~11세)로 정신적 조작과 암산이 가능하다. 이 단계에서는 기존에 가지고 있던 가역성, 보존성, 자기중심성에서 벗어나기 시작한다.

- 4단계는 형식적 조작기(12세 이후)로 초인지적 과제 수행, 논리적 사고를 할 수 있다. 이 단계에서는 여러 방법으로 문제를 해결하려 한다.

이러한 피아제 이론에 대한 비판을 살펴보면 다음과 같다.

- 첫째, 초기 인지를 촉진할 때의 전략을 제시하지 못한다는 것이다.
- 둘째, '성인이 형식적 조작을 할 수 있는가?'에 대한 비판이다. 실제로는 성인 중 50%만이 형식적으로 조작을 할 수 있다.
- 셋째, 대상 영속성이 피아제의 주장(18개월 이후)보다 빨리 발달한다. 그리고 모방이 피아제의 주장(12~18개월)보다 빨리 발달한다는 비판도 있다.

이러한 비판의 대열에는 신 피아제 학파도 끼어 있다. 이들의 첫 번째 비판은 대상영속성이 발달해야 언어가 발달한다는 점이다. 두 번째 비판은 첫 발화가 12개월에 발생하기 때문에 대상영속성이 빨리 발달하여 12개월경에 첫 발화가 가능해진다는 것이다.

피아제와 신 피아제 학파 주장의 가장 큰 차이점은 다음과 같다.

- 첫째, 피아제는 대상을 잡으려고 하는 동작을 대상영속성 개념에 포함시켰으나, 신 피아제 학파는 응시하는 것으로 대상영속성 개념에 포함하였다.
- 둘째, 피아제는 언어발달을 위해서는 지연된 모방(18~24개월)을 할 수 있어야 한다고 보았는데, 신 피아제 학파는 첫 발화는 12개월에 발생한다고 보았다. 특히, 멜트조프(Meltzoff)는 지연된 모방을 해야 언어발달이 이루어지는 것은 사실이며, 단순모방이 9개월, 지연모방이 14개월에 발생한다고 하였다고 보았다.
- 셋째, 피아제는 모든 성인이 형식적 조작기에 도달한다고 했지만, 실제로는 50%만이 가능하다.
- 넷째, 피아제는 형식적 조작능력과 관련하여 주장하지 않았던 초인지에 대해 신 피아제 학파는 형식적 조작능력이 있어야 초인지가 가능하다고 보았다.

비고츠키(Vygotsky)의 이론은 생물적 성장과 인지 등이 상호작용을 한다는 점에 초점이 있다. 그는 사회적 상호작용을 강조하고, 학교교육을 강조하였다. 그리고 그는 사고(생각) 발생 이후 내적으로 내면화한다.

비고츠키는 문화(내 주위의 환경)의 영향에 의해 언어와 인지를 발달시킨다. 이러한 것은 피아제가 사고 후 언어가 발달한다고 보았던 것과는 비교되는 것이다. 그리고 비고츠키는 언어가 발달한 후 사고가 발달한다고 보았으며, 언어는 상호작용의 매개체 역할을 한다고 보았다.

특히, 비고츠키는 언어의 중요성을 강조했는데 그 이유는 다음과 같다. 그에 의하면, 언어가 고차원적 사고를 이끌어낸다. 그리고 언어가 사고를 가능하게 한다. 이렇듯 언어는 사고의 중심이다. 사회, 문화를 다음 세대로 전달시키는데 언어가 중요한 역할을 하기 때문이다.

비고츠키 이론에서는 지각 기능, 주의 기능, 기억 기능이 DNA에 녹아 다음 세대로 전해진다고 보았다. 그는 사회적 경험, 문화 환경이 이들 발달에 영향을 미친다고 보았다. 비고츠키가 강조한 인지-행동주의적 접근 방법은 다음과 같다.

- 시범자가 말을 하면서 행동을 보여줌.
- 시범자가 말을 들려주면 아동이 말을 하면서 행동을 함.
- 아이 혼자 말을 하면서 행동하게 함.
- 말 없이 스스로 행동을 함.

이 인지-행동주의적 기법은 심리학이나 특수교육 등에 많이 활용되고 있고, 교과학습 지도나 직업교육을 할 때 활용된다. 다음으로는 비고츠키가 강조한 근접발달영역(ZPD) 이론이 있는데, 이는 학습과 발달 사이의 관계를 개념 짓는 방법으로, 발달을 어느 한 지점이 아니라 행동의 연속 혹은 성숙의 정도로 보아 'ZONE'이라는 용어를 사용하였다. 이 'Zone'은 독립적으로 문제를 해결할 수 있는 실제적 발달 수준과 성인의 안내 혹은 다른 유능한 또래의 공동노력을 통한 문제해결에 의해 결정되는 잠재적 발달 수준 사이의 거리를 말한다. 아이가 독립적으로 해결할 수 있는 수준을 뛰어넘게 하려면 아이가 도움을 받아 수행할 수 있는 수준까지 잘 이끌어주면 된다.

이 근접 발달 영역이론을 여러 가지 상황에 응용할 수 있다. 먼저, 또래 교수 방식으로 응용할 수 있다. 일반적으로 성인과 아동의 발달수준의 차이가 크기 때문에 아이들은 성인의 설명을 이해하지 못할 수도 있다. 이때 다음 발달수준에 있는 아동이 지도(tutoring)하면 더 이해하기 쉬울 수도 있다. 다음으로는 함께 읽기(pair reading)를 들 수 있다. 이것은 어떤 글을 읽을 때, 1줄은 엄마가 먼저 읽고, 그다음 줄은 아동이 읽고, 다시 그다음 줄은 엄마가 읽는 식으로 있는 것이 읽기를 잘하고 이해도 잘하게 된다는 것이다. 즉, 소리 내어 읽기를 하면, 청각적 피드백이 되고, 이것은 아이의 뇌에 문어체 내어(內語)로 형성되며, 이것을 통해 읽기를 잘하고 이해하게 된다는 것이다.

이러한 비고츠키의 이론에 대해 긍정적으로 평가하는 경우도 많지만, 비판점도 적지 않다. 주된 비판점으로는, 첫째, ZPD가 어느 수준인지 알기 어렵다는 점이다. 둘째, 이론상으로는 이야기할 수도 있지만, 실제로 아동 개개인의 ZPD를 알기는 어렵다는 점이다. 셋째, 그래서 현실적으로 적용에 혼란을 겪게 된다는 점이다.

비고츠키가 제시한 근접 발달 영역이론에 따른 아동의 성취 활동을 볼 수 있는데, 발달적 성취로 이끌어 주는 아동과 사회환경 간의 상호작용 형태를 구체화한 것이다. 이때 아동의 연령에 맞는 주요 활동과 발달적 성취가 무엇인지 알아야 교사들의 효과적인 교수가 가능하다.

다음으로는 단계별 주요활동과 발달적 성취를 살펴볼 수 있다.

- 영아기 단계: 정서적 의사소통이 주된 활동이고, 애착, 사물의 조작, 단순한 감각 운동활동이 나타난다.
- 걸음마기 단계: 사물의 조작이 주된 활동이고, 감각운동적 사고, 자아 개념이 출현한다.
- 유아기 단계: 놀이가 주된 활동이고, 상상력, 상징적 기능, 감정과 사고의 통합이 성취된다.

> #### 피아제 이론과 비고츠키 이론의 비교
>
> **1. 철학적 배경**
> 철학적 배경에서 보면, 피아제 이론은 인식론과 관념론을 배경으로 하고, 비고츠키 이론은 유물론을 배경으로 한다.
>
> **2. 지식의 형성**
> 지식이 어떻게 형성되는가에 대해서 피아제 이론에서는 개인이 내적 지식을 갖게 된 후 사회적 지식을 갖게 된다고 보는 반면, 비고츠키 이론에서는 그 반대이다.
>
> **3. 사고발달/언어발달**
> 사고발달과 언어발달에 대해서도 이들은 서로 상반되는데, 피아제 이론에서는 사고발달이 먼저 이루어진 다음 언어발달이 이루어진다고 보았는데, 비고츠키 이론에서는 그 반대이다. 언어발달의 진행 과정에도 이들 간 차이가 있는데, 피아제 이론에서는 자기중심적 언어 즉, 사회적 언어가 먼저 발달되고 나서 탈중심적 언어인 사회적 언어가 발달된다고 보았는데, 비고츠키 이론에서는 그 반대이다.
>
> **4. 지능**
> 지능에 대해서는 피아제 이론에서 좀 더 비중있게 다루어졌고, 지능을 현재의 발달수준을 의미하는 것으로 보았는데, 비고츠키 이론에서는 현재의 발달수준뿐만 아니라 미래 발현될 수 있는 잠재적 발달수준도 포함시키는 것으로 보았다.
>
> **5. 교육**
> 교육에 대해서는 피아제 이론에서는 교육 수준은 현재의 발달수준이라고 보았고, 교육의 주체는 아동중심교육으로서 발견학습이 중요하다고 보았는데, 비고츠키 이론에서는 교육수준이란 잠재적 발달수준을 의미하고 교사중심으로 교육해야 한다고 보았다. 따라서 피아제 이론에서는 효과적인 학습을 위해서는 인지발달수준이 같은 또래들로 학습팀을 구성해야 한다고 보았는데, 비고츠키 이론에서는 발달수준 면에서 좀 더 나은 사람들과 함께 구성해야 한다고 보았다. 이처럼 피아제 이론과 비고츠키 이론은 일부 공통점을 지니지만 여러 측면에서 차이가 난다.

● 초등학교 저학년 단계: 학습활동이 주된 활동이고, 이론적 추론의 시작, 고등정신 기능의 출현, 학습에 대한 내적 동기가 성취된다.

피아제 이론과 비고츠키 이론에 대해 세부적 측면별로 비교하면, 이들의 유사점과 차이점을 좀 더 명확하게 파악할 수 있다.

● 인지발달 측면: 피아제는 유아의 문화적 맥락과는 상관없이 보편적이라고 보았다. 반면에, 비고츠키는 사회, 문화적 맥락은 인지과정의 유형을 결정한다고 보았다.

- 발달요인 측면: 피아제는 성숙한 형태의 사고발달을 위해 유아와 물리적 사물과의 상호작용을 중시한 반면, 비고츠키는 사람들과의 상호작용이 유아의 형식적 사고를 결정한다고 보았다.
- 언어관: 피아제는 언어는 지적발달의 부산물이라고 보았는데, 비고츠키는 언어는 인지발달에 중대한 역할을 하며, 유아의 정신기능의 핵심이라고 보았다.
- 유아관: 피아제는 유아를 세상에 대해 스스로 학습해 가는 '독립적 발견자'로 보고, 비고츠키는 유아의 학습은 문화적 맥락에서 일어나며, 발견되는 대상과 발견되는 수단은 모두 인류 역사와 문화의 산물이라고 보았다.
- 지식관: 피아제는 유아가 스스로 알아낸 것만이 현재 인지적 위상을 반영한다고 보았다. 비고츠키는 문화적 지식을 내면화하는 것은 유아의 인지발달에 중대한 역할을 한다고 보았다.
- 학습발달에 미치는 효과: 피아제는 유아는 현재 발달 수준이 유아의 학습 능력을 결정한다고 보았는데, 비고츠키는 학습과 발달의 관계가 훨씬 복잡하고, 지식의 종류나 내용, 유아의 연령에 따라 한 걸음의 학습이 두 걸음의 발달을 의미할 수 있다고 보았다.

4. 문화와 발달의 주요 현상

1) 모자 관계의 차이

인간은 선천적으로 타고난 것을 제외하면, 출생 후 주로 어머니와의 관계에서 경험하고 배운 것을 가지고 세상에 적응한다. 이러한 측면에서 보면, 아이가 어머니와 같이 잠을 자는 의식은 중요한 의미를 지닌다. 그간 어머니와 아이의 잠자리 의식에 대해 여러 학자들이 연구를 해왔다. 특히 프로이트가 연구한 오이디푸스 콤플렉스(Oedipus complex)와 관련한 모자의 잠자리와 성인식의 관계가 주목을 받았다.

이외에도 화이팅(Whiting)이 56개 사회에 대한 HRAF 자료를 통한 연구를 했던 것이 주목할 만하다. 그의 연구 결과에 따르면, 24개 사회에서는 어머니와 아이가 함께 자고 아버지는 별도로 잔다. 그리고 27개 사회에서는 출산 후 적어도 9개월간 성관계가 금지된다. 또한, 20개 사회에서 이들 3변인이 모두 발견되었다. 14개 사회에서는 가혹한 남성 성인식이 거행되었고, 25개 사회에서는 이 3변인 모두 발견되지 않았다. 그리고 2개 사회만 이러한 의식을 가지고 있었다. 물론 예외로 보이는 8개 사회에서는 다양한 수단을 통해서 설명될 수 있다. 이 중 4개 사회는 10대 소년이 거주지를 옮겨 관련된 남자(대개 어머니의 남자 형제)의 권위를 수용해야 했다.

2) 생태계 불신 현상

생태계 불신 현상은 사회심리학자 트리안디스에 의해 주로 연구되었다. 그의 연구에 따르면, 직업을 가져보지 못한 사람은 직업을 가져본 사람에 비해 자신의 어머니를 더 신뢰하는 현상을 보인다.

3) 유교의 영향에 대한 연구

서양 사회에서 중요한 철학적 토대인 데카르트(Descartes)의 "나는 생각한다. 고로 존재한다."에 대해 동양 사회에서도 동일하게 나타나는가의 문제를 고려해보면 그렇지 않을 수도 있다는 결론에 도달할 수 있다. 즉, 데카르트가 만일 한국이나 중국에서 태어났다면? "나는 느낀다, 고로 존재한다(I feel, therefore I am)."라고 했을 수도 있다는 것이다. 이렇듯 동양에서는 개인주의와 합리성을 불안정한 것으로 보았고, 관계와 정서적 애착은 안정적인 것으로 본다.

유교에서도 인간의 발달단계에 대한 주장이 있는데, 이에 따르면 공자는 세상과 모든 생명체를 도(道, Truth, Unity, The Way)라고 불리는 통일된 힘의 표현이라고 보고, 이 도와 덕, 인-의-예-지-신을 모두 연결시켜 설명하였다.

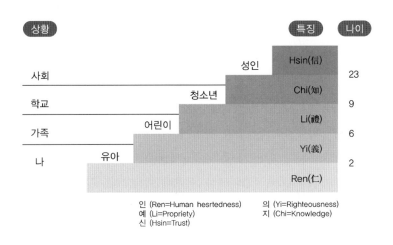

인 (Ren=Human hesrtedness)　　의 (Yi=Righteousness)
예 (Li=Propriety)　　　　　　지 (Chi=Knowledge)
신 (Hsin=Trust)

그림 8.1 유교의 발달 단계론 (자료: Kim, 1999)

그리고 연령이 증가함에 따라 'self → family → school → society'의 순으로 맥락이 올라가고, 이에 따라 인 → 의 → 예 → 지 → 신의 순으로 성격이 발달한다고 본다(그림 8.1 참조).

공자는 세상과 모든 생명체를 도(道, truth, unity, the way)라고 불리는 통일된 힘의 표현으로 보았다. 이러한 도는 질서, 선, 정을 영속시키는 삶의 정수, 기본, 단위를 구성한다(Lew, 1977). 또한 도는 음(yin)과 양(yang)의 반대인 조화 속에서 덕(te)을 통해 인간들 속에 자신을 드러낸다.

덕은 자기수양(self-cultivation)을 통해 실현된다. 덕을 통해서 사람들은 천리를 깨닫고, 이것이 하늘과 내가 만나는 곳이다(Lew, 1977). 이것이 자신, 가족, 국가, 세상에서 평화적이고 조화롭게 살 수 있는 통찰과 힘의 근본이다. 덕에는 두 가지 서로 관련된 측면이 있다. 바로 인(仁, ren, human-heartedness)과 예(禮, li, oughtness, righteousness)가 그것이다. 인간성과 개인성의 기반은 인이다.

인은 본질적인 관계이다. 인은 3가지 관련된 측면을 가지고 있다. 첫째, 타인을 사랑하는 것(Analects, XII, 22), 둘째, 자신을 지탱하고, 타인을 지탱하게 하고, 자신을 발전시키고 타인을 발전시키려는 욕망을 가지는 것이다. 셋째, 자신이 하고 싶지 않은 일을 타인에게 하지 않는 것이다(Analects, XII, 22). 사람은 인을 가지고 태어나 부모를 통해 인을 경험한다.

예란 개인이 어떤 특정 가족에서 특별히 부여된 지위를 가지고 태어나는 것이다. 예가 의미하는 것은, 개인들이 특정한 지위와 역할로 규정한 자신들의 의무를 수행해서 완수하는 것이다. 아버지, 어머니, 장자, 동생 등으로 부여된 자신의 역할을 완수하는 것은 도덕적으로 마땅히 해야 할 도리이다. 인과 예는 동전의 양면으로 간주된다. 인과 예를 통해서 개별 가족 구성원들은 통일되게 연결된다. 주된 관계는 부자관계이다.

유교에서는 사회가 위계적으로 질서가 잡혀야 하고, 사람들은 생활에서 fen(portion or place)을 다해야 한다고 본다. 인(ren), 의(yi), 예(li)는 유교적 도덕성의 기반이다. 유교 사회에서 사람들은 가족을 모든 사회적 관계의 기초로 삼는다. 아이들은 학교에 가서 선생님으로부터 도덕의 중요성을 배운다. 이때 지(智)를 얻게 된다. 아이들은 성숙해지면서 모르는 사람과 폭넓게 교류할 필요가 생기는데, 이때 신(信)을 발전시킬 필요가 있다. 유교에서는 자신 내부에 있는 2개의 상충적인 힘을 1차 욕구(예: 물질적·육체적 욕구)와 2차 욕구(예: 인과 예와 같은 덕)로 구분한다. 덕을 가진 사람이 되기 위해서는 1차 욕구를 극복하고 2차 욕구를 수양해야 한다.

유교에서는 모든 개인이 상호연결된 망에 의해 다른 사람과 연결되어 있다고 본다. 개인적 도덕성(individual morality)이 중심에 있고, 개인은 여전히 대인관계와 사회적 관계의 망에 위치되어 있다. 유교적 도덕성은 개인의 자기 이익보다는 본질적인(substantive) 목표에 우선권을 둔다. 많은 사람들은 동아시아 사회가 단지 서구화되었고, 그 상황은 더 복잡해졌다고 생각한다. 즉, 더욱더 중요한 변화는 유교문화의 변모를 포함한다는 점이다. 하지만 유교를 통한 행동의 설명은 유효하지만 다음과 같은 한계가 있다.

- 첫째, 유교는 기술적 모델로서는 사용할 수 있지만, 설명 모델로서는 사용할 수 없다. 경험적 검증이 되지 않았기 때문이다. 이것이 완성되면 설명

모델로 사용할 수 있을 것이라는 점을 내포한다.

- 둘째, 어떠한 철학적 전통에서든지 맹점과 편파가 있다. 유교에서는 부자 관계를 최우선적으로 간주하고 있는데, 실제 발달심리학적 연구를 해 본 바에 따르면, 부자관계는 부차적이고, 모자관계가 최우선적이었다.
- 셋째, 평범한 사람들은 인의예지와 같은 기본적인 유교의 개념을 완전히 이해하지 못한다.
- 넷째, 특정한 문화에서 경쟁하는 철학과 세계관이 있을 수 있다는 점이다. 불교의 경우가 유교의 설명 대안이 될 수 있다. 이러한 점들을 토대로 유교 철학은 연구의 출발점으로서 사용될 수 있다.

4) 도덕 위반에 대한 비교문화 연구

인도인과 미국인을 대상으로 비교문화 연구를 하면, 확연한 차이가 드러난다. 다음의 두 가지 사례에 대해 인도인과 미국인에게 평가를 해보게 하면 흥미로운 결과가 나타난다.

- 사례 1: 가난한 사람이 사고로 심하게 다쳐 병원에 갔는데, 지불능력이 없다는 이유로 치료를 거부당했다.
- 사례 2: 아버지가 사망한 다음 날 장남이 이발을 하고 치킨을 먹었다.

위 사례 1, 2에 대해 미국인은 사례 1이 더 잘못이라고 평가한 반면, 인도인은 사례 2가 더 잘못이라고 평가하였다. 이렇게 상반된 평가가 나온 이유는 무엇일까? 미국인은 2에 대해서는 영향 받지 않았는데, 인도인은 사례 2에 의해 영향을 받았기 때문이다. 위 사례 2에서 인도인은 11일간 뜨거운 음식, 물고기, 육류를 금해야 하는 상황이었고, 미국인은 그럴 필요가 없기 때문이다.

5) 일본인과 미국인의 발달 현상에 대한 이해 차이

헤스의 연구에 의하면, 일본인 엄마가 자녀에게 푸성귀를 하라고 했는데, 자녀가 거부하자 "좋다. 먹을 필요 없다."라고 말하는 것으로 의도하고 행동하는데, 이 행동을 일본인 학자에게 제시하고 평가하게 하면, 이는 '강력한 위협'으로 평가하였고, 미국인 학자는 '설득의 포기'로 평가하였다. 이에 대해 아즈마(Azuma)는 이와 같은 행동이 일본에서 모자관계의 단절을 불러오는 위협 중 최고 수준이라고 설명하였다.

6) 시간의 개념에 대한 차이

시간은 누구에게나 언제나 어디에서나 동일하게 여길 수 있는 개념이라고 생각할 수 있으나 실제로는 그렇지 않음이 드러났다. 홀의 연구 결과를 중심으로 시간의 개념에 대한 문화적 차이를 살펴보면, 시간은 문화적, 사회적, 개인적 삶에서 핵심 체계인데, '시간이 치유한다.'는 말은 인도네시아에서는 수용되고, 보스니아에서는 수용되지 않았다. 이에 비해 서구인들은 단기적 사고를 하는데, 어떤 사람이 결심을 한 다음에는 뭔가가 즉시 이루어질 것이라고 마음먹는 경향이 있기 때문이다. 이에 비해 북미인은 미래지향적 관점에서 시간의 개념을 가지고 있고, 유럽인은 과거지향적 관점에서 보며, 일본인과 중국인은 장기미래지향적 관점에서 보며, 아프리카인은 미래에 대해 별다른 의미부여를 하지 않는 양상을 보였다.

Chapter 9 문화와
언어

1. 언어의 특징

인간이 아닌 다른 동물도 언어를 사용한다는 연구가 있지만 사실 인간의 언어는 단순히 자신의 생각이나 의도를 전달하고, 전달받는 의사소통만을 의미하는 것이 아니다. 인간은 다양한 의미를 상징화해서 고도로 발달시켜 언어로 만들었다. 인간 언어의 구조화 과정은 자신이나 타인의 생각이나 의도를 언어의 형태로 표상하는 사고의 기능이나, 심리학에서 말하는 언어가 인간의 마음에서 처리되는 과정, 언어가 지각되고 기억되고 산출되는 과정 등을 포함한다.

인간이 사용하는 언어는 기호와 차이가 있다.

- 첫째, 언어는 체계적(systematic)이어서 음운론, 통사론, 의미론을 가지고 있는데, 기호는 그들이 지칭하는 관습적 의미(conventional meanings)를 갖는다.
- 둘째, 언어는 일련의 임의적(arbitrary) 기호들인데, 기호는 일차적으로 음성적(vocal)이나 시각적(visual)일 수도 있다.

1) 언어의 학습적 측면

언어는 다음과 같은 학습적 측면이 있다. 첫째, 학습은 습득되거나 '얻어지는' 것이다. 둘째, 학습은 정보나 기술을 파지하는 것이다. 셋째, 파지라는 말

자체가 저장 체계, 기억, 인지구조를 함축한다. 넷째, 학습은 유기체(사람)의 내부나 외부에서 일어난 사건들에 대하여 능동적이며 의식적으로 초점을 맞추고 그 사건들에 따라서 행동하는 것이다. 다섯째, 학습은 상대적으로 영구하지만 망각하기도 쉽다. 여섯째, 학습은 일종의 강화 훈련을 포함한다. 마지막으로 학습은 행동의 변화이다.

2) 언어의 생리학적 측면

언어는 생리학적 측면과도 밀접한 관련이 있다. 첫째, 말소리 지각 능력의 생득성(innateness)이 있다. 따라서 생후 몇 일 내에 인간의 말소리에 반응하게 된다. 둘째, 모국어의 영향에 의한 말소리 지각의 재조직화(Werker & Tees, 1984, 1992)한다. 생후 초기에는 제한 없이 음소들을 지각하고, 생후 6개월이 되면 모국어에 제한된다.

2. 문화와 언어의 관계

문화와 언어의 관계를 보는 방식은 다음의 두 가지이다. 첫째, 언어가 문화에 영향을 미친다. 둘째, 언어는 문화의 표현이다. 전자와 관련하여, 사피어(Sapir)와 워프(Whorf)는 언어의 구조가 지각과 범주화에 중요한 영향을 미친다는 가설을 설정했다(Usunier, 1993). 이들에 의하면 문법구조의 현저한 차이는 지각하는 내용 상의 차이를 불러온다. 후자와 관련하여, 말하는 능력만큼은 인간에

바바리언과 언어

사람들이 다른 민족과 그들의 언어에 대해 우호적인 입장을 취하기 시작한 것은 역사상 그리 오래된 일은 아니다. 그리스인들은 다른 민족을 바바리언(barbarians)이라고 불렀는데, 그 이유는 다른 민족의 언어가 '바-바-바(bar-bar-bar)'와 같이 알아듣기 힘든 소리로 구성되어 있다고 생각해서였다. 이는 즉, 그리스인들 자신들만이 분명한 언어를 가지고 있으며 문명화되었다는 입장을 나타낸다. 이러한 그리스인들의 생각은 다른 민족에게 참기 힘든 모욕으로 다가왔을 것이다.

게 보편적이다. 그런데, 다른 문화권에서 살면 그 문화권의 언어를 배우게 되고 이러한 것을 표현하게 되므로 언어는 문화의 표현이라고 할 수 있다.

비유법의 요소도 문화 간 차이가 있다. 이집트에서는 태양을 잔인한 것으로 보기 때문에 소녀를 햇살(sunshine)에 비유하지는 않을 것이다. 대신에 그들은 소녀를 달빛(moonlight)에 비유한다. 반면 미국과 영국에서 'moonlighting'은 '밤에 하는 부업'이라는 의미로 쓰인다.

어떤 문화는 다른 문화보다 한 대상에 대한 설명을 길게 하는 경향이 있다. 또한 어떤 언어는 다른 언어에는 전혀 없는 것들이 갖고 있기도 하다. 어떤 문화특정적 단어가 고유한 뭔가를 표현할 때, 다른 언어에서도 사용된다. 예를 들어 매니지먼트(management), 컴퓨터(computer)와 같은 것이다. 영어에 있는 'cousin'과 'nephew'는 불어의 'cousin'과 'neveu'에서 차용한 것이다. 'individualism'도 이와 유사한 길을 걸었다. 13세기 경 초기 영국 사회에서 7세 내지 9세 정도의 어린이들은 확대가족에서 자라지 못하고, 다른 사람의 집에서 고된 서비스를 해야 했다(Macfarlane, 1978). 어떤 사람이 친족을 기술하는 방식은 그 자신이 그들을 어떻게 생각하느냐에 따라 밀접하게 관련되어 있다. 확대가족에서 아버지와 아버지 형제들은 모두 '아버지'라고 불렸다.

- 독일 언어는 지소형(diminutive)을 많이 사용한다. 이러한 것은 체코에서도 그렇다. 스페인에서는 이러한 것이 긍정적인 측면에서 사용되는데, 다른 곳에서는 부정적인 측면에서 사용된다.
- 영어에서는 앵글로색슨족이 사용하는 행위와 시간의 방식을 반영하여 어휘가 풍부해졌다. 영국에서 'upset'은 자기 절제에 따른 정서의 조절이라는 의미로 사용하는데, 다른 언어에서는 부정적 정서를 유발한 상태를 지칭한다.
- 독일과 스칸디나비아국가에서는 'togetherness'를 'being together' 이상의 의미를 담고 있는 것으로 사용하는데, 앵글로색슨 세계에서는 존재하지 않는다.
- 일본에서는 'computer graphics'를 사진, 드로잉, 일러스트레이션, 스케치와 같은 의미로 생각하지, graph로 생각하지는 않는다. 'animation'이라는

단어도 'comics'나 'cartoons'을 뜻하는 것으로 보았다(Miracle, Bang, Chang, 1992).

3. 문화와 제스처의 관계

몇몇 문화에서 상징적 언어는 문자 그대로의(verbal) 언어보다 중요하다. 아시아에서는 숫자를 나타내는 언어가 서구문화에서보다 중요성게 여겨진다. 이러한 맥락에서 제스처(gesture)는 단순한 행동이 아닌 '준언어'라고 볼 수 있다.

제스처는 중요한 문화적 사인이다. 러시아에서 '우정'을 뜻하는 제스처가 미국에서는 '승리'를 뜻하는 것으로 인식된다. 독일에서 눈썹을 치켜 올리는 것은 명민한 아이디어를 떠올렸을 때를 의미하는데, 영국과 네덜란드에서 이러한 제스처는 회의의 사인으로 쓰인다. 책상 위에 발을 올려놓는 것이 미국에서는 '금요일의 느낌(friday feeling)'과 같은 이완(relaxation)을 뜻하지만, 아랍에서는 매우 무례한 행동으로 인식된다. 유럽에서는 남에게 혀를 내미는 것이 경멸의 뜻을 담고 있지만, 아이들의 경우에는 다른 아이들에게 도전하는 것을 의미한다. 혀를 내미는 행위는 아시아에서는 무례함을 뜻하고, 아이들의 경우에도 마찬가지의 의미를 지닌다. 이 행위는 뉴질랜드의 마오리족의 경우 대단한 경의의 사인이다.

모리스(Morris, 1994)는 제스처의 의미에 대해 포괄적인 가이드를 제공했다. 그가 덧붙인 말은 제스처로 사인을 보내는 것은 아주 남성성을 강하게 추구하는 곳에서 일어난다.

액스텔(Axtell, 1991)은 4가지의 제스처를 연구했다. 그는 제스처를 인사, 손짓(beckoning), 욕하기, 접촉하기로 구분했다. 보편적인 의미를 지닌 것으로 잘 알려진 3가지 제스처로는 OK 사인, 엄지손가락을 들어보이기(thumbs-up), 승리를 의미하는 V 사인이 있지만 이는 실제로 문화마다 다른 의미로 사용된다. 미국의 OK 사인은 프랑스와 헝가리에서 'zero'를 뜻하고, 일본에서는 'money'를 뜻한다. 엄지손가락 들어보이기는 파일럿 간에 전 세계적으로 통용되는 것으로 알려지고 있는데, 사실은 그렇지 않다. V 사인은 손바닥과 손가락이 밖으로 향해지면 영어권에서는 승리를 상징하는데, 안쪽으로 향해지면 '뒈져라(up yours)'를 의미한다.

근접학(Proxemics)은 문화적 인공물, 조직체계, 의사소통체계로서 사람들이 공간을 사용하는 것에 대해 연구하는 것인데, 사람들 간에 얼마나 가까이 있기를 원하거나 접촉하려고 하는가를 연구한다. 북유럽 사람들은 다른 사람들과 가까이 있는 것을 좋아하지 않는다. 엘리베이터 안이 협소할 경우, 프랑스 사람들은 그 자리에 그대로 있으려고 하는 데 비해, 영국인들은 서로 간의 공간을 서둘러 늘리려고 한다. 홀(Hall, 1969)도 이러한 연구 경향을 따르는데, 미국에서 사람들은 2~3명이 대화할 때 보이지는 않지만 서로가 수용하는 거리를 두고 있는 경향을 발견했다.

이때 떨어진 거리는 각자의 사적 공간의 의미를 띠고 있다. 홀(Hall)은 미국인들과 영국인들이 보이는 거리의 차이는 프라이버시를 위한 건축적 측면과 공간적 욕구 측면이 작용하는 차이라고 볼 수 있다. 프랑스나 스페인에서 개인이 혼자 있는 것은 타인에 대한 모욕으로 간주된다. 앵글로색슨족은 혼자 있고 싶으면 문을 걸어 잠갔지만, 프랑스나 스페인에서는 그렇게 하지 않았다.

사제 간 관계도 문화마다 차이가 있다. 스페인에서는 교수와 제자가 학교밖에서 어울려 술을 마시고, 춤도 추고, 접촉도 한다. 하지만 미국에서 이렇게 할 경우 교수는 성희롱으로 고발당할 수도 있다. 아랍권에서는 이러한 행위를 더욱 강하게 거부한다.

미국의 가정은 구성원 간에 공간상 별도로 구분되어 있기 때문에 아이들은 별도의 생활을 하게 되어 있다. 그 이유는 미디어 이용 생활과 관련이 있는데, 이들은 TV를 집합적으로 모여서 시청하지 않기 때문이다.

공간에 대해 서구적 의미는 '객관적인 공간'인데, 인도 문화에서는 그렇지 않다. 인도에서는 화자는 청자의 입장이 아닌 자신의 입장에서 늘 말하기 때문에 상대에게 길을 안내할 수 없다(Roland, 1988).

4. 문화적응과 언어

1,000명의 언어학자를 대상으로 세계에서 번역하기 가장 까다로운 단어를 조사한 결과, 콩고의 'liunga'라는 단어가 뽑혔다. 'liunga'란 '어떤 공격을 당했을 때 처음에는 용서하고, 두 번째에도 인내하지만, 세 번째에는 절대 용납하지 않는 사람'이라는 의미이다. 해당 조사의 관계자는 "사전을 찾아보면 곧장 의미를 알 수 있다 해도, 이들 단어는 그 단어를 사용하는 이들의 문화적 경험에 바탕을 둔 독특한 의미를 내포하기 때문에 번역하기가 쉽지 않다."고 덧붙였다(한국일보, 2004. 06. 24).

이것과 비슷한 예로 전라도에서 사용하는 '거시기'라는 단어를 들 수 있다. '거시기'는 대화 중 '이것' 혹은 '저것'과 같은 지시대명사 대신 사용된다. 이 단어의 진정한 의미를 알기 위해서는 대화의 당사자가 되어 대화 전체의 맥락을 알아야 한다. 이처럼 단어는 매우 다양한 의미로 사용된다. 단어가 지칭하는 것이나 의미가 변화무쌍한 것들이 문화마다 고유하게 존재하는 경우가 적지 않다.

1) 이중언어구사자

외부 문화권에 대한 접촉 경험이 없어도 모국어가 아닌 다른 외국어를 구사할 수는 있다. 하지만 대체로 외국 문화에 대한 접촉 경험을 통해 외국어를 학습하고 구사하게 된다. 특히, 외국어를 모국어 수준으로 잘하기 위해서는 해당 외국 문화를 접촉해야 하는 경우가 대부분이다. 따라서 원 문화를 떠나 다른 문화에서 살아가는 이주민이나 체류자 등의 경우 이러한 이중언어구사가 가능하다.

특히 청소년이 어른보다 제2외국어를 더 잘 배운다(Singleton, 1989). 청소년의 경우에는 새로운 언어의 음운학적 체계와 문법 체계를 획득하는 데 이점이 있다. 또한 해당 언어에 해당되는 문화를 상대적으로 쉽게 받아들일 수 있다. 연구의 결과가 다소 비일관되기는 하지만, 대체로 이중언어구사자는 단일 언어구사자에 비해 상대적으로 인지 수행성과가 더 나은 편으로 드러났다(Mohanty & Das, 1987). 다른 나라로 이주를 한 이중언어구사자는 해당 문화에 적응하는 데에도 매우 유리한 측면을 보인다(Berry, 1980).

2) 언어 사회화와 아동 언어의 개인차

최근의 연구를 통해 볼 때, 아동의 언어는 해당 사회의 영향을 받는다. 골드필드(Goldfield)와 쇼(Show)의 연구에서 아동들 간 언어의 개인차가 있음이 확인되었다(Goldfield & Show, 1993). 이러한 연구결과는 비교문화심리학적 연구를 통해 드러나며 아동의 참조 중심 스타일이나 표현 중심 스타일로 나타났다. 참조 중심 스타일의 아동은 공통 명사들을 주로 사용하고, 표현 중심 스타일의 아동은 개인적–사회적 단어들, 적절한 이름, 행동 단어, 통상적인 사회적 표현들을 사용한다.

2) 농경사회에서의 언어

현재는 농경사회라고 단정하기 어렵지만 수십 년 전만 해도 우리나라는 농경사회로서 농경문화의식(분석하기보다 종합하는 시각), 자연의식(인공적인 것보다 자연스러운 것을 선호하는 시각), 무작위의식(서양의 '하다'를 사용하기

동서양의 언어 교육의 차이

동서양의 언어 교육에서 뚜렷한 특징 차이가 드러났다. 동사는 영어와 기타 유럽 언어에서보다 동양의 언어에서 지각적으로 더 두드러진다. 한국, 중국, 일본의 언어에서는 동사는 문장의 맨 앞이나 마지막에 있는데 비해, 미국 언어에서는 동사는 문장의 중간에 온다. 서양의 부모들은 아이에게 명사 가르치기를 중시하는데, 동양에서는 그렇지 않다. 서양의 부모들은 아동들에게 공통의 특성을 가진 사물들을 범주화하는 것에 더 집중한다. 이에 비해 동양의 어린이들은 훨씬 늦은 나이에 범주화를 배운다.

동양과 서양에서의 언어 교육의 핵심적 차이는, 동양의 언어는 주로 '맥락'에 의존한다. 하지만 서양의 경우는 '대상'에 의존하는데, 서양에서 행위의 주체는 자기 자신이다. 하지만 동양에서는 이것이 두드러지지 않고, '나(I)'는 잘 드러나지 않고 생략된다.

보다 동양의 '되다'를 사용하는 시각)이 반영된 말을 많이 사용했다. 예를 들어 '그 차가 색깔이 마음에 꼭 들어 나는 좋다.'라는 문장처럼 2개 이상의 주어를 사용한 대상이 불특정한 문법구조를 가끔 사용하는 경우가 있었다. 또한 '서 교수는 내일 북경에 학술회의에 참석하러 간다.'와 같이 과거와 미래가 현재 속에 공존하는 문법을 사용하기도 했다. '접시를 깨뜨리시었겠더군요.'라는 문 장에서 깨(1), 뜨리(2), 시(3), 었(4), 겠(5), 더(6), 군(7), 요(8)의 1은 어근, 2는 접사, 3은 높임말이다. 4, 5, 6은 시간을 나타내는 토들, 7, 8은 감탄의 의미로, 문장의 종결로 기능하는 술어 중심의 단원 구조를 보인다.

4) 아는 사람에 대한 호칭

우리가 어떤 사람을 알게 되거나 관계하게 되면, 그 사람을 어떠한 호칭으로 부르면서 대화하게 된다. 이 경우 한 사람에 대한 호칭을 단일하거나 고정된 것이 아닌, 여러 가지 호칭을 혼용하는 경우가 있다. 예를 들어, 대학교에서 교수가 신입생을 맞이하게 되면, '김철수(청자의 고유한 성과 이름)'라고 부르 다가, '철수(청자의 고유한 이름)야'라고 부를 수 있다.

비고츠키의 언어 구분

구소련의 심리학자 비고츠키는 언어의 종류를 외적 언어와 자아중심적 언어의 두 가지로 구분하 였다. 그 내용을 살펴보면 다음과 같다.

1. 외적 언어
   외적 언어(external language)는 내적 언어의 반대 개념으로, 외적 언어를 들음으로써 그 내용 에 대해 사고하는 기능을 보인다. 그리고 외적 언어는 외부로부터 생각이 오며, 사고는 언어에 의해 방향성을 지닌다.

2. 자아중심적 언어
   사고하기 위해 외적 언어를 들을 필요는 없으나 자신에게 말함으로써 사고를 할 수 있다. 자아 중심적 언어(ego centering language)가 중요한 이유는 자아 중심적 언어가 잘 발달되어 있어 야 외적 언어에서 내적 언어로 발달하는 것이 가능하게 되기 때문이다. 비고츠키의 이론을 적용 한 TV 프로그램의 예로 〈텔레토비〉가 있다.

가족관계에서도 결혼 전에는 이름이나 아명으로 부르지만 결혼 후에는 손자 혹은 증손자일 경의 이름(청자의 고유한 이름), 아비, 아범, ○○아(아범)이라고 부르고, 손녀 혹은 증손녀일 경우 이름(청자의 고유한 이름), 어멈, ○○어미(어멈)이라고 부르는데 두 경우 모두 자녀처럼 호칭하면 된다.

이렇게 다양한 호칭은 우리 문화가 가진 독특한 대인관계에서 발생한 것이라고 볼 수 있다. 미국에서는 대체로 해당 개인의 이름을 부르는 경우가 다반사이고, 이러한 호칭은 처음 만나거나 관계를 맺은 이후 비교적 고정적으로 유지되는데, 우리 문화에서는 그렇지 않다.

5. 언어와 사고

언어와 사고의 관계에 대해서는 다양한 이론이 제시되어 왔다. 먼저, 피아제의 인지결정론은 언어는 사고에 근거하며 사고에 의해 결정된다고 제시했다. 둘째, 워프(Whorf)의 언어결정론을 제시했다. 이 언어결정론은, 사고는 언어에 근거하며 언어에 의해 결정된다는 것을 의미한다. 비고츠키(Vygotsky)는 사고는 처음에는 언어보다 선행하지만 나중에는 언어에 영향을 받는다고 주장했다. 언어학자인 촘스키(Chomsky)는 언어와 사고는 독립적이지만 서로 관련되어 있는 능력이다. 그리고 사피어-워프 가설(Sapir-Whorf hypothesis)이 가장 최근에 제시되었는데, 이들은 "언어가 인간이 생각하는 바를 나타내고 전달할 뿐 아니라 인간의 생각을 구체화시킨다."라고 보았다. 언어와 사고와 문화는 상호 관련을 맺고 있는 3자일체의 관계이다.

Chapter **10**　문화와
자기

1. 자기의 정의

'자기(自己)'의 개념에 대한 관심은 오래전부터 있어 왔지만, 본격적인 연구
는 1980년대 이후부터 이루어졌다. 한국의 경우에는 이보다 약 10여 년 정도
늦은 시점부터 활발한 연구가 이루어졌다. 자기에 대한 관심을 갖는 분야는 성
격심리학에 국한되지 않고 임상심리학, 상담심리학, 나아가 정신의학까지 매
우 폭이 넓다.

자기에 대한 개념 정의는 오랫동안 여러 학자들에 의해 다양하게 이루어졌다.
미국 심리학의 초창기부터 이러한 작업이 이루어졌는데, 미국 심리학의 아버지
로 불리는 제임스(James)는 《심리학의 원리(The Principles of Psychology)》에
서 자기를 '의식적·정서적인 체험 대상'이라고 말하면서 객관적 탐구의 대상으
로 규정했다. 이 정의는 자기의 인지적·정서적 경험에 초점을 둔 것이라고 볼
수 있다. 그리고 그는 자기의 구성 요소를 물적 자기(material self), 사회적 자기
(social self), 정신적 자기(spiritual self)로 구분하였다. 여기서 물적 자기란 자
기의 신체와 집, 옷 등의 것을 말하는 것으로 이러한 것이 자기의 속성을 드러내
준다고 보았다. 사회적 자기란 다른 사람과 접촉하면서 그들이 자신의 인상을
어떻게 평가하는가를 어떤 형태로든 영향을 받게 된다. 정신적 자기는 개인이
가지고 있는 성격이나 정서 등의 주관적 속성을 말한다.

　미드(Mead)는 자기의 반성적·사회적 측면을 강조했다. 이러한 견해는 제임스가 정의한 것보다는 사회적 측면과 비주관적 측면을 강조했다는 점에서 '자기'의 개념이 진일보했다고 볼 수 있다. 그에 의하면 이들 3개 요소 중 가장 중요한 것은 정신적 자기이다. 왜냐하면 그가 이 영역을 사회문화적 자기로 변환시켜 심리학을 형이상학과 구분하려는 생각을 가지고 있었기 때문에 이러한 강조를 한 것이다.

　융(Jung)과 올포트(Allport)는 학문적으로 동일한 입장을 나타내지는 않았지만, 둘 다 인본주의적 색채를 띤 자기를 강조하였다. 이들은 인본주의자는 아니었지만 '자기'라는 속성을 바라보는 관점에서 인본주의적 측면이 강하게 자리잡고 있었다고 할 수 있다.

　자타공인 인본주의자로 알려진 로저스(Rogers)와 매슬로우(Maslow)는 '자기'의 개념을 부활시켰고, '자기'의 수용과 실현을 중시하였다. 이러한 것은 융과 올포트가 인본주의적 속성을 가진 자기라는 개념을 정의한 것보다는 더 강하고 전반적인 자기의 모습에 인본주의적 속성을 강조한 것이라고 볼 수 있다.

　인본주의가 강조되던 시대 이후 등장한 사회인지적 측면에서는 '자기'가 정보처리에 미치는 영향에 관심을 가진다. 이러한 것은 자기를 통해 각 개인이 새로운 상황에 직면하여 정보를 처리한다는 점을 의미하는 것으로서 자기의 역할과 기능이 확대된 것이라고 볼 수 있다.

최근에는 마르쿠스(Markus)와 워프(Wurf)가 '개인이 갖고 있는 내면적·외현적 특성 그 자체와 그에 대한 관념을 포함한 것으로서 영속성과 일시성을 모두 지니고 있는 보다 역동적인 것'이라고 정의했다.

이상에서 살펴보았듯 자기에 대한 정의는 학자와 시대마다 다르다. 따라서 앞으로도 새로운 학자가 자기에 대해 관심을 가지고 정의를 시도한다면 새로운 정의가 생길 수도 있다. 하지만 그동안의 자기에 대한 정의를 종합하여 일반적으로 정의한다면, 자기는 '자신을 지각하고 경험하는 방식'이라고 말할 수 있다.

이러한 자기 개념은 자아(ego) 개념과 혼동되어 혼용되는 경우가 매우 많다. 하지만 이들 개념은 뿌리부터가 다른 것으로 개념도 확연히 다르다. 자아 개념은 프로이트가 제시한 성격이론의 한 요소로서 현실 원칙에 따라 행동하는 특성을 보이는 것으로 이보다 폭넓게 사용되는 자기의 개념과는 다른 개념이다.

2. 자기의 이해와 수용의 중요성

누군가 내게 "당신은 누구십니까?"라고 질문한다면 쉽게 대답할 수 있을까? "저는 ○○○입니다."라고 이름 석 자를 댈 수는 있겠지만, 이름 외의 측면에서 내가 무엇이라고 딱 잘라 대답하기는 쉽지 않다. 이러한 대답이 쉽지 않은 이유는 '자기(自己)'에 대해 관심을 가지고, 관찰하고, 분석하고, 이해하고, 규정하고, 수용하려는 노력이 적절히 이루어지지 않아서이다. 특히 심리적으로 정상이 아닌 사람의 경우, 그렇지 않은 사람에 비해 '자기'에 대해 답하기를 어려워하거나, 답한다고 하더라도 부정적인 관점을 포함할 가능성이 크다. '자기'에 대한 이해와 수용은 중요한 문제이다.

이러한 중요성은 특히 '자기'의 기능 측면에서 좀 더 확실해진다.

- 첫째, '자기'는 사람들의 경험 세계의 주된 부분이다. 사람들이 세상을 살아가면서 경험하는 내용들은 '자기'와 대부분 관련된다. 예를 들어, 어떤 사람

이 평소와 다르게 군대에 가서 어려운 훈련을 잘해냈다면 그 사람은 '나는 이런 어려움도 잘 극복한 사람이다.'라는 '자기'의 모습을 가질 수 있다.

- 둘째, '자기'는 세상을 해석하는 양식을 반영한다. 마르쿠스(Markus, 1977)는 스스로를 독립심이 높은 사람과 의존심이 강한 사람 중 어느 쪽에도 속하지 않는 불분명한 사람으로 구분하여 그와 관련한 여러 단어를 제시했는데, 자신의 특성과 유사한 단어들에 대해 더 빨리 반응하고, 유사하지 않은 단어에 대해 더 늦은 반응을 보였다. 이것은 자기가 세상의 해석 기준이라고 볼 수 있는 것이다. 사람들은 대부분 자신을 중심으로 세상을 이해하는 자기중심주의를 갖는다. 따라서 어떤 선량한 사람이 어딘가에서 다른 사람에게 사기를 쳐서 피해를 주었다는 기사를 보면 '왜 저렇게 남에게 피해를 주고 사나, 남에게 피해를 주지 않고도 자신이 노력하면 충분히 잘살 수 있을 텐데.'와 같은 생각을 할 수 있다. 이러한 생각은 세상의 여러 현상을 해석하는 데 있어서 '자기'가 기준이 될 수 있음을 보여준다.

- 셋째, '자기'는 다양한 기능들에 통일성을 부여한다. 사람들은 출생부터 사망까지 다양한 행동과 생각을 하며 살아간다. 때로는 상반된 행동을 하기도 하고, 때로는 동일한 행동을 하기도 하고 때로는 생각과 다른 행동을 하기도 한다. 사람은 자신이 생각하고 행동하는 다양한 자기의 모습에 대해 '나는 어떤 사람이니까 이럴 때는 이렇게 행동하고, 저럴 때는 저렇게 행동하지.'와 같은 방식으로 자신의 모습에 대해 통일성을 부여한다. 만약 이렇게 하지 못한다면 자신의 여러 모습들에 대해 분열적인 상태로 인식하게 된다. 이러한 점을 그린월드(Greenwald, 1980)는, 사람들이 모순된 행동을 했다고 하더라도 일관된 행위만을 기억하고 그 이외의 것을 재편집함으로써 자신이 설정한 통합된 자기의 모습을 유지해나간다고 보았다.

현재 미국의 심리학 분야에서 가장 활발히 연구되는 주제 중에 하나가 'self'이며, 미국의 심리학을 'Self Psychology'라고 부르기도 한다. 이러한 경향은 미국뿐만 아니라 다른 나라에서도 유사하게 드러나고 있다. 한국의 경우도 예외가 아니어서 'self'와 관련된 다양한 연구가 진행되고 있다. 여기에 해당되는 연구의 핵심 개념은 'self-monitoring', 'self-assertiveness', 'self-esteem', 'self-efficacy' 등이 있다.

3. 문화적 관점에서의 자기

자기에 대한 개념을 보편적 시각에서 정의한 것들을 살펴보면 과연 이 개념이 보편적으로 타당할 수 있는가에 대해 문제를 제기할 수 있다. 즉, '당신은 누구십니까?' 혹은 '당신 자신에 대해서 말해보시오.'라는 질문에 어느 문화권의 사람이냐에 따라 다른 답을 할 가능성이 있고, 한 문화권의 사람들은 대체로 동일한 답을 할 가능성이 있다는 점에서 이러한 문제가 제기된다. 즉, '당신은 누구십니까?'와 같은 질문에 미국과 캐나다인은 주로 성격 형용사(친절하다, 근면하다)를 사용하거나 자신의 행동(예: 나는 캠핑을 자주한다.)을 서술하였다.

하지만, 중국, 한국, 일본인은 자신이 속해 있는 사회적 맥락을 동원하여 대답하거나(예: 나는 친구들과 노는 것을 좋아한다, 나는 직장에서 아주 열심히 일한다.) 자신의 사회적 역할에 대해 많이 언급하였다. 일본인은 맥락을 제시해주지 않은 채로 자신을 기술하게 하면 어려워하지만, 맥락을 제시하면(예: 친구와 같이 있는 상황) 아주 능숙하게 기술하였다. 특히, 일본인은 자신을 기술할 때 다른 사람을 언급하는 정도가 미국인보다 2배 높았다. 이 연구에서 서양 문화권을 대표하는 미국과 캐나다와 동양 문화권을 대표하는 한국, 중국, 일본인이 정반대의 상이한 응답을 했다는 것이고, 이러한 점은 이 연구에 포함시키지 않았던 다른 문화권의 사람들이 다른 반응을 보일 가능성이 있음을 보여준다.

1) 개인주의 – 집단주의와 자기

문화에 따라 상이하게 나타나는 인간의 사회적 행동을 설명하는 틀로서 '개인주의-집단주의' 도식은 여러 분야에 걸쳐 많은 연구들을 촉진시킨 기폭제의 역할을 하였다. 그러나 위의 연구에서도 볼 수 있듯이 '개인주의-집단주의' 도식은 문화의 복합성을 지나치게 포괄적인 개념으로 단순하게 처리하는 오류를 범하기도 하였다.

개인과 집단의 '관계'는 인간 삶의 필수적인 구성 요소로서 어느 사회에나 존재하는 현상이다. 집단 없이 개인만 존재하거나 개인 없이 집단만 존재하는 사회란 있을 수 없다. 다만, 개인과 집단의 관계 맺음 양상이 사회나 문화에 따라 다르게 나타날 뿐이다. 즉, 개인이 지각하는 집단의 속성이나 개인이 중요한 의미를 부여하는 집단의 유형, 혹은 개인에게 부과되는 집단의 강제력이나 집단 내의 개인행동을 조율하는 집단 규범 등이 사회나 문화에 따라 다를 뿐이다. '개인주의-집단주의' 도식은 바로 이러한 개인과 집단의 관계를 설명하는 유용한 개념 틀이라 할 수 있다. 그런데, 개인과 집단의 관계는 항구불변적인 것이 아니라 동일 문화권 안에서도 시대에 따라 다른 양상을 보일 수 있으며, 상황의 변화에 따라 동일 시대, 동일 문화권 안에서도 다르게 나타날 수 있다. 따라서 개인주의 문화권에 사는 사람들도 상황에 따라 얼마든지 집단주의적으로 행동할 수 있으며, 집단주의 문화권에 사는 사람들도 집단으로부터 분리된 상태에서 자신의 독자성과 고유성을 얼마든지 지각할 수 있는 것이다.

집단주의 문화권의 개인들도 타인이나 집단으로부터 분리된 고유한 자기 개념을 가질 수 있기 때문에 집단주의 문화권에서도 자기고양이라는 현상이 나타날 가능성을 완전히 배제할 수 없다. 특히, 자기고양이란 결과가 명백히 드러나지 않았거나 평가의 기준이 분명하지 않은 상황에서 일반적으로 나타나는 과장된 자기평가라는 점을 고려할 때 그 가능성은 더욱 높아질 수 있다. 즉, 평가의 초점이 타인이나 집단과의 관계가 아닌 자기 자신에게 맞추어질 경우에 집단주의 문화권의 개인들도 자기고양적으로 행동할 수 있는 것이다.

한국은 집단주의 문화권으로 분류되지만, 우리들의 일상적인 경험이나 한국인들이 오랫동안 사용해온 언어적 표현들에는 자기고양 경향을 반영하는 내용들이 많이 포함되어 있다. 예를 들어, '정신일도 하사불성(精神一到 何事不成)'이라는 표현은 마음만 먹으면 어떤 일이라도 가능하다는 발상으로 자기고양의 중요한 특성 중의 하나인 '비현실적으로 긍정적인 자기 평가'와 유사한 것이라 할 수 있다. 그런가 하면, 한국인들은 배짱과 용기가 필요한 상황에서 '태산이 높다 하되 하늘 아래 뫼이로다.'라는 표현을 즐겨 사용한다. 실제로도 한국인은 서구의 산악인들이 놀랄 정도의 짧은 기간 동안 세계의 고산준령을 정복함으로써 불굴의 용기를 행동으로 보여주기도 하였다. 이러한 정신은 한국인이 즐겨 사용하는 '불가능을 가능으로 전환하는 불굴의 도전 정신'이라든가, '안 되면 되게 하라.'는 다소 무모하기까지 한 일상적인 표현에도 그대로 담겨 있다. 한국동란의 폐허로부터 한강의 기적이라는 급속한 경제성장을 이룩할 수 있었던 것도 어쩌면 이처럼 강인하고 무한한 가능성에 대한 희망이 한국인의 내면에 깔려 있었기 때문인지도 모른다.

이러한 점은 국내의 광고 기획사에서 1997년 5월 6일에서 12일에 걸쳐 4,000명의 한국인을 대상으로 라이프 스타일을 조사한 결과에도 잘 반영되어 있다(제일기획 마케팅연구소, 1998). 1997년 12월에 한국이 IMF 구제금융 지원을 받기로 결정했다는 점을 고려하면, 그해 5월 무렵에 한국은 극심한 경제난을 경험하는 중이었다. 그런데, 그렇게 어려운 시기를 경험하고 있으면서도 조사 대상자의 67%가 1년 후에는 자신의 살림살이가 나아질 것이라고 응답한 것으로 나타나고 있다. 더구나 조사 대상자의 과반수 이상이 한국 사회를 대단히 부정적으로 지각(정당한 노력만으로는 성공하기 힘들다-75%, 법과 질서를 지키는 사람이 손해를 보게 되어 있다-78%)하고 있음에도 불구하고 자신의 미래를 긍정적으로 예상했다는 점이야 말로 자기고양 편파의 비현실적 낙관성을 반영한 것으로 해석할 수 있을 것이다. 이 외에도 한국인에게서는 '허세'라는 독특한 방어기제가 나타난다는 연구(박영숙, 1990)와 한국인들은 남 앞에서 우쭐대는 자기 과시적인 행동을 많이 한다는 연구(최상진, 박정열, 이장주, 1997) 결과 역시 한국인의 자기고양 편파 경향을 시사하는 것으로 볼 수 있다.

어떤 문화에서 빈번하게 나타나는 행동 양식들은 대체로 그 문화의 구성원들이 공유하고 있는 사회적 관행이다. 또한 한 개인이 특정한 사회문화적 맥락에서 적응적으로 기능하기 위해서는 자신이 속한 문화의 가치체계와 다양한 사회적 관행을 숙지해야 한다는 점을 고려하면, 한국인에게서 자기고양 경향이 나타날 것이라고 가정할 수 있을 것이다. 본 연구는 자기고양을 측정하는 도구를 제작하여 한국인들의 자기고양 정도와 심리적 적응과의 관계를 알아보고자 하였다. 또한 개인주의 문화권에 속하는 나라와의 비교과정을 통해 자기고양과 심리적 적응의 관계에 대한 이해의 폭을 넓히고자 하였다.

2) 인간관계와 자기

인간관계의 지배규칙은 어느 문화권에서나 동일한 것은 아니다. 동양인의 경우에는 특수한(particular) 관계를 지배규칙으로 하지만, 서양인의 경우에는 보편적(universal) 관계를 지배규칙으로 한다. 예를 들어, 고마움의 표시를 할 때 동양인의 경우 각자의 마땅한 역할을 해야 한다고 보아 고맙다는 인사를 별로 하지 않지만, 서양인의 경우 특히, 미국과 유럽에서는 예를 들어 '세차해 줘서 고마워.' 하는 등의 말로 고마움을 표시한다.

그리고 사회의 맥락성에서도 동양인과 서양인은 차이를 보인다. 동양인의 경우는 고맥락(high context) 사회에서 살고 있기 때문에 개인은 인간관계 맥락에 따라야 하는 유동적 존재의 특징을 보인다. 하지만 서양인의 경우에는 저맥락(low context) 사회에서 살고 있기 때문에 개인은 인간관계의 맥락보다는 보편성에 따라 행동하는 존재의 특징을 보인다.

따라서 인간관계 측면에서 보면, 동양인은 조화를 매우 중요시하여 이를 따르지만, 서양인은 조화를 그리 중요시하지 않기 때문에 이에 따르지 않는 경우가 많다.

3) 언어적 측면과 자기

언어적 측면에서도 동양인과 서양인은 자신을 표현하는 측면에서 차이를 보인다. 예를 들어, 동양인의 경우에는 '개인주의(individualism)'라는 단어에 대해 정확하게 번역할 수 있는 부합하는 단어가 없다. 특히, 중국에서는 그러해서 '개인주의'를 '이기적'이라는 뉘앙스가 큰 것으로 받아들이는 경향이 크다. 하지만 서양인의 경우에는 개인주의를 자신들이 만들어서 사용했기 때문에 이 개념에 익숙하고, 특별히 '이기적'이라는 뉘앙스를 부여하지 않는다. 따라서 한국인들의 경우에도 중국인들처럼 '개인주의'라는 단어를 '이기주의(egoism)'로 인식하고 이 두 단어를 혼용하는 경우도 많다.

이러한 개인주의와 관련된 또 다른 한 예로 '나'에 대한 단어의 사용을 들 수 있다. 동양인의 경우에는 특히, 일본에서는 1인칭 주어를 자주 생략하며 '나'에 해당되는 단어를 맥락에 따라 다르게 사용한다. 예를 들어 여자는 공식 석상에서 와타시(わたし)를, 남자는 동료에게 보쿠(ぼく)나 오레(おれ)를, 흔히 자신을 지분(じぶん)이라고 한다. 하지만 서양인의 경우에는 언제나 '나'를 'I'로 표현한다.

이러한 것을 잘 보여주는 연구는 마르쿠스(Markus)와 키타야마(Kitayama)의 독립적 자기관 문화와 상호의존적 자기관 문화의 차이이다. 이들은 자기에 대해 집단으로부터 독립된 문화를 독립적 자기관 문화라고 보았고, 이 문화권의 사람들은 삶의 궁극적인 목표를 개인이 초월적 윤리의식을 확고히 가지고 자기를 실현하는 것을 추구하는 것이라고 규정했다. 이에 비해 상호의존적 자기관 문화는 자기가 집단 속의 다른 사람들과 상호의존적 관계를 가지면서 다른 사람들과의 원만한 관계 속에서 자신에게 부과된 역할을 충실히 하고, 이를 위해 자기통제성을 강하게 발휘하는 특징을 삶의 궁극적인 목표로 한다.

4) 한국문화와 자기

다소간의 차이는 있겠지만, 어느 민족이건 각기 자기들 방식의 고유한 삶의 양식을 가지고 있다. 중국인이 서구의 어느 나라에 거처하든, 또한 아무리 오래 그 곳에서 생활하든 그 중국인이 지금도 중국인이며, 또한 그럴 수밖에 없는 것은 단순히 중국적 피부색이나 중국적 체구 때문만은 아니다. 중국인에게 자신이 중국인이라는 자기 정체감을 느끼게 하고, 각성 내지 확인시켜 주며,

동시에 외국인에게 중국사람이 중국사람으로 비춰지게 만드는 중국적(中國的) 단서는 체질을 포함한 생물학적 중국단서 이외에도 언어, 생활양식(예: 음식, 주거, 풍습 등), 사고방식(예: 의식구조, 가치관 등) 등 다양한 측면에서 찾아볼 수 있다.

그동안 각 민족이 가지고 있는 중요하고도 고유한 특성이 어떤 것인가를 밝혀보려는 노력이 역사학, 인류학, 민속학, 언어학 등 다양한 분야에서 이루어져 왔다. 그러나 이와 같은 민족의 고유한 특성 확인과 관련하여 지금까지 비교적 연구의 손길이 덜 뻗혀진 분야 즉 미개척된 분야의 하나는 각 민족의 고유한 심리적 동질성 즉 민족의 심리적 자기정체성 및 정체감 분야이다.

민족적 자기(민족적 자기정체성 및 정체감)가 무엇이며, 왜 이러한 질문이 최근 들어 중요하게 부상되는가의 문제를 간략히 검토해보자. 지금까지 역사학, 인류학에서의 관심사가 주로 각 민족이 독특하게 살아온 방식에 있었다면, 심리학에서의 병렬적 관심사는 각 민족이 고유하게 경험하는 방식을 밝혀보는 데 있다. 만일 한국민족이 서로 공유하면서 동시에 타민족과는 서로 다른 즉 민족특수적 경험내용이나 경험양식이 있다면, 한국민족의 심리적 자기정체성은 정당하게 가정될 수 있으며, 더 나아가 그러한 경험내용 및 양식을 한국인 스스로가 의식(aware)하며 확인(recognize)할 수 있고 동시에 이를 한국인의 고유한 특성이라고 믿고 있다(believe)고 한다면, 한국인은 심리적 자기정체감을 가지고 있다고 전제할 수 있다.

그러면 각 민족마다 고유한 민족적 자기 즉 민족적 자기성과 정체감을 가지고 있다고 볼 수 있을까? 결론부터 얘기하면, 오늘의 학문적(사회 및 인문과학, 예술 및 문학에서의) 시대정신은 민족적 자기를 실재(實在)하는 현상으로 가정하고 동시에 이를 있는 그대로 사실화(寫實化)하며, 더 나아가 이를 민족의 실존적 뿌리와 맞물리게 하려는 움직임으로까지 동기화되어 다방면(학문, 예술, 문학, 정치 및 문화 등)에서 외현화되고 있다. 이러한 시대정신의 기운과 구체화의 정신가치적 배경은 소위 포스트모더니즘 정신으로 요약되고 있으며, 역환적으로 포스트모더니즘 운동은 민족적 자기를 표현하고(예술, 문학분야에서 민족적 자기고유성을 작품을 통해 내·외재화 시키는 것처럼), 민족적 자기를 발견·기술(記述) 또는 구상화(具象化)하려는(한국인의 의식구조, 가치관을 사회과학, 인문학 분야에서 연구하는 경우에서처럼) 활동을 보촉(補促)시키는 데 기여하고 있다.

한국인을 한국인으로 아니면 한국인답게 만드는 한국적 경험의 방식(Korean way of experiencing)이 있다면, 그것은 느낌이나 감정의 형태로, 지각·인지·사고방식의 양식으로, 또는 행동의 차원에서 나타날 수 있다. 또한 그것이 표출·외현화되는 통로로는 일차적으로 한국인의 대물(對物)·대인(對人)적 일상체험과 활동을 들 수 있으며, 보다 특수─전문화된 통로로는 예술, 문학, 종교, 민속 등을 들 수 있다.

'한국인 그들은 누구인가?'라는 연구 질문으로 수렴될 수 있는 한국인의 심리적 자기에 관계된 연구들은 그동안 한국인의 의식구조, 한국인의 가치관, 한국인의 사고방식 등의 연구명칭을 가지고 국문학(예: 이어령, 김열규 등의 한국인 연구), 인류학(예: 이규태, 한상복의 연구), 심리학(예: 윤태림, 차재호, 김재은, 최상진의 연구), 철학(예: 김태길의 연구) 분야를 중심으로 간헐적으로 발표되어 왔다.

이들 연구는 모두 한국인의 자기정체성을 밝혀보려는 동기에서 이루어졌으며, 그 연구의 깊이나 이론적 체계화의 정도 문제를 떠나서 평가할 때 이들은 모두 한국인의 자기정체성 이해에 징검다리와 같은 기여를 했다고 생각해볼 수 있다. 즉 이들 연구들에서 한국인의 심리적 특성으로 제시하고 있는 개념들 (예: 恨, 情, 體面 등)은 마치 징검다리 돌처럼 각기 그 독립적 중요성을 가지면서 한국인의 심리적 특성의 기초요소들을 노출시키고 있을 뿐만 아니라, 집합적으로는 한국인의 자기와 게슈탈트(Gestalt)를 형성하는 관련 망 속에서의 하위요소로 한국인의 경험체계에 작용하고 있다고 볼 수 있다.

그러나 이들 연구들은 아직도 자신들이 연구하는 또는 제시한 한국인의 심리적 특성개념들을 심리학이라는 학문적 수준으로 끌어올려 개념화하는 단계에는 이르지 못하고 있다. 따라서 이들 연구들은 한국인의 한(恨)이 또는 정

(情)이 어떤 심리적 현상인가를 밝히는 일보다는, 한국인이 한(恨)과 정(情)이 많다는 것을 간접적 증거제시를 통해 설득(說得)하는 일에 더 큰 관심과 정열을 쏟고 있다. 그러나 이제 앞으로 해야 할 일은 한국인이 한(恨)이 많다는 주장만 반복하는 일보다 한국인의 한(恨)이 과연 어떤 심리적 현상이며, 어떻게 정의될 수 있는 심리학적 개념인가를 간접적이 아닌 직접적 근거자료를 통해 밝히고, 다음 단계로 과연 그러한 특성이 한국인에게 보편적으로 편재하고 있는가를 객관적으로 검증하는 일이다.

이러한 개념별 분석연구가 이루어지면 다음 단계로는 이들 하위개념 간 관계성을 상위적 차원에서 추상화하고 그 관계성을 정밀화하는 이론적 체제를 설정하고 검증하는 일이다. 물론 이처럼 요소별 연구에서 전체적 체계로 연구가 발전하는 것이 논리적 순서이기는 하나, 전체를 조망하는 과정에서 요소의 성격이 규정되는 경우도 많다는 점에서 상반되는 순서 절차가 순환적으로 병행되는 것이 바람직하다.

4. 동서양의 자기 개념

1) 독특성 평가

동양인의 경우에는 자신이 다른 사람과 다르다는 독특성을 과대평가하지 않는다. 즉, 동양인은 자신과 다른 사람이 크게 다르다고 인식하지 않는다. 하지만, 서양인의 경우에는 자신의 독특성을 과대평가한다. 이러한 점은 김희정과 마르쿠스(Markus)의 연구에서 확인할 수 있다. 이들은 각 나라의 사람들에게 여러 대상과 볼펜에 대한 선택을 요구했다. 동양인의 경우 예를 들어, 한국인은 가장 보편적인 것을 골랐고, 볼펜 중에서도 가장 흔한 색을 골랐다. 미국인의 경우에는 가장 희귀한 것을 골랐으며, 볼펜 중에서도 가장 희귀한 색을 골랐다. 이러한 것은 자신에 대한 인식하는 과정에도 독특성 차원에서 다른 모습을 보인다고 볼 수 있다.

2) 자존감

자존감에 대한 연구는 '자기'에 대한 연구에서 가장 많이 이루어지는 것 중 하나이다. 대표적으로 제임스, 매슬로우, 로저스와 같은 서구의 유명한 학자들이 자기에 대한 관심을 갖고 이에 대한 개념 정의와 연구를 했다. 이 자존감 측면에서도 동서양의 문화차이가 드러난다. 일본어에는 자존감이라는 단어가 없어서 'セルフ エステイム'로 발음하지만, 영어에는 'self-esteem'이라는 단어가 존재한다.

우리나라에서는 흔히 자존심이라고 말하는 것과 자존감은 약간 달라서 영어의 'self-esteem'을 자존심으로 번역하지 않고 자존감으로 번역한다. 이만큼 자존감이라는 단어는 동양인에게는 생소하다. 하지만, 서양인에게는 이 단어가 '자신에 대하여 스스로 만족하고 좋은 감정을 느끼는 경향성'을 의미한다.

특히, 일본인의 경우 이와 관련하여 상당히 독특한 모습을 보인다. 즉, 일본인은 다른 나라 사람들보다 더 겸손하기 때문이 아니라 실제로 자신을 덜 긍정적으로 평가한다. 이는 일본인이 자존감이 실제로 낮다는 것을 말한다. 하지만 서양인의 경우에는 대부분의 사람들이 자신을 평균 이상에 해당된다고 인식하고, 그렇게 응답한다.

이러한 현상은 왜 발생하는가? 이에 대한 가장 유력한 원인은, 자기 평가에 대한 문화적 압력이 동양에서는 없어서 자신을 특별하다고 볼 필요가 없으나, 서양의 경우 자기 평가에 대한 문화적 압력이 있다는 점이다. 이러한 관점에서 본다면 일본인이 서양 문화권에 가서 서양인의 문화적 압력을 받는다면 동양인보다는 서양인에 가깝게 자기에 대한 평가가 좀 더 긍정적으로 변할 수 있다고 추론해볼 수 있다.

3) 감정교육

커뮤니케이션의 본질과 교육관점도 동양인과 서양인 간에 차이가 있다. 즉, 동양인은 서양인과 달리 '듣는 사람'의 입장에서 말할 것을 강조한다. 이에 반해, 서양인의 경우 자신의 생각을 분명하게 표현하고, '말하는 사람'의 입장에서 대화에 임해야 하고, 대화과정에서 오해가 발생하면 이것은 말하는 사람의 잘못이라고 강조한다.

동양인의 경우 우회적 표현을 많이 쓰는 편이다. 예를 들어 누군가 노래를 잘 못 부르는 아이에게 "야, 노래 참 잘한다."라고 말하면, 그 진의를 알아차리고 노래를 그만두지만, 서양인의 경우 애매하게 돌려 말하지 않고 "그만해라!"라고 말한다.

4) 자각

(1) 자신에 대한 자각

자신에 대한 과거의 모습을 기억할 때에도 동양인과 서양인의 차이가 드러난다. 즉, 서양인의 경우에는 자신을 주인공으로 설정하고 회상하는 경향을 보이지만 동양인은 그렇지 않다. 한(Han) 등의 연구에서 4세와 6세 아이들에게 일과를 회상하게 하였다. 그 결과, 중국과 미국 아이들은 다른 문화권 사람보다는 자기 자신에 관한 이야기를 많이 했지만, 미국 아이들이 중국 아이들보다 3배나 더 많이 언급하였다. 이러한 것은 미국 사람이 자신의 과거 모습에 대해 더 자기에 초점을 맞춰서 기억하고 있는 성향을 아이 때부터 갖고 있음을 보여주는 것이다. 또한, 이 연구에서 과거가 아닌 당일에 있었던 일을 기술하게 했는데, 중국 아이들은 그날 있었던 많은 사소한 사건들을 간단명료하게 기술했다. 하지만 미국 아이들은 자기에게 중요했던 소수의 일들만 아주 천천히 기술하였다. 이 또한 미국 사람이 자기에 더 초점을 맞추고 있음을 보여주는 것이다. 그리고 이 연구에서 미국 아이들은 자신의 생각이나 감정을 자주 언급했지만, 중국 아이들은 별로 그런 모습을 보이지 않았는데, 이 차이는 거의 2배에 달했다.

(2) 세계에 대한 자각

생활의 통제감과 개인의 정신건강 간의 관계를 살펴보아도 동양인과 서양인의 차이가 뚜렷하다. 서양인의 경우에는 이들 간의 관계가 아주 밀접하게 관련 있다고 보는 경향이 있는데, 동양인의 경우에는 미국인보다는 그 정도가 덜하였다. 동양인의 경우에는 세상을 통제하거나 정복할 수 없다고 보고, 정복하는 것을 그리 좋아하지 않는다. 이와 반대로 서양인의 경우에는 세상을 통제하거나 정복할 수 있다고 보고, 정복하는 것을 매우 좋아한다. 그리고 동양인의 경우에는 자신이 세상을 통제할 수 있다는 믿음보다 자신을 통제해 줄 사람이 주변에 있다고 믿을 때 행복감을 느끼며, 여럿이 있으면 안전하다는 느낌을 가진다. 이와 반대로 서양인의 경우에는 자신의 직접적인 통제가 중요하다고 인식한다.

자기개념에 대한 실증 연구

중간관리급 이상 경영자를 대상으로 한 햄던-터너(Hampden-Turner) 등의 연구에서 '개인의 자율성이 보장되고 자율권을 실현할 수 있는 직업(A)'과 '일을 잘했다고 해서 특정 개인만이 부각되기보다는 모두가 함께 일해야 하는 직업(B)' 둘 중에 하나를 선택하게 하였다. 그러자 미국, 캐나다, 호주, 영국, 네덜란드, 스웨덴의 90% 이상이 A를 선택하였고, 독일, 이탈리아, 벨기에, 프랑스가 그다음으로 A를 많이 선택하였다. 일본과 싱가포르의 경우 50% 미만이 A를 선택하였다. 이러한 연구 결과는 앞서 살펴본 바와 같은 것으로서 동양인은 서양인에 비해 자기를 두드러지게 드러내는 것보다는 다른 사람들과 함께 하면서 자기를 두드러지게 드러내지 않으려는 경향을 보인다는 점을 확인해 주는 것이라고 할 수 있다.

위 연구에서 질문 내용을 약간 달리해서 다음과 같이 질문했다. 즉, '만일 어떤 회사에 지원한다면, 나는 평생 그 직장에서 근무할 것이다(A)'와 '나는 얼마 지나지 않아서 다른 직장으로 옮길 것이다(B)' 둘 중에 하나를 선택하게 하였다. 그러자 미국, 캐나다, 호주, 영국, 네덜란드의 90% 이상이 B를 선택하였고, 독일, 이탈리아, 벨기에, 프랑스가 그다음으로 B를 많이 선택하였다. 일본은 40%만이 B를 선택하였다. 이러한 연구 결과도 첫 번째 질문에서 얻어진 결과와 크게 다르지 않은 것이다.

또한, 같은 연구에서 '어떤 직원이 지난 15년 동안 회사를 위해 아주 많은 공헌을 해왔는데, 지난 1년 동안의 업무 실적은 그다지 만족스럽지 못했다. 앞으로 업무 수행 능력이 더 향상될 가능성이 없는 상황이라면 어떻게 할 것인가?'라는 질문을 주고 '그가 과거에 회사에 공헌한 바나 그의 나이와는 상관없이 업무 수행 능력만을 고려하여 그를 해고할 것이다(A)'와 '그간의 공헌을 고려하여 회사가 그 사람의 인생에 어느 정도 책임을 져야하므로 해고해서는 안 된다(B)' 둘 중에 하나를 선택하게 하였다. 그러자 미국, 캐나다의 75% 이상이 A를 선택하였고, 한국인과 싱가포르인은 20%, 일본인은 30% 정도 A를 선택하였으며 이외 국가는 동양인과 유사한 결과였다. 이 결과도 앞선 2개의 질문에 대한 응답 비율과 유사하다고 볼 수 있다.

5. 자기 개념의 국가별 차이

1) 동양의 국가 간 차이

얼핏 보면 동양 문화권 국가 간, 혹은 서양 문화권 국가 간에는 큰 차이가 없을 것으로 여겨진다. 하지만 좀 더 자세히 들여다보면, 이들 동일한 문화권 국가 간에는 무시하지 못할 분명한 차이가 존재한다. 이를 검증하기 위해 다양한 연구가 시도되었는데, 그중 대표적인 것이 벨라(Bella) 등의 연구와 디엔(Dien)과 도이(Doi)의 주장이다.

벨라 등의 연구에 따르면, 체면을 중시하는 것은 한, 중, 일 모두 같지만 일본은 조직과 관련된 체면을 더 중시하고, 중국은 가족의 체면을 중시하였으며, 한국은 가족과 개인의 체면을 중시하였다. 사회적 규제 측면에서 보면, 중국에서는 상사나 윗사람 등 대개 권위자로부터 비롯되지만, 일본에서는 대개 동료로부터 비롯된다. 한국에서는 주로 가족으로부터 비롯된다.

디엔(Dien)은 "중국인은 오륜으로 대표되는 두 사람 사이의 관계를 중시하면서도 각 개인의 개성을 유지하는데 비해, 일본에서는 집단과 개인의 완전한 융합을 강조한다."라고 주장한다. 중국인들은 지중해 사람들처럼 조금 더 느슨하고 편안한 삶의 방식을 추구하는 반면, 일본인들은 독일인이나 네덜란드인처럼 질서를 중시한다.

도이(Doi)도 이들과 유사한 주장을 했다. 그에 따르면 일본인들은 '아마에'라는 개념을 가지고 있는데, 이 개념은 약자, 어린이, 부하직원이 그 윗사람에게 응석을 부리는 것을 말한다. 이는 한국의 '어리광부리기' 혹은 '야자타임'과 비슷한 개념이다.

2) 서양의 국가 간 차이

동양 문화권 내 국가 간의 차이가 있음을 확인할 수 있듯이 서양 문화권 내 국가간 차이도 확인할 수 있다. 햄던-터너(Hampden-Turner) 등의 연구가 대표적이다. 이들은 '서쪽으로의 문명의 이동'을 주장했는데, '비옥한 초승달

지역'에서 점차 서쪽으로 이동하면서 개성, 자유, 합리성, 보편주의 가치들이 보다 세련되게 다듬어지고 분명하게 드러난다고 주장하였다. 예를 들어, 바빌로니아인들은 보편적인 법을 만들었고, 그보다 서쪽의 이스라엘인들은 각 개인의 독특성을 강조했고, 다시 더 서쪽의 그리스인들은 그 개성을 더 강조하고 여기에 개인의 자유, 논쟁, 형식 논리를 가미시켰다. 이러한 경향은 나중에 미국에서 그 후손들에게 그대로 전달되었다. 그리하여 미국 내에서 가장 '서양적인' 사람들은 백인 신교도이고, 가장 '동양적인' 사람들은 흑인이나 라틴 아메리카계, 가톨릭 신자들이다.

한국인과 독일인의 자기 개념

자기고양 편파와 심리적 적응의 관계를 파악하기 위하여 두 가지 연구를 수행하기 위해 객관적인 척도를 제작한 후, 한국 대학생의 자기고양 편파 경향과 심리적 적응의 관계를 살펴보았다. 그 결과 한국 대학생들에게서 자기고양 편파와 심리적 적응은 유의미한 관계가 있는 것으로 밝혀졌다.

연구 대상에 노동자를 포함시켜 개인주의 문화권인 독일과 비교한 연구에서도 한국인의 자기고양 경향과 심리적 적응의 상관은 유의미한 것으로 나타났다. 이러한 결과는 집단주의 문화권에서는 자기고양 편파 경향이 나타나지 않으며, 심리적 적응과도 관련이 없다는 기존의 연구 결과와 상반된 것으로서 매우 흥미로운 현상이라고 할 수 있을 것이다. 자기고양 편파 경향의 문화적 차이를 좀 더 심도 있게 파악하기 위해서는 더욱 세련된 측정 방식과 다양한 비교문화 연구가 필요한 것으로 보인다.

자료: 한성열, 2003.

Part 3 | 문화심리학의 활용

Chapter 11

문화와 심리검사

1. 심리검사의 이해

1) 심리검사란 정의

심리검사란 심리학적으로 인간을 측정하여 해당 개인이 어떤 심리상태에 있는지를 알아낼 수 있도록 고안된 도구이다. 심리검사는 IQ검사로부터 시작되어, 성격검사, 직업흥미검사 등으로 확장되어 나갔다. 이러한 성장에 크게 이바지한 것은 전쟁이었다. 미국은 1차 세계 대전과 2차 세계 대전을 겪으면서 병사들을 모아 군인의 기본적인 요건과 병과를 결정하는 데 IQ를 활용하였기 때문에, 이 과정에서 심리검사가 발달되었다.

이렇게 발달된 심리검사는 미국을 벗어나 전 세계로 전파되었다. 심리검사는 미국의 문화와 전혀 다른 동양의 여러 문화에도 무비판적이고, 무교정적이며, 무차별적으로 도입되었다. 따라서 어떤 경우에는 문화에 적합하지 않은 잘못된 심리검사 결과가 나타나기도 했다.

2) 심리검사의 요건

심리검사는 개인의 심리를 측정하여 때로는 정상과 이상으로 구분하기 때문에 매우 중요하다. 따라서 제작 과정에서부터 세밀하고 엄격한 과정을 거쳐야 한다. 그중 대표적인 것이 신뢰도와 타당도, 표준화, 그리고 규준이다.

(1) 심리검사의 신뢰도

검사의 신뢰도(reliability of psychological tests)는 어떤 내용이 측정되는 가에 상관없이 '얼마나 정확하게, 얼마나 오차 없이' 측정하고 있는가에 대한 측정의 정확성을 말한다. 어떤 정확한 측정기구도 어떤 특성을 한 번에 정확하게 측정하거나 여러 번 측정했을 때 똑같은 측정치가 나오기는 힘들며 모든 과학적 측정에는 어느 정도의 우연오차(random error)가 있기 마련이다.

신뢰도는 일반화(generalization)와 관련되어 있다고 볼 수 있는데, 어떤 특성의 측정방법이 동일한 조건에서 반복될 수 있는가와 관련되어 있다. 또한, 어떤 측정방법을 통하여 얻어진 결과가 동일한 대상에게 나중에 적용하였을 때 얻어진 결과와 동일하다는 일반화와 관련되어 있다. 이와 같은 일반화가 이루어질 수 없다면 측정도구의 내용이나 도구의 사용방법에 있어 측정오류가 있다고 볼 수 있다.

검사의 신뢰도를 평가하는 방법은 여러 가지가 있다.

- 첫째, 검사-재검사 신뢰도(test-retest reliability)는 동일한 검사를 동일한 피검자들에게 두 번 시행하고 그 결과에 대하여 상관계수를 산출하는 신뢰도 추정치이다. 한 시기에서 다른 시기 사이에 검사점수의 변동이 얼마나 있는가, 반대로 말하면 재고자 하는 특성이 얼마나 안정성이 있는가 하는 것을 나타내므로 일명 안정도 계수(coefficient of stability)라고도 한다. 그러나 이 신뢰도는 같은 검사를 반복 실시함으로써 연습의 효과나 기억의 효과 등이 실제 신뢰도에 영향을 미칠 수 있다는 단점이 있다.

- 둘째, 동형검사(equivalent-test reliability) 신뢰도는 검사문항은 다르지만 같은 특성을 같은 형식으로 측정하도록 제작된 동형 검사를 동일대상에게 다른 두 시기에 실시하여 얻은 점수간의 상관관계를 의미한다. 이 방법은 검사-재검사 신뢰도에서 나타날 수 있는 연습효과는 막을 수 있지만, 동형 검사의 개발에 시간, 비용이 많이 들고, 그러한 검사를 개발하기가

쉽지 않으며, 또한 두 검사가 서로 동질적이라는 보장을 하기가 어렵다는 단점이 있다.

- 셋째, 반분(split-half) 신뢰도는 한 검사를 피검자 집단에게 실시한 후, 실시한 검사를 두 개의 동등한 부분으로 나누어 따로 채점하여 2개의 반분된 검사 간 상관관계를 얻은 후, 이를 전체검사에서 기대되는 상관계수로 수정한 신뢰도이다. 가장 엄밀한 방법으로는 문항 분석을 통하여 문항의 곤란도, 내용 및 변별도 등을 고려하여 두 문항을 가진 동등한 것끼리 선정하여 양쪽으로 동등하게 나누어 나가는 방법이다. 이 방법은 검사를 한 번만 실시하면 되므로 시간, 비용 등을 절약할 수 있고, 측정 속성의 변화, 연습효과, 반응민감성 등의 문제점을 극복할 수 있는 반면, 전체 문항을 반으로 나누는 방법이 많아 복잡하며, 각 방법에 따라 신뢰도 추정치가 달라진다는 단점이 있다.

- 넷째, 내적 일관성 신뢰도(internal consistency reliability)는 검사를 구성하고 있는 문항 간 내적 일관성 또는 합치도의 정도를 나타내는 지수 또는 측정치이며, 검사의 동질성 계수(homogeneity coefficient)라고 부른다. 이와 같은 내적 일관성의 신뢰도는 검사문항의 동질성 지수 또는 문항 반응과 전체 검사 점수와의 상관도를 나타낸다. 내적 일관성 방법에 의해서 신뢰도 계수를 추정하는 데는 여러 방법이 있는데, 가장 많이 사용되는 방법은 크론바흐(Cronbach, 1994)가 만들어낸 Cronbach-α 이다.

신뢰도에 영향을 미치는 가장 주된 원인은 다음과 같다.

- 첫째, 검사 지시가 표준화되지 않은 경우, 검사 지시 내용의 변화가 결과에 영향을 미쳐 측정오류가 일어날 수 있다.
- 둘째, 검사 채점 과정에서의 실수가 있으면 신뢰도에 영향을 미친다.
- 셋째, 측정의 주관성이 개입되면 신뢰도가 낮아진다. 주관적인 평가가 신뢰로운 경우는 매우 명백하게 측정할 수 있는 행동이 관찰되는 경우에 제한되며 복잡한 특성이 주관적으로 측정될 때 측정오류 문제가 생기기 쉽다.

- 넷째, 검사 실시 환경조건이 신뢰도에 영향을 미친다. 가능한 한 동일한 조건에서 검사가 실시되어야 한다.
- 다섯째, 검사의 대상(혹은 개인차)과 문항 수의 많고 적음에 따라 신뢰도에 영향을 미친다.
- 여섯째, 문항 반응 수(예: Likert의 5점, 7점 척도)와 검사 유형(예: Speed 또는 Power test)이 신뢰도에 영향을 미친다. 심리검사의 신뢰도는 검사 상황, 평가자, 피험자의 특징에 따라 영향을 받는다.

(2) 심리검사의 타당도

타당도(validity)는 검사가 측정하려는 내용을 얼마나 효과적으로 측정할 수 있느냐 하는 문제와 관련된다. 즉, 무엇을 측정하고 있느냐, 그 측정하려는 것을 어느 정도 충실히 측정하고 있느냐이다. 타당도의 평가는 엄격하게 말하면 측정도구의 타당성보다 도구 사용의 타당성이 검토된다고 볼 수 있다. 어떤 검사는 특정한 목적에는 타당하지만 다른 목적에 사용될 때 타당하지 않을 수 있기 때문이다. 그러므로 심리검사가 갖추어야 할 가장 중요한 요건 중의 하나는 타당도이며, 만일 타당도가 매우 낮다면 검사로서의 모든 기능을 상실한다. 타당도의 종류는 다음과 같다.

- 내용타당도(content validity)는 중요한 목표와 내용을 측정도구가 빠뜨리지 않고 포괄하고 있는가의 정도를 말한다. 즉, 측정하려고 하는 내용에 대한 적절한 측정이 이루어지고 있는가를 묻는 것이다. 내용 타당도는 검사가 구성되고 난 다음에 평가되기보다는 검사를 제작하는 계획의 과정에서 타당도를 검토하여 제작하여야 한다.
- 구인타당도(construct validity)는 개념구성에 따라 간접적으로 측정되는 측정의 방법이 타당한가, 어떤 요인이 변인을 구성하고 있는가를 검토한다.

- 준거타당도(criterion-related validity)는 검사 점수와 외적 준거사이의 관계를 실증적으로 연구하여 검사가 준거행동의 수행능력을 어느 정도 잘 예언하고 있는지를 계량적으로 나타내는 것이다. 준거 타당도는 예언 타당도와 공인 타당도로 나누어 볼 수 있다.
- 예언타당도(predictive validity)는 어떤 중요한 행동의 형태를 평가하기 위해 측정도구가 사용되는 경우에 문제가 된다. 예를 들면, 대학 신입생을 뽑는 검사가 성공적인 대학에서의 성취를 예견하는데 타당성이 있는가를 검토하는 경우이다.
- 공인타당도(concurrent validity)에서는 검사 실시와 동시에 기준변인에 관한 자료를 수집하여 이와의 관계를 따지는 것이다.

(3) 심리검사의 표준화

심리평가는 개인의 대표적 행동을 표준절차에 따라 표집하고, 이러한 결과를 일반화하는 과정이기 때문에, 임상장면에서 검사를 시행하는 데 문제가 없도록 표준절차가 마련되어 있다. 검사자는 검사의 실시방법, 채점, 실시절차 등에 대한 표준적인 방식을 준수하여 실시해야 한다. 표준화된 실시를 위해 유의할 사항은 다음과 같다.

- 검사시간의 엄격한 준수가 필요하다.
- 피검자에 대한 검사의 지시는 요강에 따라 명확하고 분명하게 제시되어야 한다.
- 피검자의 반응에 대한 검사자의 촉구와 격려의 빈도 및 정도가 표준적인 기준에서 벗어나지 않아야 한다.
- 검사 장소의 환경, 혹은 물리적 조건이 표준적인 조건에서 벗어나지 않아야 한다.
- 피검자의 동기 상태, 심리적인 조건을 완전하게 통제할 수는 없으나 비교적 동일한 수준에서 검사가 이루어지는지를 고려하여야 한다.

(4) 심리검사의 규준

규준(norm)란 검사에서 나온 원점수 또는 소점(raw score)을 의미 있게 해석하기 위해 백분위, 표준점수 등과 같은 다른 의미 있는 점수체제로 바꾼 것이다. 즉, 규준은 특정한 한 집단이 어떤 검사에서 거두는 평균성적이라고 할 수 있다. 규준을 적용할 때는 피검자가 속한 집단에 적절한 규준을 사용하여야 하며, 한 과제에 대한 규준이 다른 과제에도 적용될 것이라고 생각하지 않아야 한다. 특정한 집단이 같은 연령의 피검자 집단일 때는 연령 규준이 되고, 같은 학년의 피검자 집단일 때는 학년규준이 된다. 지능검사에서는 보통 연령규준을 써서 정신연령이 계산되어 나오고, 학업성취검사에서는 학년 규준을 써서 국어연령, 영어 연령 따위를 계산하게 된다. 검사의 성질에 비추어 한 가지 혹은 그 이상의 규준을 만들게 되는데, 표준화 실시에서 그 점수가 성별·지역별로 유의미하게 차이가 있을 때에는 성별·지역별 규준을 작성할 필요가 있다.

3) 심리검사의 시행

심리검사의 반응은 피검자의 특성에 따라서만 결정되어야 하지만, 실제로는 검사의 실시조건, 검사의 시행방법, 검사자의 제반 특징, 검사자의 태도, 검사자와 피검자 간 상호관계, 피검자의 신체적, 심리적 상태, 동기 등에 따라 검사 반응이 영향을 받는다.

이러한 영향을 줄이고 신뢰할 만한 결과를 산출하기 위해서는, 무엇보다 먼저 검사자가 검사 실시의 표준 조건에 절대적으로 따라야 한다. 특히, 객관적 질문지 검사일 경우 검사 실시방법이 간단하고 대체로 검사 시행방법이 유사하기 때문에 크게 신경쓰지 않아도 된다고 생각하기 쉽다. 그러나 아무리 간단한 검사라고 할지라도 반드시 검사시행의 표준방법을 익히고 이를 지켜야 한다는 점을 명심해야 한다. 특히 투사적 검사의 경우, 지시방법 등 검사시행방법의 차이에 따라 검사반응 수, 검사반응 내용에 차이가 나타날 수 있으므로 표준절차를 반드시 따라야 한다(그림 11.1 참조).

그림 11.1 심리검사 시행의 표준절차

물론 심리검사에 대한 절차도 문화에 따라 다르게 적용될 필요가 있다. 그 이유는 해당 문화에 적합한 방식이 다르기 때문이다. 그린필드(Greenfield, 2000)는 이러한 관점에서 문화마다 다른 방식으로 심리를 측정하는 방안을 제시하기도 했다.

(1) 라포 형성

심리검사 시에는 검사 시행과정에서 검사자와 피검자 간 라포(rapport) 형성에 주의를 기울여야 한다. 치료관계 형성의 첫 번째 단계에서 환자는 치료자를 신뢰하고 치료에 대한 동기를 가질 수 있어야 하며 이를 위해 치료자는 진지한 관심과 전문적 능력을 갖추고 있어야 한다. 심리검사 시행에서도 최적의 심리검사가 실시되려면 검사자와 피검자 간 적절한 관계 형성, 즉 라포 형성이 이루어져야 한다. 심리검사 시행과정에서 라포 형성은 심리검사에 대한 피검자의 관심을 불러일으키고 협조적 태도를 강화해주며 피검자가 표준검사지시에 따르고 있음을 알려주는 검사자의 개입으로 이루어진다. 따라서 임상가는 나름대로 피검자에게 동기를 부여하고 심리검사 시행에 대한 참여도를 높이는 라포 형성의 기술을 터득해야 할 것이다. 라포 형성이 이루어지려면 무엇보다 피검자가 검사과정에서 경험할 수 있는 정서를 이해하고 이에 적절하게 대처할 수 있어야 한다.

(2) 피검자 변인

심리검사를 받는 피검자는 흔히 심리검사에 대한 여러 가지 정서를 느낀다. 가장 흔한 경우로는 심리검사가 피검자의 정신상태를 나쁘게 평가하여 그가 정신이상이라는 판정을 받게 될 것이라는 우려 때문에 심리검사에 대한 강한 저항과 두려움을 느끼고 그 결과 무의식적으로 심리검사를 거부하는 것이다. 자발적으로 심리검사를 받고자 한 경우라 할지라도 피검자는 자신의 내면이 완전히 노출되는 데 대한 두려움과 같은 양가적인 감정을 지니게 될 것이다. 이와 같이 환자나 내담자는 일반적으로 심리검사에 대해 부정적이고 거부적인 정서나 양가적인 정서, 두려움, 긴장, 불안, 저항감, 혹은 지나친 기대나 의존감을 느낌으로써 심리검사에 대해 갈등 없이 참여하기가 어렵게 되고 이에 따라 검사반응이 제한되고 왜곡된다. 따라서 검사자는 이러한 일반적인 피검자의 저항과 두려움을 이해하고, 검사가 어떤 목적으로 실시되고 피검자에게 어떤 이득이 있는가를 설명해주어야 한다. 만약 피검자가 지나치게 긴장하거나 저항을 느끼는 경우에는 검사를 중단하거나 보류할 수 있으나, 이런 경우에도 심리검사의 필요성을 피검자에게 설명하면서 재검사를 실시할 것임을 알려주고 심리검사를 중단하여야 한다. 이와 같이 피검자의 일반적인 혹은 특수한 정서상태를 고려하여 적절한 관계형성에 유의하여 심리검사 실시에 대한 피검자의 동기와 자발적인 참여, 정서적 안정이 이루어지고 난 다음 심리검사가 시행되는 것이 바람직하다.

(3) 검사자 변인

검사 결과에 미치는 검사자 변인의 효과에 대한 연구 결과를 살펴보면, 검사 과제가 잘 구조화되고 학습된 기능을 다루는 경우보다 비구조화 되고 모호하거나 어렵고 새로운 과제일수록, 피검자가 정서적으로 불안정하고 혼란된 개인일수록 검사자의 영향을 많이 받는다고 한다. 이러한 검사자 변인으로는 연령, 성, 인종, 직업적 지위, 수련과 경험, 성격 특징, 외모 등이 제시되고 있다. 또한 검사시행 전이나 중간의 검사자 행동이 검사 결과에 영향을 미치는 것으로 보고되고 있다. 예를 들면, 부드러운 태도, 자연스러운 태도, 엄격한 태도 등이 바로 그것이다. 심리검사 시행과정에서 검사자가 말로 피검자의 동기를 부여하는 것도 중요하지만, 검사자가 직접 행동으로 진지하게 검사를 수행하는 태도를 보이고 잘 훈련된 전문가다운 능숙한 방식으로 검사를 수행해나갈

때 피검자에게 안정을 가져다주고 진지한 검사 분위기를 형성하는 데 도움이 된다는 점을 명심해야 한다. 따라서 검사자의 특성, 행동이 결과의 신뢰도에 영향을 미치므로 검사자와 피검자와의 관계를 이해하고, 검사 도중에 일어나는 자신의 행동을 파악하여 그 영향을 통제할 수 있어야 한다.

(4) 검사 상황 변인

검사 상황이나 검사 시행 조건 역시 검사 결과에 영향을 미친다는 점을 인식하고 이에 적절하게 대처하려고 노력해야 한다. 표준화된 시행과정에는 언어적 지시, 시간, 검사 자료뿐만 아니라 검사 환경도 포함된다. 심리평가가 시행될 임상심리실은 외부 자극이 없는 안정된 분위기여야 한다. 즉 지나친 소음과 자극으로부터 보호되어야 하며, 적절한 채광과 통풍, 안정된 좌석과 공간이 요구된다. 또한 심리검사가 시행되는 동안 임상심리실 앞에 '심리검사 시행'이라는 팻말을 붙임으로써 외부간섭을 차단하는 것이 바람직하다. 또한 검사 시행 시간과 피검자의 정서적 안정도, 피로감 등을 고려해야 한다.

(5) 검사 시행 준비

적절한 심리검사 시행을 위해서 임상가는 항상 심리검사 시행 전 다음과 같은 사항을 준비하고 점검하여야 한다. 첫째, 가능한 한 심리검사를 자연스럽게 시행할 수 있도록 시행방법을 익히고 지시내용이나 시행 지침 등을 암기해야 한다. 둘째, 심리검사를 시행하기 전 반드시 검사도구가 모두 준비되어 있는지를 점검하고 부족한 도구가 없도록 주의해야 한다. 심리검사가 시작되고 난 다음 부족한 심리검사 도구가 발견된다면, 검사자는 당황하게 되고 이러한 사태가 검사에 부정적 영향을 미치게 될 것이다. 셋째, 가능하다면 심리검사를 시행하기 전 환자나 내담자의 심리평가가 의뢰된 목적이 무엇인지를 파악하고 필요한 심리검사 종류를 미리 선정하는 것이 바람직하다.

(6) 검사 선택

심리검사를 선정하려고 하는 경우 심리검사의 목적을 분명히 하고, 그러한 목적달성에 적절한 검사를 선정해야 한다. 표준화된 검사를 사용하는 경우 검사의 신뢰도를 검토해야 한다. 또한 심리검사의 실용성을 고려해야 한다. 검사의 선택은 검사실시의 목적이나 연령, 학력 등 대상에게 적합한 검사를 선택하여야 한다. 또한, 신뢰도, 타당도 및 규준 등을 확인해야 한다.

2. 심리검사와 문화

1) 심리검사의 구분과 문화

예전에는 심리검사를 표준화된 검사와 비표준화된 검사로 나누는 경향이 있었으나 요즘에는 대부분의 심리검사가 표준화된 방식으로 개발된다. 물론 표준화 여부를 중심으로 심리검사를 구분하는 것에 큰 실익은 없다. 하지만 여전히 비표준화된 방식의 검사가 존재하기 때문에, 이에 대한 구분을 문화와 관련지어 살펴보자.

(1) 표준화 심리검사

표준화된 검사는 IQ 검사나 성격검사 대부분, 우울증 검사와 같은 정신병리적 진단 목적의 검사이다. 이러한 검사는 대체로 미국에서 개발되었기 때문에

문화지수

지능지수(intelligence quotient: IQ)처럼 문화 역시 문화지수(cultural quotient: CQ)가 존재한다. 이 용어가 처음 사용된 것은 2000년대 초반이다. 이 용어는 기업활동과 관련하여 다른 문화에 가서 적절한 활동을 할 수 있는 능력을 지칭하는 데 사용되었다. 문화지수를 구성하는 요소로는 해당 문화에 대한 지식, 해당 문화의 의미를 파악할 수 있는 해석능력, 해당 문화에 걸맞게 행동할 수 있는 능력, 해당 문화에 대한 인내력이 있다. 이러한 구성요소를 훈련하면 누구나 문화지수를 높일 수 있다. 이는 선천적으로 타고난 능력을 파악하는 지능지수와는 다른 문화지수만의 특징이다.

다른 나라에서는 이것을 도입하여 사용하는 경우가 많다. 이러한 도입으로 인해 발생하는 문제는 다음과 같다.

- 첫째, 어떤 부족에서는 지능이라는 개념이 사회적 지능으로 되어 있어, 개인적 지능을 측정하는 서구의 IQ 검사가 적합하지 않다. 이러한 것처럼 지능의 개념이 다른 경우가 있다.
- 둘째, 검사의 방식이 맞지 않는 경우가 있다. 앞서 언급한 바대로 그린필드(Greenfield)의 주장처럼, 문자를 사용하지 않는 문화에 문자를 중심으로 한 검사를 하는 것은 적합하지 않다. 따라서 이러한 경우에는 그림과 같은 방식으로의 검사 방식 전환이 불가피하다.
- 셋째, 사용하는 단어나 어휘가 다를 수 있다. 이러한 문제를 해결하려면 해당 문화에 맞게 번안 과정을 거쳐 수정을 해야 한다.
- 넷째, 응답 채점 방향이 다른 경우이다. MMPI의 경우에도 한국에서 번안할 때 채점 방향이 바뀐 경우가 있었다. 왜냐하면, 우리나라에서는 문화적으로 서구와 다른 방식으로 생각하고 생활하는 경우가 있기 때문이다.
- 다섯째, 규준이 다를 수 있다. 규준이 다르면 정상으로 판정될 사람이 비정상으로 판정될 가능성이 있다. 실제로 미국에서 개발된 우울증 진단도구를 사용하여 필리핀에서 사용했는데, 미국의 유병율을 훨씬 뛰어넘는 우울증 유병률이 나타났다. 이는 미국과 필리핀의 문화적 측면을 고려하지 않아 비롯된 결과였다. 이러한 현상은 실제로 비일비재하게 발생되었다. 이러한 현상은 대부분의 국가에서 처음에 겪었던 문제인데, 이제는 대체로 새로이 규준을 정하는 방식으로 진행되고 있다. 예를 들면, MBTI가 한국에서 번안되어 처음 사용될 때 한국인을 대상으로 한 규준이 새로이 만들어졌다.
- 여섯째, 검사의 해석상 문제가 발생할 수 있다. 즉, MMPI의 프로파일식 검사 결과에 대해서 미국에서 마련된 해석방식과 우리나라에서의 해석방식은 동일할 수 없다. 이 검사도구의 하위 척도들 간 복합적 관계에서 결정된 패턴이기 때문이다.

● 일곱째, 심리검사의 구성개념이 다르게 나타날 수도 있다. Big5 성격이론에 따라 제작된 심리검사를 중국에 적용한 경우와 한국에 적용한 경우가 있었는데, 이 이론이 5개의 성격요인을 가정한 바와는 달리 한국에서는 6개 요인이, 중국에서는 7개 요인이 적합한 것으로 드러났다. 이러한 문제가 발생됨으로써 Big 5이론에 근거한 심리검사의 유용성에 대한 회의가 제기되기도 했다.

(2) 비표준화 심리검사

비표준화 심리검사는 문화의 차이에 관한 문제를 의외로 쉽게 해결할 수 있다. 왜냐하면, 표준화가 안 되어 있어서 이 검사를 사용하는 전문가들의 관점을 상당히 많이 적용할 수 있기 때문이다. 하지만 요즘 들어 많은 비표준화 검사가 표준화되고 있기 때문에 이러한 것도 상당히 제한적이다. 예를 들어, 로샤검사도 엑스너(Exner)식 등의 표준화가 되어감에 따라 우리나라에서도 문화적 고려를 하는데 상당한 제한이 있다. 그리고 비표준된 검사 중에서 TAT와 같은 경우에는 등장인물이 서양인 특히, 미국인이어서 동양과 같은 다른 문화권에서는 등장 인물에 자신의 심리상태를 투사하기가 쉽지 않다. 이러한 이유로 일본에서는 TAT의 주인공을 자기 나라 사람들의 모습으로 바꿔서 다시 제작하였다. 뿐만 아니라 TAT의 사건으로 제시되는 현상도 문화에 따라 경험할 수 없는 것도 있기 때문에 검사 결과를 다르게 할 수 있다. 하지만 백지에 그림을 그리게 하는 방식의 투사법인 HTP나 DAP 등은 상대적으로 문화적 영향을 덜 받는다고 볼 수 있다.

2) 인종과 심리검사

지능검사와 관련하여 한 문화 내에서 인종 간 문제가 발생하기도 했다. 미국에서 원래 백인을 중심으로 개발된 지능검사를 흑인들에게 실시했는데, 흑인이 백인보다 평균 약 16점 낮았다. 이를 토대로 백인들은 흑인들이 열등하다고 주장했다. 이에 대해 흑인 측에서는 지능검사가 백인의 생활문화를 반영하고 있기 때문에 나온 결과라고 비판하면서, 흑인의 생활문화를 반영한 지능검사를 제작하여 양측에 실시하였다. 그 결과 이전 결과와는 정 반대로 흑인이 백인보다 높은 점수를 기록하였다. 이러한 사건을 통해 알 수 있는 것은 어느 검사든 어떤 배경 하에서 만들어졌는가가 중요하다는 점이다.

3. 심리검사의 개발 방향

심리검사가 문화의 영향을 덜 받기 위해서는 제작단계에서부터 문화 간 차이를 좁히거나 없앨 수 있는 방안을 모색해야 한다. 이를 위해서는 검사 개발자들이 여러 문화권에서 여러 문화적 배경을 가진 사람들이 모여서 검사를 개발해야 한다. 그리고 검사의 구성개념도 문화 간 차이가 발생하거나 특정 문화에 편중되지 않도록 해야 한다. 또한, 검사의 세부적인 단어나 어휘 등이 등가적인 의미를 지닐 수 있도록 신중한 고려를 해야 한다.

하지만 이러한 노력에도 불구하고 존재하는 문화 간 차이는 현실적으로 어찌할 수 없는 것이다. 더 나아가 문화 간 차이가 존재하는 현상과 개념도 있기 때문에 이를 고려해서 에믹적 관점에서 해당 문화에 적합한 심리검사를 별도로 만들어야 한다.

심리검사 배터리

하나의 심리검사만으로는 심리상태를 잘 알 수 없으므로, 관련된 심리검사를 동시에 적용하여 입체적으로 알아보는 것을 심리검사 배터리라고 한다. 한국에서 주로 사용하는 방식은 지능검사, 로샤검사, MMPI 등이다. 이에 문장완성검사 등을 덧붙이는 경우도 있다. 하지만 이러한 심리검사 배터리도 문화에 따라 다르게 구성될 필요가 있다. 왜냐하면, 앞서 언급한 바대로 문자를 잘 모르는 문화권이나 유관성 있는 심리검사들의 조합이 다를 수 있기 때문이다.

Chapter 12 문화와 정신병

1. 이상행동과 문화

이상행동을 바라보는 3가지 관점으로는 절대적 관점, 보편적 관점, 상대적 관점이 있다. 그 내용을 살펴보면 다음과 같다.

- 절대적 관점(absolutist): 문화에 따라 정신병리 현상이 변하지 않는다고 보는 관점이다. 단, 문화가 정신병리 현상에 아주 사소한 정도로만 영향을 준다고 인정한다.
- 보편적 관점(universalist): 정신병리학이 문화 간 비교가 가능하거나 세계적으로 적용가능한 차원이나 범주가 있다고 강조하는 관점이다. 이러한 범주는 서구의 크레펠린(Kraepelin)식 진단체계와 유사하다.
- 상대적 관점(relativist): 문화마다 정신병리에 대한 참조체계(frame of reference)가 다르다는 관점을 취하고, 보편적 관점과 같은 '범주의 함정(category fallacy)'을 경계한다.

이외에도 3가지 관점을 종합한 절충적 관점(hybrid position)도 존재한다. 절충적 관점은 개념적 구분에 의한 것이 아니고 실제적이고 임상적인 관점에서 문화에 영향을 받은 정신병리학을 보는 관점이다. 복잡문화 국가인 호주, 캐나다, 싱가포르 등과 같은 곳뿐만 아니라, 이전에 동질문화 국가였다가 변해 가고 있는 프랑스, 독일, 영국 등과 같은 곳에서도 이와 같은 관점이 점차 강해지고 있다.

2. 주요 정신장애와 문화

생의학적 관점과 문화 간 진단의 표준화를 위해 국제장애분류(The Intern-ational Classification of Disorders: ICD-10)와 DSM-V가 전세계적으로 표준화된 진단체계의 사용을 촉진한다.

DSM-IV까지만 해도 '고통(distress)'과 '무능(disability)'이라는 개념을 행동 패턴(행태)에서 다루었는데, 이것은 매우 중요한 변화라고 할 수 있다. 또한 DSM-IV에서는 정신장애의 정의에 '죽음, 고통, 무능, 자유의 중대한 손실을 겪고 있는 증대된 위험' 상태를 포함시켰다. 이는 개인 내부에서 주로 발생하는 역기능을 정신장애에 포함한 것으로서 이와 같은 장애를 사회적 일탈에 의한 정신장애와 구분하려는 시도가 되었다. DSM-IV의 비교문화적용력을 높이기 위해서 이 책의 저자들은 각 장애들의 임상적 발현에서 문화적 변이 (variation)에 대해 정보를 제공하였고, 부록에 25개 문화에 따른 증후군을 제공하였으며 이 중에는 화병도 포함되었다. 또한 개인들의 문화적 맥락에 대한 평가를 위해 문화적 공식의 개요를 제공하였다. 이러한 다양한 노력에도 불구하고 DSM-IV의 문화적용력에 대해서는 좀 더 테스트가 필요하다.

DSM-IV에 대한 문화 특수적 관점에서의 비판 이외에도 진단상의 문제가 제기되고 있다. 첫 번째로 서로 다른 문화 맥락에서 개인의 정상적 기능과 비정상의 기능을 정의하는 것은 무엇이라는 질문과 두 번째로 진단자들이 어떤 행동 장애가 개인이 속한 고유한 문화적 맥락 내에서 임상적으로 중요한지 알 수 있는가 하는 질문이다.

이러한 문제에 대해서는 임상장면에서 좀 더 고민해야 한다고 명백하게 밝혔다. 하지만, 이 DSM-IV의 발간은 드라마틱하게 서로 다른 문화권에서 이상 (abnormality)에 대한 동일한 기준을 적용해서 비교문화적 연구를 하게 하고 비교 자료를 수집하게 하는 결과를 낳았다.

현재는 DSM-V가 발간되어 이전에 사용되던 다축적 관점을 버리고 정신질환의 종류를 새롭게 정리하였다. 그리고 문화적 측면에서 다룰 수 있는 정신질환도 다수 포함시켰다.

이제부터 그간 이루어진 주요 정신장애에 대한 국제적 연구와 비교문화적 연구 결과를 살펴보자.

1) 정서장애

마르셀라(Marsella, 1980)는 우울증과 문화에 대한 개관을 통해 우울증은 보편적인 형태를 가정하지 않으며, 서구에서 나타나는 우울증에 대한 심리학적 징후는 비서구에서는 존재하지 않는 경우가 종종 발견된다고 결론지었다.

다음으로는, WHO(1983)는 우울증에 대한 표준화된 평가도구(Standard Assessment of Depressive Disorders: SADD)의 실행적합성 테스트를 실시하였다. 스위스, 캐나다, 일본, 이란에서 573명을 대상으로 연구해서 39개의 우울증 징후들을 포착해냈고, 우울증 환자의 76% 이상이 '슬픔, 기쁘지 않음, 불안, 긴장, 에너지 부족, 흥미 부족, 집중력 결여, 부적임감(insufficiency)'의 핵심적인 우울 증상을 보였다. 이들 환자의 59%는 자살사고(생각)를 보였다. 우울증세 표현상에서 문화적으로 다른 점도 드러났는데, 환자의 40%는 39개의 주된 증후들에 포함되지 않는 신체화 된 불편함이나 망상과 같은 다른 징후들을 호소하기도 하였다. 한 국가 내에서도 지역에 따라 다른 양상도 드러났다. 예를 들어, 일본의 나가사키 우울증 환자들은 도쿄의 환자들보다 핵심 징후들을 더 보였으며, 이는 문화적 요인들이 강하게 드러난 것이라고 볼 수 있다.

정서장애(affective disorders)와 관련하여 WHO(1983)는 우울증에 대한 표준화된 평가도구(Standard Assessment of Depressive Disorders: SADD)의 실행적합성 테스트를 실시하였다. 이 연구에서는 지금까지 비서구권에서는 없다고 알려졌던 죄의식(여기서 죄의식은 '다른 사람의 도덕적 양식에 대한 공격이나 의무나 과제를 수행하지 못한 것에 대해 마음 아파하는 자각'으로 정의된다.)이 일본인들을 대상으로 한 반구조화된(semi-structured) 인터뷰에서는 나타나지 않았지만 구체적인 심층조사를 통해서 나타났다. 사실 이 연구에서 이란의 우울증 환자 32%와 일본의 도쿄 우울증 환자 48%, 나가사키 우울증 환자 41%는 죄의식을 덜 드러내었다. 이는 캐나다의 58%와 스위스의 68%에 비해 낮은 것으로서 문화차이가 있음을 보여주는 것이다.

중국인 대상의 우울증 연구에서 서구국가들에서보다 홍콩과 대만에서 일관되게 우울증 발병률이 낮았다. 콤튼 등(Compton et al., 1991)의 DSM-Ⅲ의 기준에 따른 연구에 의하면, 대만인들은 미국인들보다 우울증 발병률이 낮았다. 이러한 결과의 원인에 대해 린 등(Lin et al., 1985)은 대만은 여전히 전통적인 공동체 지향성을 가지고 있어서 대상(가족 등) 상실에 따른 충격이 완화되고, 강한 사회적 지지를 받을 수 있다고 설명하였다.

한국인 대상의 우울증 연구가 나카네(Nakane) 등에 의해서 이루어졌는데, 여기서는 ICD-9와 DSM-Ⅲ의 기준에 따라 상하이, 서울, 나가사키의 정신과 의사들(3곳 센터에서 실시)이 어떻게 진단하는지를 연구했다. 연구 결과, 일본인에 대해서는 정서적 정신병(affective psychosis)로 분류하고, 중국인에 대해서는 신경증으로 분류하며, 한국인에 대해서는 이 두 가지 중의 중간으로 분류했다. 이는 우울증 진단을 할 때 이들 3개국에서 서로 다른 기준을 적용한다는 것을 의미한다.

2) 자살

자살은 청소년들의 사망 원인 중 최고이며, 비교문화연구의 주된 주제이다. 세계보건기구에서는 1973년부터 1985년까지 매년 이 조사 결과를 발표했다. 바라클호프(Barraclough, 1988)가 15세에서 24세 사이를 분석해보니, 시간의 경과에 따른 자살률, 성별 등에서 비교문화적 차이가 크게 드러났다. 아랍국가에서는 자살률이 낮았고, 엘살바도르, 수리남, 쿠바를 제외한 라틴 아메리카 국가에서도 자살률이 낮았으며, 스칸디나비아 국가, 중부유럽 국가와 동부유럽 국가와 일본, 싱가포르, 스리랑카 등의 일부 아시아 국가들에서 높은 자살률을 보였다. 성별로 보면, 쿠바, 파라과이, 태국, 마티니크를 제외하고 남성이 더 높은 자살률을 보였다. 스리랑카는 남녀 모두 최고의 자살률을 보였다. 이 연구에서는 자살의 원인에 대해서는 밝히고 있지 않다. 이러한 점에 대해 질렉

－알(Jilek-Aall, 1988)은 가족구조의 약화, 종교적 가치, 자녀양육 측면, 음주 증가, 자살에 대한 문화적 가치 판단 요인이 작용할 수 있다고 주장하였다. 한 가지 예로 미국에서는 청소년 자살자의 경우 대인관계 문제를 가지고 있었다는 점이 밝혀졌다.

스리랑카와 헝가리는 청소년뿐만 아니라 전체적으로도 자살률이 높다. 스리랑카는 10만 명당 47명, 헝가리는 38.6명(Desjarlais et al., 1995)의 자살률을 보인다. 스리랑카의 경우는 그 지방 고유의 집단폭력이 원인이라고 볼 수 있고, 헝가리의 경우는 가족 내 요인과 사회화 요인이 성취하도록 압박하여 쉽게 실패감과 죄의식을 갖게 하기 때문이라고 볼 수 있다. 또한 헝가리의 경우는 독재 정권에 대한 투쟁 과정에서 자살이 발생된다고도 볼 수 있지만 아직도 확실하게는 말할 수 없는 상태이다. 성차와 관련해서 보면 남성 자살률이 최소한 여성 자살률만큼은 된다. 홍콩, 대만, 중국에서는 자살을 하는 남녀의 비율이 비슷하지만, 최근 중국의 상황을 보면 여성의 자살비율이 상승하고 있다. 하지만 일본, 싱가포르, 인도, 태국에서는 성차가 거의 없었는데, 한국과 스리랑카에서는 차이가 있었다.

우울증 등과 자살의 관계는 문화 간에 차이가 있다. 인도네시아와 독일은 자살시도 빈도에서 유사한 수준이지만, 인도네시아에서 자살사고와 우울증 간의 관계가 적다. 이러한 차이는 사회변화 속도와 관련 있을 수 있다는 점에서 살펴볼 수도 있다. 즉, 사회가 변동하는 과정에서 희망이 있거나 없거나 해서 자살률이 달라질 수 있다는 것이다. 이것도 결국 문화의 차이를 의미한다.

3) 조현병

WHO는 1960년대부터 25년간 17개국의 20개 센터에서 조현병(schizoph-renia)[11]의 경과와 결과에 대한 3개 연구를 진행하면서, 다음과 같은 주요 특

---

[11] 그동안 국내에서는 'Schizophrenia'를 정신분열증, 정신분열병으로 번역하여 사용했으나 다중인격과 혼동된다는 이유로 2011년부터 '현을 조율해가며 연주한다.'는 의미의 '조현(調鉉)'이라는 단어를 사용하여 '조현병'으로 개칭하여 사용하고 있음.

징을 발견했다. 첫째, 동시대의 사례 발굴과 자료 수집, 둘째, 표준화된 검사 도구를 개발, 셋째, 훈련된 정신과 의사, 넷째, 각 사례에 대한 임상적 자료와 컴퓨터 기반의 참고준거의 조합, 다섯째, 다중 추수 평가(multiple follow-up assessment)이다.

WHO 연구에서는 현재 상태의 평가(present state examination)법 개발과 표준화를 위한 예비연구(pilot-test)를 실시하였다. 연구 결과, 조현병의 핵심 징후는 보편성을 보였으며, 문화 간 차이가 없었다. 이 징후는 통찰 결여, 망상 전조증상, 무덤덤한 정서, 청각적 환상, 통제감이었다. 2년 후 추후 연구는 전체 환자의 75.6%에 대해 실시되었는데, 망상이나 환각과 같은 긍정적 정신병적 징후는 없었고, 무덤덤한 정서, 통찰결여, 협조 곤란과 같은 부정적 정신병적 징후가 발견되었다. 그리고 부정적 정신병적 징후는 문화 간에 차이가 있었다. 덴마크는 69.4%, 대만은 59%, 체코는 50.9% 등으로 나타났다. 정신분열증의 예후(prognosis)는 개도국이 미국과 같은 선진국보다 좋았다. 정신분열증의 예후에 예언력이 높은 요인도 문화 간 차이가 드러났다. 예를 들어 사회적 고립과 미혼상태는 개도국과 선진국 모두에서 좋지 않았지만, 고학력은 개도국과 비서구에서 좋지 않은 예후를 예언하였다. 캐나다에 거주하는 아일랜드계 가톨릭신자와 아일랜드 이민자 중에서 정신분열증이 많이 발병하는데, 그 이유는 이들의 독특하고 복잡한 의사소통방식에 있다고 밝혀졌다.

4) 알코올중독

중독은 주로 과음이 많은 문화에서 발견되지만, 이에 대한 정상과 이상의 구분은 매우 극단적으로 어렵다. 그 원인은 문화 간 차이가 크기 때문이다. WHO는 이러한 문제를 해결하기 위해 9개 국가에서 인터뷰조사를 실시했는데, 미국과 인도에서는 정상적인 음주의 가능성을 부정했고, 스페인과 그리스에서는 음주를 자신들의 문화에서 중요한 부분으로 보고 있었다. 헬저 등(Helzer et al., 1992)이 성별 차이를 살펴보니 모든 조사 국가에서 남성의 알코올 의존, 남용이 여성보다 높았으며 특히 대만, 중국, 한국에서 많이 높았다.

전생애에서 알코올중독 발병률은 미국은 17.4%인데, 대만은 7.4%, 홍콩은 3.3%이었고, 조사 대상국 중 싱가포르가 .45%로 제일 낮았다. 한국은 세계에서 알코올 소비규모가 제일 높은 편에 속한다. 한국에서는 상호의존적 관계와 가족적 관계가 중시되어 한국 남성들은 사회적으로 음주 기회가 많다. 한국인들은 술 취한 행동에 대해 관용하고 있는 편이다.

5) 불안장애

불안장애에 대한 기준이 비교문화적으로 다양하다는 점에 많은 학자들이 동의한다. 신경증에 대한 연구에서 쳉 등(Tseng et al., 1992)은 일본인의 대인공포증에 대해 미국 정신과의사들이 진단한 일치도보다 일본인 정신과의사들이 진단한 일치도가 훨씬 높았다고 보고했다. 이와는 반대로 미국인 환자에 대해서는 일본인 정신과 의사들이 6.5%만 일치도를 보여 매우 낮았다. 이러한 쳉(Tseng) 등의 연구는 실제 불안장애의 발병률과는 별도로 정신과 의사들의 기준이 달라서 비교문화적 차이를 보일 수 있다는 점을 시사한다.

6) 성격장애

DSM-Ⅲ의 축2를 만듦으로써 성격장애에 대한 진단기준을 마련하기 시작하였다. 인도, 스위스, 미국 등에서 716명의 환자를 모집하여 표준화된 국제성격진단검사(international personality disorder examination)를 제작하여 ICD-10과 DSM-Ⅲ와 호환하여 사용하였다. 이 검사 도구는 157문항의 반구조화된 인터뷰 방식이었다. 평가자 간 신뢰도는 현재 상태에 대한 진단은 .64였고, 전생애에 대한 진단은 .68로서 어느 정도 신뢰롭다고 할 수 있었다. 하지만, 성격장애의 기준 자체가 문화에 기반한 것이므로 이러한 노력이 소용없다는 주장도 있다(Loranget et al., 1994).

7) 아동장애

아동장애 중 진단과 관련하여 가장 논란이 많은 것은 과잉행동장애이다. 프렌더개스트 등(Prendergast et al.)은 미국 아동과 영국 아동을 대상으로 연구를 진행했는데, 미국 아동이 영국 아동보다 아동장애를 더 많이 앓는 것으로 나타났다(Prendergast, 1988).

8) 난폭성장애

만 등(Mann et al.)은 2명의 일본 아동과 2명의 미국 아동을 중국, 인도네시아, 일본, 미국의 정신건강 전문가들이 진단하게 하였고, 그 결과 문화 간 차이가 있다는 것을 알아냈다(Mann, 1992). 전문가들은 중국과 인도네시아의 아동이 일본과 미국의 아동에 비해 더 난폭한 행동을 하는 것으로 진단했다.

3. 정신장애를 바라보는 다양한 관점

1) 에믹 지향

클라인만(Kleinman, 1977)이 '범주 함정(category fallacy)'을 주장한 이후 새로운 '비교문화 정신의학'이 시작되었다. 에믹적 연구자들이 추구하는 것은 ① 고통에 대한 토착적 관용어의 의미를 연구하는 것, ② 장애에 대한 문화 특수적 분류, ③ 선행 위험요인의 형태와 의미를 찾아내어 의미화하는 데 있어서 문화의 역할 중시, ④ 질병의 결과(consequences)에 대한 귀인(attribution)이다.

2) 고통에 대한 문화적 관용어

설명적인 모델 인터뷰 카탈로그(explanatory model interview catalogue: EMIC)를 개발하여 고통에 대한 문화특수적 관용어를 연구하였다. 이 도구는 DSM-Ⅲ-R과 같은 표준화된 진단체계와도 호환이 잘되었다.

3) 신체화, 신경쇠약, 우울증

심신 분리 혹은 고통의 표현이라는 관점에서 여러 연구가 있다. 이러한 것들 중에 신체화, 강박증, 우울증 등이 다루어졌다. 서로 다른 문화에서는 스트레스 반응에 대한 심리적 혹은 신체적 요소에 대해 보고하기를 격려하거나 단념하게 하였다. 신경쇠약은 중국에서 매우 흔한 진단이다. 중국에서는 'shenjing shuairuo'인데, 문자적으로 의미하는 바는 '신경학적으로 약함'이다. 증세는 신체적으로 약함, 피로, 지침, 두통, 현기증, 위장장애와 기타가 있다.

클라인만(Kleinman, 1980)이 중국 정신과의사의 도움을 받아 100명의 신경쇠약 환자들을 면접해보니, 93명이 우울증 장애에 해당되었고, 87명은 주요 우울장애에 해당되었다, 이는 진단이 문화적 요소가 고려되어야 함을 의미한다. 또한, 신체화장애환자가 자발적으로 표현한 증상과 유도된(elicited) 증상 간에는 차이가 있는데, 이러한 것들이 서구에서는 일방적으로 유도된 증상 위주로 진단한다는 점에서 비서구에서 이러한 방식으로 하면 적절하지 않다는 것을 시사하는 것이다. 중국에서는 신체와 관련된 단어로서 '인간의 조건에 대한 관용어'가 182개나 있다는 것이 밝혀졌다. 예를 들면, 'shen ti'는 신체의 의미가 자기나 사람의 의미와 같다고 보았다. 신체화는 사우디아라비아, 이라크, 아프리카 국가들, 인도, 일본, 필리핀, 대만, 홍콩, 이란, 터키와 미국의 히스페닉계와 그 밖의 국가들에서 흔하다. 중국의 문화대혁명 당시의 스트레스로 신경쇠약에 걸린 환자가 많았다.

4) nervous

멕시코계 미국인과 푸에르토리코인들은 신경이 날카로운 것에 대해 'nervous'라고 부른다. 주 증상은 떨림, 두통, 수면장애, 현기증, 위장고통, 불편한 정서이다. 주로 스트레스가 심한 상황, 즉 사랑하는 이의 죽음이나 가정 불화와 같은 상황에서 나타난다.

5) 다문화주의와 인종 – 소수자 연구

유행병학 인간지도 조사(the epidemiological catchment area survey)는 인종, 연령, 성, 사회경제적 지위에 따른 자료를 수집하려고 실시되었다. 20,000명 이상을 무선표집 하여 조사하였는데, 평생 동안 정서장애 발병률은 비히스페닉계 백인이 11%인데, 멕시코계 미국인은 7.8%이며, 조증, 주요 우울증, 약한 우울증 등에서도 위와 비슷한 결과가 나타났다. 인종과 문화적응의 연구에서는 문화적응 과정상의 스트레스 등이 상호작용하는 것으로 드러났다. 즉, 멕시코인이 미국에 와서 미국 문화에 적응하면 그렇지 않은 경우의 사람이 보이는 신체화 방식 위주의 표현과는 달리, 좀 더 인지적이고 정서적인 증상을 보였다.

사회적 공포와 관련된 질병들

1. 음경소실공포증
음경소실공포증(koro)은 남부 중국과 서남아시아에서 남성들 중에서 흔히 보고된 것으로서, 자신의 성기가 뱃속으로 점차 들어간다고 확신하는 것이다. 이 증상을 앓는 환자는 여자 유령이 자신을 죽음으로 몰고 간다고 믿고 두려워한다.

2. 대인공포증
대인공포증(anthropophobia)은 중국인에게 주로 나타나는 사회공포증이다. 이 공포증을 가진 환자는 신경쇠약과 비슷한 증세를 나타낸다.

3. 신경성 식욕부진증
신경성 식욕부진증(anorexia nervosa)은 체중 증가와 신체 이미지 왜곡에 대한 두려움으로 질식하는 증상으로 서구의 젊은 여성에게서 흔히 발견된다.

Chapter 13 개인주의-집단주의와 상담

1. 개인주의 - 집단주의 이해

어떤 구성(construct) 개념이 지닌 의미는 이론과 측정을 감안하여 만들어질 필요가 있다. 예를 들면, 개인주의라는 것도 문헌의 용례와 측정 후의 요인 분석 등의 내용을 토대로 구성되어야 한다. 어떤 차원의 의미가 명확해지면 이 차원이 높은 사람들과 낮은 사람들이 지닌 공통의 생태학, 역사, 사회경제적 구조를 반영하는 변인들을 개별적으로 살펴볼 필요가 있다. 이로써 문화 결정 인과 문화 변인 간의 인과 관계를 찾아낼 수 있고, 이들 문화변이가 나타나는 이유를 이해할 수 있다. 또한, 이들 문화 변인이 가져오는 결과에 대해서도 살펴볼 필요가 있다.

이러한 맥락에서 가장 중요한 개념 '개인주의 대 집단주의'를 꼽을 수 있다. 개인주의 문화에서는 사람들의 사회적 행동이 주로 개인적인 목표에 의해 결정되는데, 이 개인적 목표는 가족 등의 집단 목표와는 아주 사소할 정도로만 중복되는 수준의 목표이며, 집단의 목표보다 우선시된다. 이러한 것들이 집단주의 문화에서는 개인주의 문화와는 반대의 패턴으로 나타난다.

이 개념은 서양 대 동양, 서양 대 아프리카 지역을 논할 때 발견된다. 고대 그리스 신화, 서구 소설에서는 개인을 중시하고, 동양 소설에서는 집단 등에 의해 결정된 개인의 의무 이행을 중시한다. 이후에도 맥팔래인(MacFarlane), 해자드(Hazard) 등에 의한 분석이 있었다. 집단주의와 개인주의 경향이 공존할 수 있으므로 정반대의 개념으로만 보는 것은 옳지 않다. 경험적으로도 이들 개념은 각각 2개의 직교 요인을 가지고 있는 있어서 4개의 직교 요인으로 이 개념차원(IND-COL)을 보아야 한다. 물(집단주의)과 얼음(개인주의)의 비유가 적용될 수 있다. 인간의 발달 초기는 가족의 보호가 매우 중요한 시기이지만 점차 성장하면서 자생적이고 개인주의적으로 변모한다. 물분자는 얼음으로 변화하지만 얼음은 녹아 물이 될 수도 있다. 각 문화에서 이들 개인과 타인 간 연결의 서로 다른 패턴은 얼음이 된다. 그래서 이들 분자들에서 물이 지배성을 가지고 있느냐 혹은 얼음으로 변화되어졌느냐에 따라 서로 다른 개인주의와 집단주의 형태가 있다.

이들 변환에서 중요한 결정인은 문화적 복합성과 부유함이라고 본다. 문화적 복합성은 분리, 구분, 서로 다른 생활스타일을 창출한다. 그래서 개인은 상충되는 규범과 세계관에 직면하게 된다. 이때 집단의 규범보다는 개인 내적 요인들에 기초해서 행동하는 방법을 결정하며, 이로서 개인주의가 태동된다. 문화적 복합성은 경제가 기능적 특수화되는 경우마다 발생하며, 서로 다른 개인은 전체에 유익한 서로 다른 일을 하게 된다(예: 그리스).

부유함도 중요한 요인이다. 부유하면 독립적일 수 있다. 재정적 독립은 내집단으로부터 독립하는 것과 상관이 있다. 중국의 경우에는 2500여 년 전에 이미 통일되었는데, 이후 주요한 유교의 덕으로서, 군-신, 부-자, 장-유, 부-부, 붕-우 관계에서의 결속을 강조하였다. 몇몇 가족이 부유하다고 하더라도 이 부는 사회구조의 변화보다도 유지하는 데 사용되었다.

집단주의자의 주된 가치는 상호호혜성, 책무, 의무, 안전감, 전통, 의존, 조화, 권위에의 복종, 평온함, 적절한 행동(li)이며, 개인주의자의 주된 가치는 용감함, 창의성, 자기 의지감, 고독, 검소함이다. 중국에서 강조되는 8가지 가치는 사회적이며, 여기에 수치와 효도가 포함되어서 대인관계를 공고히 하게 된다. 서양에서는 감정은 성적 활동의 즐거움에 연결되어 있어서 프로이트는 리비도 과정을 과잉 강조하였다. 동양에서는 정서가 개인의 의무, 상호호혜성,

적절한 행동을 하는 것과 관련되어 있다. 그래서 공자에게서 Li(理)는 프로이트(Freud)의 리비도 과정처럼 중심이 되는 개념이다.

개인주의자들은 자신이 '좋은 사람'이라는 느낌을 갖기 위해 미개척지를 정복한다. 하지만 집단주의자들은 자신들의 주거지를 경작하는 데서 만족한다. 이에 비해 집단주의자들은 적절한 관계를 강조함으로써 개인주의자에게서 나타나는 차별이나 범죄 등 문제의 발생 빈도가 적다. 집단주의자들은 종교적 전도사가 아니며, 대개 초월적 문제에 주의를 기울이지 않는다.

수(Hsu)는 개인주의의 특성으로 자기의지, 경쟁심, 공격적 창의성, 동조, 불안전감, 대규모 군사 비용, 너무 다른 인종과 종교 집단에 대한 편견, 비현실적 대인관계를 꼽았다(Hsu, 1983). 집단주의의 특성으로는 낮은 정서성, 집단의 보호 추구, 경쟁에 무관심, 낮은 수준의 창의성을 꼽았다. 이러한 것은 경험적 검증이 필요한 것이다. 중다 측정법이 사용되어야 한다. 이 작업의 대부분은 이들 생각의 일부를 검증했다. 이러한 검증 작업 과정에서 개인주의는 수(Hsu)가 가정한 모든 연결(link)을 꼭 포함할 필요는 없는 복잡한 구성개념이었다는 것을 알 수 있다.

수(Hsu)는 가치에 관련된 많은 언급을 하였는데, 이는 중국 전통 문화에 상당히 우호적이었다. 예를 들면, 초기의 개인주의는 공공선이라는 생각과 연결되어 있었는데, 최근의 개인주의는 쾌락주의를 강조하여 왔고, 윤리나 공동 선에 대해서는 별로 강조하지 않는다는 말이다.

개인주의-집단주의에 관해 인류학적 증거 중에서 미드(Mead)가 13개 원시 사회에 대한 민속지를 분석하여 협조, 경쟁 혹은 개인주의를 강조하는 주제를 추출해낸 것에 관심을 둘 필요가 있다. 나는 집단주의/개인주의에 관해 그동안 심리학자들이 생성해낸 생각을 사용하여 이들 사회를 개인주의와 집단주의로 분류하였다. 통계적 분석을 한 결과 유의한 차이가 있는데, 개인주의 사회는 사냥, 채집, 수렵, 약탈 등을 하는 경향을 보인 반면, 집단주의 사회는 농업을 하였다.

생태학 (Ecology) → 문화 (Culture) → 사회화 (Socialization) → 성격 (Personality) → 사회적 행동 (Social Behavior)

그림 13.1 생태적 측면에서 사회적 행동까지의 경로

하지만 이러한 분석에서 개인주의와 집단주의는 둘 다 상황특정적(setting specific)이라는 것이 드러났다. 예를 들면, 콰우키틀(Kwakiutl)족은 다른 종족의 추장들에게는 경쟁적인 측면에서는 개인주의자인 반면 가정에서는 집단주의자였다.

그림 13.1은 이 장에서 문화와 사회적 행동 간의 연결에 대한 분석을 위한 일반적인 틀이다.

심리학의 거의 모든 자료는 개인주의 문화에서 나왔는데, 전세계 인구의 약 70%에 해당되는 사람들이 집단주의 문화에 살고 있다는 점을 감안하면 집단주의 문화권에서 사회심리학적 이론이 어떻게 적용되는지 살펴볼 필요가 있다.

많은 사회과학적 발견은 개인주의와 집단주의 차원을 중심으로 통합되어질 수 있다. 경제 발전에 대한 이해, 도덕관 등이다. 개인주의는 그동안 비판받기도 하고 방어되기도 했다. 스펜스(Spence, 1985)는 적어도 토크빌(Tocqueville) 시대 이래로 개인주의는 미국인 특성의 중심이 되어왔다고 보았다. 에머슨 (Emerson)과 소로우(Thoreau)는 자기의지감와 독립심을 강조했는데, 최근에 벨라(Bellah) 등은 개인주의를 이기주의라고 비난하였다. 스펜스는 개인주의에 대한 비판가들이 사회와 정치제도에 개인주의가 긍정적 기여를 한 것을 잘 알지 못하고 있다고 보았다. 일례로, 맥클러랜드의 성취동기도 당시의 사회문화적 맥락이라는 조건에서 이해되어야 한다고 보았다. 하지만 극단적인 개인주의에 대한 일부 비판에 대해서는 스펜스는 동의하였다.

스펜스와는 달리 펄조프(Perloff, 1987)는 자기 관심에 대한 자랑스러운 주창자이다. 심리학, 진화론적 생물학, 경제학에 대한 문헌과 일상사에 대한 자신의 객관적인 관찰을 토대로 자기 관심은 행동을 이해하는데 효과적인 힘이

된다고 보았다.

비교문화적 연구의 중요성에 대한 핵심 사항은 정의(definitions)에 대한 논의로부터 출현하였다. 문헌에 대한 개관과 스펜스와 펄로프의 논의로부터 자기 의지는 미국인 개인주의의 핵심 개념이라는 것이 확실해졌다. 이러한 것은 일리노이주에서 표집한 연구에서도 드러났는데, 전체 변량의 35.2%를 경쟁심을 가진 자기의지 요인이 설명하였다. 14%는 집단주의 요인이었고, 세 번째 요인도 내집단으로부터 거리감으로서 12%의 설명변량을 보였다.

개인주의에 대한 미국인의 정의가 자기 의지, 경쟁, 내집단으로부터 거리감일지라도 흥미로운 점은 이들 차원이 세계의 문화들을 비교하는 데는 별로 중요하지 않다는 점이다. 트리안디스 등(Triandis et al.)에 의하면, 가장 중요한 비교는 가족 통합성이라는 요인에서 얻어진다(Triandis, 1986). 이 요인이 전체의 57%를, 내집단으로부터 거리감이 11%, 자기 의지 요인이 7%만 설명함으로써 미국에서 가장 중요한 요인이 세계적으로는 가장 덜 중요한 것으로 드러난 것이다. 이것은 즉, 개념이 어떻게 국지적으로 규정되어서 세계적인 현상을 이해하는 데 제한된 중요성을 보이는지를 보여주는 것이다. 홉스테드(Hofstede, 1980)의 연구에서 보면 가족 통합성 요인은 개인주의 지표와 -.73의 상관을 보였다.

개인주의-집단주의 구성 개념은 부분적으로는 가치를 반영한다. 가치는 태도나 행동과 관련되어 있다. 따라서 개인주의-집단주의가 세계의 서로 다른 지역에서 어떻게 작동되는 지를 이해하는 것은 적어도 왜 사회적 행동이 다른 지역에서 서로 다른지를 알게 해준다.

더욱 기본적인 수준에서도 개인주의-집단주의 분석이 슈와르츠(Schwartz, 1986)가 사회과학에 대해 가공할 만한 비평을 한 것에도 드러났듯 현대 사회과학에서 주요 논쟁을 알려줄 것이다. 그에 의하면, 인간 본성을 개인주의적이지 않은데, 사회과학자들은 개인주의적이라고 가정하고 있다는 것이다. 그래서 이들 과학은 인간 본성에 대한 기술이나 설명이 아니고, 과학자들이 속한 문화의 가치를 반영하고 있다.

슈와르츠(Schwartz)는 자기 관심은 대부분의 서구 제도에 기본적인 원리로서 들어가 있다. 그러나 '도덕적 명령'이나 민주주의가 붕괴됨에 따라 협동과 자기희생의 중요성을 사람들은 인식해야만 한다. 그는 경제적 교환과 강화로서만 사회를 건설할 수는 없다고 보는데, 그 이유는 그렇게 될 경우 많은 사회 문제가 발생될 것이기 때문이다. 따라서 도덕적 힘을 사용해야만 한다. 간단히 말하면, 사회적 행동의 일부 측면만이 개인주의자의 원리에 의해 이끌어질 뿐이다. 가족에서의 행동과 같이 많은 상황에서 다른 원리들이 필요하다.

물과 얼음의 비유로 돌아가 보면, 물(집단주의)은 얼음(개인주의)으로 변화될 수 있으며, 다시 특정 조건에서는 물로 바뀔 수 있다. 개인과 타인 간의 관계는 개인주의적이거나 집단주의적인 방식으로 정의될 수 있다.

끝으로, 이 주제의 중요성은 개인주의-집단주의와 남성/여성 사회적 행동간의 유사점을 언급함으로써 더 커진다. 이글리(Eagly, 1987)가 사회적 행동에서 성차에 대해 훌륭한 개관을 했다. 여기서 보면, 개인주의자가 개인의 목표보다 내집단 목표를 우선시하는 것처럼, 대부분의 사회에서 여자들은 자신의 목표보다 자신의 자녀들과 가족의 관심을 우선시하는 것으로 기대되었다.

콘드(Gould)와 콜브(Kolb, 1964)는 개인주의를 개인이 자신에게 있어서 목표이며, 널리 퍼져있는 사회적 압력의 무게가 동조의 방향으로 작용함에도 불구하고, 그로 인해 자신의 '자기를 실현하고 자신의 판단을 계발시키는 신념이다'라고 정의하였다(Gould & Kolb, 1964). 집단주의는 ① 자신보다 내집단의 관점, 욕구, 목표를, ② 즐거움을 얻으려는 행동보다도 내집단에 의해 규정된 사회적 규범과 의무를, ③ 자기를 내집단과 구분하는 신념보다도 내집단과 공유하는 신념을, ④ 내집단 성원들과 협조하려는 많은 준비성을 강조한다.

이 시점에서 집단과 내집단에 대한 공식적인 정의를 내릴 필요가 있다. 집단이란 자신들이나 다른 사람들에 의해 '집단'으로서 지각되는 개인들의 집합이다. 집단은 소속원들의 유사성, 공동 운명성, 집단 경계의 안정성과 침투불가능성이 있을 때 잘 나타난다. 내집단이란, 집단의 규범, 목표, 가치가 구성원들의 행동을 규정하는 집단이다. 외집단이란, 내집단의 속성과 다른 속성을 지닌

집단이며, 이 집단의 목표는 내집단의 목표들과 관련이 없거나 일치하지 않는 경우, 아니면 내집단의 목표 실현과 반대되는 집단이다. 이때 외집단이 내집단을 실제로 위협할 필요가 없고, 단지 위협하고 있다고 지각하는 것이 필요할 뿐이다. 외집단은 상당히 안정적이고 침투불가성을 지닌다.

내집단의 규정은 문화마다 서로 다르다. 그리스에서는 '가족, 친구, 그리고 나의 안녕과 관계된 사람들을 내집단'으로 보았고, 미국에서 로키치(Rokeach, 1960)는 '나와 주요한 이슈와 가치를 동의하는 사람들을 내집단'으로 규정하고 있다.

한 사람이 다른 사람을 어떤 맥락에서는 내집단으로 보고, 다른 맥락에서는 외집단으로 볼 수도 있다. 또한 사람들은 여러 내집단에 소속된다. 특정한 순간에 두드러지는 상황이나 이슈에 따라 이들 내집단 중 하나 혹은 그 이상이 두드러지게 된다. 일부 사람들은 특정 내집단에 초점을 맞추는 습관을 발달시키기도 한다.

2. 개인주의-집단주의 연구

룩스(Lukes, 1973)는 서양의 텍스트를 내용분석하여 다음과 같은 주제를 포함한 개인주의의 정의를 내렸다. 인간의 존엄성, 개인적 자기개발, 자율성, 사적 비밀, 사회의 기반으로서의 개인이 바로 그것이다.

휴와 트리안디스(Hui & Triandis, 1986)는 사회과학자들을 표집하여 개인주의-집단주의 구성 개념의 의미에 대해 가지고 있는 관점을 파악하였다. 전세계에 걸쳐 상당히 일치한 결과를 얻었다. 집단주의는 내집단 구성원들이 어떠한 공리주의적으로 계산함이 없이 내집단 규범이 구체화함에 따라 반응해 나가는 정도에 따라 내재화된다. 이러한 것을 'unquestioned attachment'라고 할 수 있다.

이들 연구 결과를 바탕으로 휴(Hui, 1984, 1988)와 트리안디스(Triandis, 1985) 등은 이 구성 개념을 측정하는 방법을 고안해냈다. 트리안디스 등은 문화적 수준에서 개인주의-집단주의와 개인적 수준에서 idiocentrism/allocentrism 간의 구분을 했다.

앞서 다룬 것들을 종합해 보면, 문화 비교에서는 집단주의가 주로 가족 통합성과 내집단으로부터의 거리감 유지 차원에서 개인주의와 달랐다. 문화 내에서는 집단주의자가 상호의존성과 사교성에서 주로 높았고, 개인주의자는 자기 의지감과 경쟁심에서 주로 높았다. 흥미로운 것은, 미국에서 대다수 연구 문헌은 개인주의-집단주의를 문화 내 차원에서 다루고 있다는 점이다.

개인주의는 부유하고, 사회적으로나 지리학적으로 유동성이 있으며, 현대화된 지역일수록 더 높았다. 기본적으로 개인주의 문화에서 개인주의자는 자기 애적이고 자기 충족적이며, 집단주의자는 사교적으로 통합되는 경향을 보이며 필요할 때 많은 사회적 지지를 받는다. 집단주의 문화에서 개인주의자는 반항적이며, 문화의 억압을 피해 이주하려고 하는 경향을 보이며, 집단주의자는 잘 적응하며 내집단이 두드러지게 드러날 때 열광적인 모습을 띠는 경향이 있다.

마틴(Martin)과 트리안디스(Triandis)는 미국 내 히스페닉계가 비 히스페닉계보다 더 집단주의적이었으며 미국 문화에 적응하면서 점차 개인주의적으로 변화한다는 사실을 밝혀냈다(Martin & Triandis, 1985).

전통적인 그리스인들은 자유와 진보를 개인적 구성개념보다는 사회적(국가적) 구성개념으로 보고 있다는 점이 연구에서 드러났다. 이들에게 있어서 최고의 가치는 좋은 사회적 관계와 내집단에서 사회적 통제이다. 반대로 미국인들의 성취와 효율성을 가치있게 생각한다.

필리핀 문화에서의 연구를 통해 보면 집단주의의 중요한 요소는 내집단과 외집단의 뚜렷한 구분이다. 전 세계에 걸쳐 공통적인 집단주의적 요소를 알아낸다고 해도, 동시에 많은 종류의 집단주의가 있음을 알아야 한다. 이와 유사하게 개인주의도 여러 종류가 있음을 알아야 한다. 예를 들면, 개인주의가 미국에서는 경쟁과, 이탈리아에서는 자기애와 강하게 연관되어 있다.

집단주의는 좀 더 넓은 구성개념이며 권력거리를 포함하고 있다. 즉, 권력을 가진 자와 그렇지 않은 자 간에 큰 차이가 있다고 보는 경향이 있다. 복종을 향한 사회화는 집단주의와 권력거리 둘 다와 연관이 있어 보인다.

수(Hsu, 1981)는 중국과 미국 간에 여러 가지 대조되는 바를 연구하였다. 조상에 대한 태도, 젊은이와 미래에 대한 태도, 성공과 위신, 경쟁 등에서 비교하였다.

나롤(Naroll, 1983)은 경험적 증거에 대한 개관을 통해 1차 집단이 강한 사회적 유대, 정서적 따뜻함, 이탈에 대한 즉각적인 처벌을 제공하는 규범적인 참조집단이라는 점에서 매우 긍정적인 사회적 지표가 사회를 특징짓는다는 점을 제안하였다. 낮은 살해율, 자살률, 범죄 등의 특징을 보인다.

다양한 종류의 개인주의와 집단주의에서 몇 가지 기본적인 유사성이 있다고 하더라도 또한 차이점이 있다. 첫째, 얼마나 많은 집단들이 중요한가의 문제이다. 둘째, 집단의 영향력이 얼마나 폭넓은가의 문제이다. 중국에서 '작업단위'는 여러 가지 측면에서 영향력이 높다.

개인주의도 마찬가지로 여러 종류가 있다. 자기애적인 개인주의도 있고, 무정부적 개인주의도 있다. 그래서 우리 이론은 문화의 속성과 연결되어 있는데, 스팽글러(Spangler)의 6개 가치 각각에서 관찰되는 개인주의-집단주의에 대한 상대적 경향성과 특정한 사회생활 영역과 상황에서 사회적 행동을 지배하는 내집단의 수를 포함한다.

- 사적 자기의 강조와 내집단 강조: 개인주의자들 중에서 대개는 자기(self)를 개인주의적 용어로 정의한다. 집단주의자들 중에서는 내집단에 대한 강조는 내집단 용어로 자기를 정의하는 것과 많은 사회적 행동에 미치는 내집단의 영향력 측면에 반영되어 있다. 개별화 대 관계성에 대한 강조는 남성과 여성 간에서 발견되는 강조에서도 관련되어 있다. 남성은 관계성에 애로사항이 있고, 반면 여성은 개별화에 애로사항이 있다.
- 단기적 관점 강조 대 장기적 관점 강조: 개인주의자들보다 집단주의자들이 더 장기간의 상호작용 관점을 취하고 있다. 이러한 시간적 차원은 목표, 세대 등에 대한 인식에서 적용된다.

- 집단주의에서 위계와 조화 강조: 발생학적인 측면에서 보면, 집단주의는 협조적 행동이 생존을 가능하게 해준다는 점을 인식한 것에서 출발하였다. 이러한 협조는 권위에 의한 협동으로 이어져야 하고, 이러한 권위는 집단 내에서 복종과 화합을 필요로 하게 된다. 따라서 위계가 강조된다.
- 소수 내집단에 정서적 애착 혹은 다수 내집단으로부터 탈피: 집단주의자들은 몇 개의 내집단에만 정서적으로 애착되어 있으며 이들 집단을 보존하는 것과 이들 집단을 더 낫게 만들기 위해 행동한다. 개인주의자들은 이와 달리 주로 1차 친족에 대해 투자하여 다른 내집단에 대해서는 다소 분리감을 갖는다. 개인주의자들은 많은 내집단 구성원들과 형식적인 상호작용을 하는 데는 탁월한 기술을 가지고 있지만 다른 사람들과 친밀하게 상호작용하는 기술이 집단주의자들보다 적다.

3. 개인주의 – 집단주의 구성 개념

한 개인을 개인주의자 혹은 집단주의자라고 분류하는 데 있어서 어떤 단일한 요소만으로는 충분하지 않다. 하지만 여기에 사용되어야 하는 규정된 요소를 다 알지는 못한다. 따라서 중다차원의 군집화와 같은 분류방식을 사용할 수 있다.

밀즈와 클라크(Mills & Clark, 1982)가 논한 공동체와 교환관계와 질러 (Ziller, 1965)가 논한 열린 집단과 폐쇄 집단을 살펴보자. 밀즈와 클라크가 말한 공동체 관계는 타인의 복지에 대한 지대한 관심, 정서의 동등성(공유), 타인의 요구에 대한 높은 반응률 등의 특징을 지니고 있다. 그들은 이와 관련된 가설들을 만들어 실제 연구하였는데 지지받았다. 클라크 등(Clark et al., 1987)은 공동체 지향 척도를 개발하여 이것을 가지고 돕기 행동을 예언하는 것을 확인하였다.

질러(Ziller, 1965)가 논한 열린 집단은 회원이 계속해서 바뀌며, 폐쇄집단은 상당히 안정적인 회원을 유지한다. 이들 집단은 각각 개인주의 문화와 집단주의 문화의 속성과 유사하다. 시간 차원, 자기관, 상호호혜성 규범, 권력 등의 측면에서 개인주의 문화와 집단주의 문화의 구분되는 속성과 대체로 비슷한 형태의 차이를 보였다.

4. 개인주의-집단주의 측정 방법

1) 중다방법평가

중다방법평가란 여러 구인을 여러 방법으로 측정하는 것이다. 그런데, 이와 관련된 중요한 논쟁 중의 하나는 문화 변인들과 측정치의 의미 간 상호작용 가능성의 문제이다. 동일한 방법을 사용하지만 문화 내 관점 대 문화 간 관점으로부터 얻어진 자료를 분석한다고 해도 서로 다른 의미를 얻을 수 있다. 예를 들면, 성취(achievement)는 주로 개인주의 문화에서는 개인적 성취를, 집단주의 문화에서는 집단 성취와 관련되어 있다. 중다방법 전략을 사용할 경우 '다른 방법으로 문화적 변인을 어떻게 연구할 수 있겠는가?'라는 의문이 생긴다. 이와 관련하여 예를 들면, 특정 문화 변인에서 2개의 문화가 높고 2개의 문화가 낮다는 것이 확인될 수 있다. 그러면 4개의 문화에 대해 민속지연구를 수행하고, 행동에 대한 체계적인 관찰을 하고, 신념이나 태도, 규범, 가치, 다른 주관적 문화 요소를 측정하는 조사를 하고, 투사법을 사용하고, 실험을 하고, 내용 분석을 통해 자생적으로 발생된 문화의 요소들을 살펴보고, HRAF를 바탕으로 한 분석을 통해 변인을 살펴보기까지 한다.

2) 관찰

사람들이 공공장소에서 혼자 다니는 것(A)과 함께 다니는 것(T)의 빈도를 관찰하기로 했다. 사람들이 관찰되고 있다는 점을 눈치 채지 못할 만큼 충분히 큰 도시이어야 하지만, 연구를 쉽게 하기 위해서는 충분히 작아야 한다. 관찰 대상의 도시(예: 에배너)에 대한 지도를 만들고 거리를 선택하여 거리격자를 만든다. 이 중에서 무선으로 10개의 코너를 선택했다. 낮 시간도 30분 단위로 나누어서 무선으로 10개의 단위를 골라서 각각 10분씩 관찰했다. 그래서 점심을 먹으러 집으로 가는 시간, 작업 시작 시간 등을 알아낼 수 있었다. 코재인(Kozane)에서는 쉽지 않았다. 이곳에서는 일과 후 저녁시간에 표집하였다. 그리스인들은 미국인들에 비해 혼자보다 함께 타는 비율이 더 많았다. 그러나 이러한 것은 부유함과 가구당 차량 대수를 반영하는 것이다. 보행자 자료는 이상하리만치 비슷한 수준이었다. 중국에서 수행된 비공식적 관찰 결과는 집단주의 문화에서는 높은 비율의 사회적 상호작용이 3명이나 그 이상의 집단에서 이루어졌고, 개인주의 문화에서는 혼자 혹은 단 둘이 있는 사람들이 더 많았다. 이러한 차이의 원인으로 중국의 완전고용정책을 들 수 있다.

3) 문장완성검사

집단주의 문화에서는 자기가 내집단의 부속물처럼 정의되고, 개인주의 문화에서는 내집단과 다른 하나의 실체로서 정의된다. 그럼에도 불구하고 개인주의 문화에서도 자기를 규정하기 위해 내집단에 관련된 개념을 사용한다. 이때 사용되는 방법은 쿤(Kuhn)과 맥팔랜드(McParland, 1954)가 만든 20개의 문장 완성검사이다. 내용분석을 통해 '사회적 범주'의 비율을 채점한다. 0~100% 사이의 범위에서 집단주의자 집단의 평균은 29~52%이며, 개인주의자 집단의 평균은 15~19%이었다. 집단주의자 집단은 가족, 국가, 성에 대한 언급이 더 많았고 상위에 위치하였다. 반면 개인주의자 집단은 직업에 대한 언급이 더 많았고 상위에 위치하였다.

4) 자기보고 측정

후이(Hui, 1984, 1988)는 미국과 홍콩에서 타당화 작업이 완료된 태도 항목을 사용한 측정법을 제안했고, 트리안디스 등(1985)은 다양한 측정의 수렴타당도와 변별타당도를 결정하기 위해 미국 내에서의 다양한 시나리오에 대한 태도항목과 반응 둘 다를 사용하였다. 트리안디스 등은 전세계의 15개 지역에서 태도 항목을 사용했다(Triandis et al., 1986). 그는 1988년에 4개 문화에서 태도 항목을 사용하였다. 후이의 태도 항목은 집단주의와 크랜딜(Crandall, 1980)의 '사회적 관심'과 스왑과 주빈(Swap & Rubin, 1983)의 사회관계척도에 대한 반응 간 상관을 볼 때 낮지만 유의미한 상관을 보였다. 트리안디스 등은 집단주의자(개인적 차원) 점수와 협조 경향성 간의 낮은 긍정적인 관계를 보였고, 집단주의자와 고독감 간에는 낮은 부적 관계를 보였다(Triandis et al., 1985).

5) 가치조사

가치에 대한 조사는 유용한데, 개인주의 문화와 집단주의 문화에서 드러나는 가치의 패턴과, 어떤 다른 가치가 상호 관련되어 있는지를 알아볼 수 있기 때문이다. 미국인을 대상으로 한 로키치(Rokeach)의 연구에서 사회적으로 상류층은 더 개인주의적 가치를, 하류층은 더 집단주의적인 가치를 가지고 있는 것으로 나타났다. 슈와르츠와 빌스키(Schwartz & Bilsky, 1987)은 집단주의와 개인주의의 구체적인 측면을 확인하는데 사용될 수 있다. 이스라엘과 독일인을 대상으로 연구하여 개인주의와 관련된 군집(예: 자기 지시, 성취, 삶 즐기기)과 집단주의와 관련된 군집(예: 친사회성, 제한된 동조, 안전)이 발견되었다. 슈와르츠는 이들 군집이 개인주의와 집단주의 하위요인이며 전반적인 측정법보다 이 구성개념을 측정하는 데 좀 더 세련되었다고 보았다. 트리안디스(Triandis), 맥쿠스커(McCusker), 후이(Hui)는 가장 전형적인 집단주의적 가치는, 중국인과 미국의 집단주의자 간의 유상성이 있는 것들 혹은 중국인과 미국인 간에 대비가 있는 것들이라고 주장했다. 이들의 연구에서 집단주의자들은 사회질서, 자기규율성, 사회인식, 겸손함, 부모와 어른 공경, 삶에서 자신의 위치 수용, 체면 유지 성향을 보였고, 개인주의자들은 평등, 자유, 즐거운 삶, 다양한 삶, 즐기기 성향을 보였다. 본드(Bond, 1988)는 21개 문화권에서 가치를 연구하였는데, 지적임과 독립심을 가족안전개념과 대비시켰다.

6) 그 외의 방법

- 실험실 행동: 나이트(Knight, 1981)는 서로 다른 결과를 보여주는 칩을 사용했다. 이와 같은 많은 연구들에서 보인 결과는 개인주의적인 문화일수록 아동들은 자신에게 더 유리한 결과를 선호하는 경향이 많았는데, 그리 강력하지는 않았다.

- 내용 분석: 모스바흐(Morsbach, 1980)는 일본과 서양에서 나온 자서전의 내용을 분석한 결과, 서양에서 출간된 자서전에 개인주의적 주제가 더 많음을 발견했다.

- 시나리오: 존스(Jones)와 보크(Bock)는 모리스(Morris)의 13개 생활방식을 단축형을 만들어 비교문화연구에서 자극으로서 사용하여서 개인주의-집단주의와 관련된 것으로 보이는 하나의 생활방식을 발견해냈다(Jones & Bock, 1960). 이 요인에 대해 미국백인들은 매우 낮은 점수를 보인 반면, 아시아인들은 상당히 높은 점수를 보였다. 본드 등은 시나리오를 제시하여 언어 모욕에 대한 반응이 집단주의와 관련이 있음을 밝혔다(Bond, Wan, Leung, Giacalone, 1985). 룽(1987)도 갈등 해결 시나리오를 사용하여 집단주의자와 개인주의자에 의한 다른 반응을 발견했다. 샤론(Shannon, 1986)도 미국 어린이 들이 좋아하는 책 30권을 내용분석하여 대부분의 활동에서 자기를 명백한 경향성을 보인다는 점을 밝혔다.

- 표집: 다나카(Tanaka, 1978)는 환태평양지역에서 표집하여 개인주의적인 호주인과 뉴질랜드인들이 '내 생각에 가치 있는 일이라면 한다.'는 목표를 각각 50%와 64%가 찬성한 반면, 일본인들은 32%만이 찬성했고, 인도인은 12%, 파키스탄인은 8%가 찬성했다.

5. 개인주의-집단주의 원인과 결과

1) 개인주의-집단주의 원인

집단생활은 음식 섭취, 안전 등의 측면에서 영장류에 명백한 이점이 있다. 하지만 사회가 점차 이질화되고 부유해지면 이러한 이점은 덜 명확해진다. 서로 다른 환경에서는 집단생활과 개인생활의 이점이 서로 다르다. 음식 축적률이 낮은 사회에서는 집단생활의 장점이 중요해지지만 축적률이 높은 사회에서는 그렇지 않다. 이러한 패턴은 현대 사회에서 사회 계층에서도 유사하게 나타난다. 낮은 사회 계층에서는 자녀들이 좋은 추종자이기를, 전문가 계층에서는 독립심, 창의성, 자기의지가 높기를 바란다.

단순 사냥/채집문화와 현대 산업문화 간의 많은 유사점이 발견되기도 한다. 두 문화 모두 핵가족을 강조한 반면, 집단주의자들은 확대 가족을 강조한다.

사회가 음식 채집과 사냥에서 농경으로 다시 산업화되면 내집단에 개인이 제공하는 기능적 유용성에서도 변화(shift)가 나타난다. 문화가 집단주의에서 개인주의로 이동해감에 따라 사회적 행동 상에서도 수많은 변화가 관찰된다 (예: 친밀한 행동에서 형식적 행동으로 등). 부가 증가함에 따라 거래가 중요한 활동이 되며, 계약이 중요해진다. 행동은 단기간의 관점에서 결정된다. 대중매체에 대한 노출이 있는 사회는 개인주의화 방향으로 변화된다.

2) 개인주의-집단주의 결과

생태적 요인에 의해 원시적 개인주의에서 집단주의로, 다시 신 개인주의로 변화되었다. 이러한 것은 아동이 사회화되는 방식에서 볼 수 있다. 단순 수렵 사회에는 아동이 사냥을 하기 위해 독립적이고 자기의지적으로 되기를 요구받는다. 그러다 복잡한 농업사회에서는 복종적이기를, 다시 현대 산업 및 정보사회에서는 독립적이고 자기의지적으로 살기를 요구받는다. 집단주의 문화에서는 수직적 관계가 더 중시되며, 개인주의 문화에서는 반대이다. 교신 방법도 다르다.

이러한 차이의 흔적은 현대 산업환경에서도 지속된다. 집단문화에서 온 외국인 학생도 문제가 있으면 친구보다 교사나 상담가를 찾는 것을 더 편안해 한다.

집단주의에서 개인주의로의 이행에 대한 탁월한 논의는 도마니스(Doumanis, 1983), 카타키스(Katakis, 1984), 쉰하(Shinha, 1988)에 의해 이루어졌다. 이들이 다룬 자료들로부터 비교문화 상의 일반성이 있다고 제기된다.

문화적 복합성의 중요성은 자녀양육에 관한 6개 문화를 다룬 유명한 연구에서 제안되었다. 문화적 복합성이 커질수록 가족의 복합성이 어느 수준까지 커지다가 점차 가족은 복합성이 적어진다.

자녀 양육은 집단주의 문화에서 자녀를 침해하는 정도가 높다. 자녀의 사적 비밀은 알려져 있지 않다. 부모에 대한 자녀의 의존은 고무되고, 자녀의 의지는 깨져서 완전히 복종을 하게 된다. 자녀의 가치도 문화권마다 서로 다르다. 집단주의 문화에서 자녀는 좋은 일꾼으로서의 도구적 가치가 있는 반면, 개인주의 문화에서는 표현적 가치가 있다.

집단주의 문화에서는 많은 상호작용, 자문, 인도, 사회화를 통해 자녀를 통제한다. 강력한 모-자 관계가 잘 적응된 성인을 만들어낸다. 그래서 효도가 중요한 미덕이 된다. 그러나 또한 자녀들에게 그 자신들이 세상의 중심이라고 말해준다. 내집단원 간의 상호의존을 강조한다. 후이(Hui, 1989)는 가족 집단주의는 자녀가 1명일 때 누더기 같은 개인주의로 귀결될 수 있다고 지적했다. 집단주의 문화에서는 자녀를 좀처럼 무시하지 않지만, 개인주의 문화에서는 늘 그렇지는 않다. 자녀들 무시하는 것은 미국에서 유행병 수준에 이르러 있다.

어린이들은 일찍 그 사회의 좋은 구성원이 되기 위해 매우 중요한 기술들을 배운다. 집단주의 문화권에서 어린이들은 먼저 내집단이 원만히 기능하기 위한 행동들을 배우고 나중에 독립심을 배운다.

부모-자녀 간 유대는 집단주의 문화에서 일반적으로 가장 강력한 인간 유대이다. 집단주의 문화에서는 개인주의에서만큼 부-부 관계가 그리 강력하지 않다는 점이 주된 차이점이다. 이런 점에서 볼 때 집단주의적 남자와 개인주의적

여자의 결혼이 가장 힘든 관계를 만든다. 이혼가능성에 대한 예측 조건에서 보면, 집단주의자와 집단주의자의 결혼관계가 가장 바람직하고, 다음이 개인주의자와 개인주의자의 결혼관계이며, 맨 나중이 집단주의자와 개인주의자의 결혼관계이다. 하지만 배우자의 성도 중요한 역할을 한다.

집단주의식 자녀 양육은 부모가 자녀에게 많은 영향을 끼치는 엄청난 통제가 특징이다. 이러한 양육방식은 집단주의 문화에서 자녀를 개인주의 문화권에서 하는 방식으로 양육하는 집단에서도 몇 세대에 걸쳐 이어지고 있다. 두 문화에서 자녀양육을 강조하고 있다는 점은 어린이의 역할지각에 대한 연구에서 잘 드러났다. 인도네시아에서는 복종이, 미국에서는 즐기기가 가장 중요한 것이었다.

집단주의 문화에서 사회화는 자신이 누구인가(자신의 조상, 자신의 역사)와 같은 것을 많이 배우도록 강조한다. 여기서 사회화는 주로 내집단구성원으로서 사회적 정체감의 형성에 초점이 맞춰져 있고, 그다음이 일련의 기술을 배우는 것이다. 개인주의는 그 반대이다.

6. 개인주의 – 집단주의와 자기

I, me, mine, myself의 용어를 포함한 진술로서 자기를 정의할 수도 있다. 이는 자기에 사회적 동기의 모든 측면들이 포함되어 있음을 의미한다. 개인주의 문화에서 그리고 일부 집단주의 문화에서 자기는 신체와 동일 연장선상에 있는 것으로 본다. 집단주의 문화에서는 자기가 가족이나 부족과 같은 집단과 중복되어 있다.

이런 식으로 사로 다른 자기들에 대한 기술을 위해서는 사적, 공적, 집단적 자기 간의 대비를 시켜보아야 한다. 사적인 자기는 '나는 정직하다.'와 같은 형식으로 특성, 상태, 행동에 대해 기술한다. 공적 자기는 '사람들은 나를 정직하다고 생각하고 있다.'와 같은 형식으로 기술한다. 집단적 자기는 '나(우리)의 가족은 나를 정직하게 생각한다.'와 같은 형식으로 기술한다.

집단주의 문화에서는 개인주의 문화의 사람들에 비해 집단적 자기를 더 많았다. 트리안디스 등은 하와이 대학생과 일리노이 대학생을 대상으로 '나는 ○○○이다.'라는 형태의 20개 문장을 쓰도록 하여, 사회적 범주(가족, 장소, 성 등)에 해당되는 것을 채점하였다. 또한 이들에게 자신의 문화적 배경에 대해 쓰도록 하였다. 결과를 보면, 집단주의적으로 자신을 규정하는 경향을 보인 하와이 집단이 개인주의적으로 자신을 규정하는 경향을 보인 일리노이 집단보다 더 점수치가 높았다. 이와 같은 결과는 다른 조사에서도 유사하게 나타났다.

테서와 무어(Tesser & Moore, 1986)는 공적 자기와 사적 자기가 수렴된다고 주장했다. 하지만 이러한 것은 개인주의 문화에서만 나타나고 집단주의에서는 그렇지 않다는 것이 도이(Doi, 1986)에 의해 밝혀졌다. 도이의 견해에 대해서는 이와오(Iwao, 1988)에 의해서도 지지되었다. 이와 관련된 연구로서, 민족적 편견을 가진 아버지가 딸의 결혼과 관련하여 물론, 미국에서도 사람들은 늘 큰소리로 말하는 것은 아니다.

도이(Doi, 1986)는 다테마에(자기 제시)와 혼네(가면 뒤)를 구분하였다. 미국에서는 이들 두 개의 'self'가 연결되어 있지는 않지만 상호 관련이 있다. 반면, 일본에서는 각각이 독립되어 있다. 미국에서 개인주의는 평등을 강조하는 것과 관련이 있다. 개인주의와 동조는 동전의 양면이다. 일본에서는 위계가 사회 질서 유지의 핵심이다. 사람들은 자신의 사회적 행동을 결정하는데 있어서 자신의 친척의 지위에 영향받는다. 도이의 말에 의하면, 일본인들은 자신의 의견을 말하는 것을 싫어하고 사회적 합의에 의해 나온 의견을 표현하는 것을 선호한다.

흥미로운 점은, 도이가 주장하는 일본에서만 존재하는 'real'한 개인이다. 일본인들이 사회적으로 적절한 행동을 한다고 하더라도 그들의 'real' self는 이들의 사적 자기이다. 이 사적 자기는 행동하는 것과는 상당히 다르다. 반면에 개인주의 사회에서는 공적 자기와 사적 자기 간의 강한 수렴이 나타난다. 그에 의하면, 현대화는 결국 사적 자기와 공적 자기의 일치성을 높인다.

도이는 개인주의, 집단주의, 전체주의를 구분하였다. 개인주의는 내집단의 목표보다 사적 목표를 우선시하고, 집단주의는 이 두 목표를 같게 보고, 전체주의는 개인에게 내집단의 목표를 강요한다. 그리고서 일본은 집단주의 문화로 보고 있다. 기어츠(Geerts, 1983)는 자바, 발리, 모로코 사람들을 대상으로 자기를 조사했다. 여기서 나온 결과는 도이의 결과와 놀랍게도 유사했다. 모로코인들에 대해서만 상당히 달랐다. 이들은 니스바(nisba, 관계, 혈연성, 관계, 친족)와 자기가 밀접하게 관련 있었다.

정체감은 개인주의 문화에서 한 사람이 가지고 있는 것에 의해 규정된다. 집단주의 문화에서는 타인 즉, 집단과의 관계에 의해 규정된다. 웰든(Weldon, 1984)은 미국과 같은 개인주의 문화에서 독특하지 않은 것으로 특징지어지는 사람은 어긋나는 것이 된다.

도덕성이 집단주의 문화와 개인주의 문화에서 서로 다르게 여겨진다는 경험적 증거가 있다. 집단주의 문화에서는 좀 더 절대적이고, 맥락적이며, 사회 체계에서 행위자의 위치에 따라 달라진다. 마(Ma, 1988)는 콜버그(Kohlberg, 1976, 1981)의 연구를 토대로 중국에서 도덕적 판단에 관한 연구를 시행하였다. 결과적으로는 4단계부터 6단계까지에 있어서 집단주의적 특징이 드러났다. 4단계에서는 집단주의적이며 정서적인 관점 대 개인주의적이고 이성적인 관점의 차이가 있었고, 5단계에서는 집단주의적 관점이 더 엄격했으며, 6단계에서는 자연에 더 조화되어야 한다고 강조한다는 점이다.

7. 개인주의 – 집단주의에서의 사회적 행동

집단주의 문화에서는 개인주의 문화에서보다 내집단/외집단 구분에 관심이 더 많다. 개인주의 문화보다 집단주의 문화에서 내집단과 외집단에 대한 극명한 차이를 보여주는 연구는 거디쿤스트 등(Gudykunst et al., 1987)에 의해 이루어졌다. 한국, 일본, 미국인 학생에게 내집단(친구) 혹은 외집단(낯선 자)에 대해 평가하게 하여 얻은 요인분석 결과는 Personalization, Synchronicity, Difficulty였다. 한국인은 더 개인화와 동시성을 보였고 외집단보다 내집단에서 상호작용하는데 어려움을 덜 보였으며, 일본인들과 미국인들에 있어서도 유사하였지만, 점차 감소하였다. 거디쿤스트 등은 의사소통 행동과 관련해서도 문화차를 살펴보았다. 이들 연구에서도 트리안디스 등(1986)의 연구 결과와 유사한 행태를 보였다. 내집단과 상호작용할 때 집단주의자들은 매우 협조적이며 도움을 주려는 편이었는데 비해 외집단에 대해서는 경쟁적이었다. 개인주의자들은 이러한 대비가 덜 했다. 나아가 집단주의자들은 소수일 때 더 경쟁적이었고, 개인주의자들은 소수일 때 덜 경쟁적이었다. 하지만 이러한 내집단/외집단 구분은 유용하기는 하지만 거친 면이 자주 드러난다. 이와 관련하여 'others'에 대한 범주를 경험적으로 연구한 것이 있는데, 트리안디스 등에 의한 것이다.

사회적 행동의 6개 속성(연합, 분리, 감독, 따르기, 친밀성, 형식성)을 개별 기술적으로 재는 척도를 경정하기 위해 직접 추정하는 방법을 사용한다. 이와 관련된 연구는 트리안디스가 실시했는데 그 결과, 중국과 일리노이주 학생들의 반응 커브가 유사하였고, 중국 학생들이 일리노이 학생들보다 자신의 부모에 대해 더 가깝게 느꼈고 일리노이 학생들은 친한 친구와 룸메이트를 더 가깝게 느꼈다. 또한 어떤 점에서는 이들 두 집단에서 통계적으로 유의미한 차이가 발견되었다.

- 갈등해결: 집단주의자들은 개인주의자들보다 거래와 중재를 선호하였다. 집단주의자들은 외집단의 불리한 점과 관련한 속임수 행동에 대해서는 일반적으로 인정하는 경향을 보였다.
- 의사소통: 집단주의 문화에서 개인들은 의사소통할 때 사회적 맥락을 더 잘 사용하였다. 이들은 초기 상호작용을 할 때 더 많은 주의를 했다. 이들은 처음 만날 때 공식적인 어투로 인사하고, 결혼했는지, 부모의 직업과 종교는 무엇인지를 묻는다.
- 사회적 지각: 홍콩 사람과 호주인 둘 다 양심적이고 호감있다고 지각되었지만, 홍콩 사람들이 더 좋은 인상을 남겼다.

개인주의-집단주의 문화의 배우자 선택

　버스(Buss, 1990) 등이 한 연구를 보면, 순결, 주부로서의 적성 활달한 성격은 배우자 선택에 미치는 중요한 요인이었다. 트리안디스(Triandis, 1986) 등의 연구를 보면, 순결은 가정의 통합유지를 위해, 좋은 주부로서의 적성은 최적의 가족 환경 제공을 위해 집단주의 문화권에서 중시되었고, 활달한 성격은 개인주의 문화권에서 중시되었다. 디온 등(Dion & Dion, 1988)의 연구에 의하면, 개인주의 문화에서는 신체적 호감과 강한 느낌(에로스)이 중시되었으며, 집단주의에서는 실질적이고 친구에 기반한 사랑의 형태를 원한다. 이로 볼 때 개인주의 문화권에서 사랑의 관계는 어느 정도 자기애적인 특성이 있고, 집단주의 문화권에서는 상태에 대한 다정함을 원하는 것으로 나타난다. 이혼률 측면에서도 집단주의에서는 더 낮았다.

Chapter **14** 한국문화와
상담

1. 한국문화의 이해

한국문화의 특징을 요약하면 다음과 같다.

- 첫째, 집단주의적 경향이 여전히 강하다. 이와 아울러 관계주의적 경향도
  높고, 연고주의도 높다. 하지만 현재의 청년층은 집단주의적 경향이 약한
  대신 개인주의적 경향이 강하다.
- 둘째, 가족주의적 경향이 강하다. 실제 가족뿐만 아니라 사회조직에 대해
  서도 가족주의적 경향이 강해서 다른 사람들과의 관계에서 일정 수준의 접
  촉이 이루어지면 가족화하는 경향을 보이는 경우가 많다.
- 셋째, 수직적 문화를 중시한다. 부-부 관계나 자-자의 관계보다는 부(모)-
  자 관계를 중시하는 경향이 강하다. 서열주의가 강한 것도 같은 맥락이다.
- 넷째, 이념적(ideology) 측면에서는 유교적 문화를 부정하지만 실제적
  (realistic) 측면에서는 비교적 강하게 유지하고 있다.
- 다섯째, 대의명분을 중시한다. 이와 같은 맥락에서 체면을 중시한다. 단,
  최근 들어 대의명분보다 실리적 측면을 중시하는 경향도 강해지고 있다.
- 여섯째, 정(情)과 한(恨)이 비교적 강하게 남아 있다.
- 일곱째, 역동적이다. 최근 들어 강해지고 있는 경향이다.

1) 한국인의 인간관

기존의 연구들을 종합해보면, 한국인의 인간관은 서양의 개별화(individ-uation), 자율성(autonomy), 독립성(independence) 등을 속성으로 하는 자타분리적 자기구조와는 다른 모습 즉, 개별화보다는 탈개별화, 자율성과 독립성보다는 상호연계성 혹은 상호의존성(inter-dependence)을 많이 가지고 있다고 할 수 있다. 이러한 맥락에서 한국인들은 미국을 중심으로 한 서구 문화권에서 중시되는 자신감, 능력감, 효능감(efficacy), 성취감 등과 같은 능력 속성보다는 인격성, 덕성 등과 같은 품성도야적 측면을 더 강조한다.

2) 한국인의 대인관계

한국인은 위와 같은 한국문화 속에서 살아가면서 그에 의해 영향을 받아 대인관계 양식을 발전시켜왔다. 그림 14.1에서 한국인의 대인관계 유형은 (D)인관계적 양식에 해당된다. 이 양식은 다른 양식들과는 달리 개인이 한 집단에 소속되면 그 집단이라는 울타리가 매우 견고해서 안에서 밖으로 나가기도 쉽

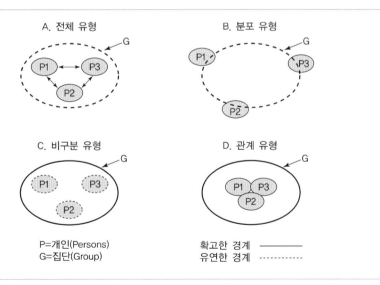

그림 14.1 다양한 대인관계 유형 (자료: Choi, Kim & Choi, 1993)

지 않고, 밖에서 안으로 들어가기도 쉽지 않은 상황이 된다. 그리고 각 개인들은 거의 상호융합 되듯이 서로 접촉되는 측면에서는 경계가 없는 듯이 행동하고 사고하는 특징이 있다. 소위 '옆집 숟가락 수, 젓가락 수를 안다.'는 식으로 상호개입하고 의존하는 모습이다.

2. 한국문화에서의 상담과 기법

1) 문화와 상담

미국에서 출판되는 상담 교재 중 단 6%만이 감정에 관한 기본적인 이론이나 연구들을 언급하고 있다(Hecsacker & Bradley, 1997). 하지만 이 교재들 역시 감정에 관한 일반론적인 토의에 머물고 있어서 인간 정서에 관한 교육과 훈련을 하기에는 부족한 실정이다(Hecsacker et al., 1997). 그러나 우리 한국 문화에서 한국인들은 정서에 대한 관심이 크다고 밝혀져 왔다(예: 최상진, 2002; Markus & Kitayama, 1991).

특히 지금까지 문화심리학자들을 중심으로 미국의 문화가 개인을 독립적이고, 자족적이며(self-contained), 자율적이고(autonomous), 합리적인 존재로 보는 상황에서 위와 같이 미국에서의 정서에 대한 낮은 관심도는 당연한 귀결인지 모른다. 하지만, 한국인들은 정서적 측면을 중시하고, 미국에서 보는 인간관과는 다르므로 정서에 대한 관심을 더 가져야 한다.

또한 수와 수(Sue & Sue, 1999)는 내담자의 문화가치, 상담자의 문화가치, 그리고 상담과정에 내재된 가치들의 일치 혹은 불일치가 상담의 효과에 결정적인 역할을 한다고 주장하였다. 김 등(Kim, Atkinson, Umemoto, 2001)은 문화가치와 감정표현에 관련된 상담심리학의 이론들을 바탕으로 동양의 문화가치에 충실한 내담자일수록 감정의 경험과 표현을 강조하는 상담기법보다는 내담자의 생각(thought)을 표현하도록 격려하는 인지적(cognitive) 상담기법을 선호할 것으로 보았다. 하지만 실제로는 그 반대로 동양문화에서는 인지적 상담기법보다는 감정을 중요하게 다루는 기법이 더 효과적인 것으로 드러났다

(Kim, Li, & Liang, 2002).

2) 한국문화와 상담

동양인과 서양인의 마음에 대한 차이가 있고, 이에 대한 상담이 달리 이루어져야 한다는 주장은 지속적으로 있어 왔다(박성희, 1999). 특히, 박성희(1999)는 한국인의 마음에 관한 유교, 불교, 도교의 사상을 정리하여 마음을 변화시키는 상담 전략을 크게 3가지로 정리했다. 먼저, 마음의 기능을 다음의 3가지로 제시했는데, 마음을 의도대로 다스리는 '통제', 마음의 내용과 작용을 비판 없이 받아들이는 '수용', 마음의 세계를 벗어나는 '초월'이다. 그리고 이러한 마음의 기능을 토대로 마음의 변화 역시 통제, 수용, 초월의 방식으로 이루어질 수 있으므로 상담 목표와 방식에도 이를 적용하면 된다고 보았다. 따라서 때로는 내담자의 통제 능력을 향상시키고, 때로는 수용력을 증가시키며, 때로는 마음의 작용을 초월하여 성장할 수 있도록 도와야 한다고 보았다. 예를 들어, 불안증이 높은 내담자의 불안현상을 다룰 때 이를 통제하는 사고기법을 적용할 수 있고, 불안을 하나의 자연스러운 현상으로 받아들이는 수용 전략과 불안을 객관화시켜 관찰하거나 주시하는 초월 전략을 사용할 수도 있다.

장성숙(2002)은 우리 문화의 특징을 수직적-집단주의 문화권에 속하고 가족주의를 중심으로 '나'보다는 '우리'와 위계를 강조하는 것으로 규정했다. 이에 따라 상담자에 대해서도 미국을 중심으로 한 서구와는 달리 교사와 같이 지도 편달해주는 상담자상을 기대하는 것으로 보았다.

3) 실제 연구로 본 한국문화와 상담

서영석과 안창일(2003)은 대학생을 대상으로 내담자의 사고나 감정을 강조하는 상담 대본을 읽게 한 후, 대본에 나와 있는 상담자를 평가하도록 하였다. 그 결과 참여자들 중 이전에 상담 경험 유무에 따라 상담기법에 대한 인식에 차이가 있음이 드러났다. 즉, 상담경험이 없는 참여자들은 내담자의 인지적 측면을 강조한 상담자보다는 내담자로 하여금 내재된 감정을 경험하고 표현하도록 격려한 상담자가 참여자들 본인의 심리적인 문제해결에 더 도움이 될 것으로 기대하였다.

인지적 상담 대본

> 상담자: 선영 씨에게 어떤 일이 일어나고 있는 지 그리고 왜 남편을 떠나야만 하는지 정확히 알지는 못한다 하더라도 부모님께서는 참고 묵인해주시지 않을까요?
>
> 내담자: (생략)
>
> 상담자: 저라면, 그런 가능성을 버리지는 않을 것 같습니다.
>
> 내담자: (생략)
>
> 상담자: 부모님께 가는 것 외에 달리 생각해볼 수 있는 것은 없을까요? 다른 사람들이라면 이런 상황에서 어떻게 할까요?

정의적 상담 대본

> 상담자: 계속 그 감정상태를 유지하세요. 선영 씨의 그 꼭 쥔 주먹으로 무엇을 하고 싶으신지 궁금합니다. 제 생각엔 선영 씨의 그 감정을 가능한 충분히 표현하는 것이 중요할 것 같습니다.

정의적 상담 대본에 대해 긍정적인 반응의 대표적인 예는 다음과 같다.

- 상담자는 내담자의 말을 잘 유도하고 있으며, 내담자가 겪고 있는 문제가 무엇인지를 깨닫게 해주고 있다.
- 상담자는 내담자가 마음속에 담아두기만 하고 표현할 수 없었던 고민들을 자연스럽게 이끌어내고 표현할 수 있게 하여 내담자의 갈등, 고민을 해결하는데 큰 도움을 주었던 것 같다.
- 내담자의 심정을 잘 이해하고 있으며 따라서 내 마음도 동일시해줄 것 같아 내 문제를 가지고 이야기하기가 쉬울 것 같다.

- 이 상담자와 상담을 하게 된다면 객관적인 관점에서 나의 문제가 무엇인지 정확하게 확인할 수 있을 것 같다.
- 이 상담자와 상담을 하게 된다면 평상시 아무에게도 말할 수 없었던 고민들을 편하게 이야기할 수 있을 것 같고 상담을 통해 문제를 해결할 수 있을 것 같다.

아시아 문화가치를 가지고 있는 한국인들은 문화적 관습과 규범에 따라 살며, 대인관계에서 자신의 감정을 노출하기를 자제하지만, 본인들의 은밀한 문제를 다루는 상담과 같은 특수한 상황에서는 내재된 감정을 경험하고 표현하는 것이 심리적인 문제를 해결하는 데 도움이 될 수 있다는 이중적인 사고를 한다.

장성숙(2004)은 한국이 유교를 전통사상으로 가지고 있어서 관계주의 문화특징을 발달시켰고, 인간관계의 기본 단위에 해당되는 부자유친의 특질이 상담관계 및 상담효과에 많은 영향을 미치고 있다고 주장하였다. 또한, 우리 문화가 수직적-집단주의 문화권에 속하며, 가족주의를 중심으로 하고 '나'보다는 '우리'와 '위계'를 강조하는 것으로 규정하였다. 그녀는 이러한 관점에서 볼 때 한국에서의 상담자는 내담자에게 당면문제 파악, 합당한 공감, 배후상황을 보는 안목, 객관화 작업, 직면의 활용, 관계를 향한 능동성, 부모-자녀관계의 복원 등과 같은 주요 기법이 적용될 수 있다고 주장했다.

또한, 우리나라에서 상담 실무를 담당하고 있는 상담가의 경험을 토대로 한국에서의 상담 실태를 분석해보면, 대부분의 내담자들은 '자신의 고통에서 벗어나고 싶을 때' 상담자를 찾아오게 되고, 상담 과정 중 '상담자의 온전한 이해, 공감 및 받아들여지는 경험'과 '자기문제의 실체파악을 통한 인식전환'을 통해 변화된다고 응답하였다(이은경, 양난미, 서은경, 2007). 내담자의 문제해결을 위해서는 상담자가 정서적으로 버텨나가게 하는 '동반자 역할'을 하는 것이며, 이러한 상담자의 역할을 수행하기 위해서는 '상담자의 인격과 특성'이 가장 중요한 것으로 드러났다. 내담자들이 주로 호소하는 문제는 '관계의 문제'였다.

또한, 한국인의 대화양식을 중심으로 한국 전통문화와 상담의 관계를 설정하려는 여러 시도가 있었다. 강신표(1980)는 침묵이 일상 대화뿐만 아니라 연극과 같은 상황, 나아가 상담상황에서도 언어적 대화보다 더 많이 사용되고 있다고 지적했다. 그리고 이 침묵을 잘 다루어야만 상담의 효과가 높아진다고 주장했다. 그는 〈봄이 오면 산에 들에〉라는 연극의 일부를 분석했는데, 총 5분 10초간의 공연 중 실제 대화시간은 59초에 불과했고, 대화 사이의 침묵이 4분 11초를 차지했다고 밝혔다. 즉, 침묵이 대화보다 4배 정도 길었다.

이장호는 '첫 면접 중 내담자가 보이는 침묵으로 인해 실습자는 당황하고 불안하게 된다.'고 지적하면서 침묵의 의미에 대해 다음과 같이 설명하였다.

불과 수초 동안의 침묵을 몇십 분이나 되는 긴 침묵으로 느끼거나, 무엇을 말해주지 않으면 안 되겠다는 압력을 느끼는 것이다. 1~2분 정도의 침묵은 카운슬러 및 내담자에게 그동안 이야기된 것을 정리할 수 있는 좋은 기회인 동시에, 침묵 중에 경험하는 심리적 측면을 검토함으로써 상담의 진전을 촉진하거나 심리적 부담을 제거할 수 있다. 이런 점에서 보면, 내담자의 침묵 기간 중에 가장 활발한 상담이 일어난다고 말할 수 있다.

강신표(1980)는 위 연극의 내용을 자신의 강의를 수강하는 대학원생들에게 분석하였다. 그 결과 한국문화의 방식인 '알긴 뭘 알고, 모르긴 뭘 몰라.'와 같은 '비 Yes-No식'의 대화가 주로 나타났다.

그는 침묵의 문화가 다음과 같은 역설적인 규칙을 가지고 있다고 보았다.

- 가능한 한 이야기를 생략하고 있으면서 많은 것을 이야기하려고 한다.
- 가능한 한 적은 양을 말하면서도 동시에 많은 것을 듣게 한다.
- 가능한 한 간접적인 표현을 사용하는데 직접적인 표현으로 들을 수 있다.

장성숙(2004)에 의하면, 우리나라에서는 개인에 공감하는 방식에 주력하여 상담할 경우, 설사 내담자의 내적균형이 이루어져 당사자가 자유로움을 느끼게 된다 할지라도, 사회생활에서는 여전히 환영받지 못해 부적응하는 경우가 많다. 따라서 우리나라와 같이 관계주의 문화권에서는 내담자를 상담할 때 내담자가 주위의 기대에 부응하도록 어떤 역할을 어떻게 해야 할지에 대하여 꼭 고려하여 비중 있게 다루어야 한다고 강조했다.

장성숙이 제안하는 상담기술은 다음과 같다.

- 첫째는, 당면문제 파악이다. 실제 상담에서 상담자는 내담자가 지닌 문제가 과연 무엇인지를 정확하게 파악해야 한다. 하지만 우리나라에서는 의외로 어렵다. 내담자는 고통이나 갈등을 해결하고자 상담을 하면서도 체면손상을 걱정하고, 특히, 부모의 얼굴에 먹칠을 할까 봐 문제의 진상에 대해 말하기를 두려워한다(장성숙, 2001; 최상진, 김기범, 2000). 이러한 이유 때문에 내담자는 갈등이 야기된 전후사정을 감추고, 저 멀리 있는 성장사의 아픔을 토로하는 식으로 이야기의 방향을 돌린다. 내담자는 도움을 받고자 하면서도 진실을 감추는 이중적 태도를 가지고 있기 때문에 상담자가 이를 치밀하게 관찰하고 분석하지 않으면 문제의 진상을 제대로 파악지 못할 수도 있다.

- 둘째는, 공감의 가치이다. 현실역동상담에서는 상담자가 직면을 많이 시키는데, 그렇다고 공감을 소홀히 해서는 안 된다. 대개의 경우 공감을 생략하고서는 상담효과를 거두기가 어렵다. 사람은 감정의 동물이다. 특히 우리나라 사람들은 정과 한의 국민이라고 할 정도로 감정적인 측면을 많이 지니고 있다. 변화를 위한 결정적인 순간은 내담자의 심정을 상담자가 낱낱이 알아준다고 여길 때 생긴다. 다만 현실역동상담에서 강조하고자 하는 점은 상담자의 공감반응이 감정적인 수순에서가 아니라 아주 정확한 이해를 바탕으로 이루어져야 한다는 점이다. 그리고 공감은 직면이 이루어질 수 있는 전제조건이라고 해도 과언이 아닐 정도로 상담 작업에서 매우 중요한 기능을 담당한다.

- 셋째는, 배후상황을 보는 안목이다. 문제의 실체를 파악하는 데 있어서 유념할 점은, 내담자가 이야기하는 것만 가지고 상담의 윤곽을 잡으려 해서는 안 된다는 것이다. 참조준거가 될 만한 배경 없이 주관적 보고에 의한 내담자의 진술은 마치 허공에 떠 있는 물체(figure)와 같아서 그 실체가 모호하다. 즉 원근감이 없어 실체를 정확히 알기가 곤란하다는 것이다. 상

담자는 내담자가 보고하지 않는 배후인 전후 상황을 꿰뚫어 볼 수 있는 능력을 지닐 때, 비로소 문제의 진상을 정확히 파악할 수 있다. 이렇게 상담자가 내담자의 현실을 직시할 수 있는 안목을 갖추기 위해서는 무엇보다 보편적인 상식으로 무장하여 전문성을 갖추어야 한다. 예를 들어, 어떤 내담자가 오랫동안 피워오던 담배를 끊었다고 하자. 내담자에게 그 이유를 묻자 특별한 이유가 없다고 대답했다. 재차 '건강을 위한 것이냐, 냄새가 나서냐.' 등을 물었지만 그것 역시 아니라고 했다. 하지만 나중에 알게 된 사실은 이 내담자가 담배를 사서 피울 수 없을 정도로 경제적인 곤란을 겪고 있다는 사실이었다. 경제적인 이유로 담배를 끊었다고 말하는 것이 체면을 깎는 일이라고 생각해서 말하지 않은 것이다.

- 넷째는, 상식에 기초한 객관화 작업이다. 내담자의 문제에 대한 윤곽이 드러나면 보다 본격적인 상담 작업이 이루어진다. 이때 상담자는 무엇이 잘못되었고, 이에 대해 어떻게 대처해야 할지를 명확하게 제시해야 한다. 상담자는 내담자의 모습을 되비주는 역할을 할 필요가 있다. 이럴 경우 자칫 공감이나 지지를 기대한 것과 달라서 내담자가 당황할 수도 있지만, 대부분 내담자 입장에서 볼 때 절실한 문제일 경우에는 견디는 편이다. 만약 상담자가 내담자의 잘잘못에 대한 언급을 피하고 내담자 스스로 깨달을 때까지 기다린다면 내담자는 자신의 잘못된 태도나 왜곡된 감정을 타당한 것으로 여기고 유지하려고 하면서 시간을 허비할 수도 있다. 이때 상담자가 전문성을 발휘하여 권위와 위엄으로 확실하게 문제를 객관화하여 제시하면 내담자는 오히려 안도감을 느낄 수 있다.

- 다섯째는, 직면의 활용이다. 사람들은 크든 작든 직면을 통해 깨어나고, 또 그렇게 깨어나면서 변화를 맞이한다. 내담자가 좀처럼 정신을 차리지 않고 자신의 문제를 자각하지 못할 때는 직면을 시도하는 것이 바람직하다. 사람은 부끄러움 앞에서 가장 빨리 변하기 때문에, 정확한 근거를 토대로 한 직면은 시간을 단축시킬 뿐만 아니라 긍정적인 상담효과를 거두는 지름길이다. 그러나 직면은 벼랑 끝의 대결과도 같은 첨예한 작업이므로 용의주

도하게 이루어져야 한다. 지나치게 약한 내담자일 경우 직면을 유보해야
하지만, 이외의 경우에는 이를 활용해도 좋다.

- 여섯째는, 관계를 향한 능동성이다. 상담자는 내담자의 문제가 혹시 인간
관계에서 비롯된 것이 아닐까라는 점에 촉각을 세워야 한다. 만약 인간관
계의 문제가 있다면 이를 명확하게 부각시키고, 인간관계의 중요성에 눈뜨
도록 해주어야 한다.

3. 한국에서의 다문화상담

　최근 들어 전 세계적으로 인구의 이동이 급격히 증가 중이다. 이는 곧 각
국가의 다문화정책과 상담에 대한 관심으로 이어졌다. 다음 표 14.1은 이민자
수가 상대적으로 많은 주요 국가의 다문화정책 강도를 구분한 것이다. 여기서
염두에 두어야 할 점은 다문화정책의 강약에 따른 국가 분류의 기준으로, 외국

표 14.1 다문화정책 강도의 범주화 (자료: Banting & Kymlicka, 2006)

정책 강도	국가(OECD 가입국을 중심으로)
강	오스트레일리아, 캐나다
중	벨기에, 네덜란드, 뉴질랜드, 스웨덴, 미국, 영국
약	오스트리아, 덴마크, 핀란드, 프랑스, 독일, 그리스, 아일랜드, 이탈리아, 일본, 노르웨이, 포르투갈, 스페인, 스위스

인 이주민의 주류사회로의 일방적인 통합만을 문제 삼지는 않았다는 것이다. 이주민들이 원하는 것은 주류사회로의 통합뿐만 아니라 스스로를 재문화화하는 동시에 문화적 배경의 다양성에 대한 주류사회의 이해와 개방성이다.

우리나라의 2012년 말 정부 통계에 따르면, 공식적인 이주민은 약 130만 명이다. 하지만 실제 이주민의 수는 약 200만 명으로 추정된다. 우리나라에서는 최근 몇 년 전부터 이들과 관련된 다문화정책과 상담에 대한 관심이 급격히 증가하고 있다. 따라서 향후 우리나라의 상담 분야에서 주목해야 할 점 중 하나로, 다문화현상과 관련된 다문화상담(multicultural counseling, culture-centered counseling)을 살펴보고자 한다.

1) 다문화상담의 정의

다문화상담을 어떻게 정의할 수 있을까? 다문화상담의 개념은 학자들마다 다양하게 정의하고 있지만 수와 토리노(Sue & Torino, 2005)의 정의에 주목할 필요가 있다. 이들은 다문화상담과 치료를 '조력하는 역할이자 과정'으로 정의할 수 있다고 보았다. 즉, 내담자의 생활 경험 및 문화적 가치와 일관된 상담 목표와 양식들을 사용하고, 내담자의 정체성을 개인, 집단 그리고 보편적 측면을 포함하는 것으로 인정하며, 조력과정에서 개인적·문화 특수적 전략과 역할을 사용했다. 또한 내담자와 내담자 체계를 평가하고 진단하며, 치료할 때 개인주의와 집단주의 간 균형을 맞추는 데 초점을 두었다.

2) 다문화상담의 중요성

상담 시 문화의 중요성은 1973년 베일에서 개최된 미국심리학회(APA) 연차대회에서 언급되었다. 이 대회에서는 문화적으로 다른 집단에 대한 분명한 이해 없이 진행되는 상담 서비스를 비윤리적이라고 보았다. 이후 다문화상담에 대한 관심과 연구가 진행되었고, 1980년 이후에는 다문화상담이 학계의 중요한 이슈로 부각되었다.

1990년대 들어서는 미국 내에서 다문화상담 관련 논문이 100여 편 이상 발표되었다. 이를 두고 피더슨(Pederson, 1994)은 다문화상담을 '상담의 제4세력'이라고 칭하기도 했다. 또한, 옥스버거(Augsburger, 1986)는 클러크혼과 머레이(Kluckhorn & Murray, 1948)가 강조한 인간의 세 가지 차원 즉, 모든 사람에게 공통적인 보편적 차원, 다른 사람 또는 집단이 보이는 유사성인 문화적 차원, 각 개인의 독특한 개별적 차원을 토대로 상담에서 문화적 인식의 중요성을 강조하였다. 옥스버거(1986)가 제시한 문화적 인식을 학습하는 방법은 다음과 같다.

- 첫째, 상담자는 사람들은 서로 다른 견해를 가질 수 있다는 인식과 다른 사람이 지니고 있는 가설, 가치관을 명확히 이해해야 한다.
- 둘째, 상담자는 자신의 특성을 고수하면서도 다른 세계관을 환영·이해하고 칭찬할 수 있는 능력을 길러야 한다.
- 셋째, 상담자는 개인과 상황에 영향을 주는 자료와 역사적·사회적·종교적·정치적·경제적인 힘의 영향을 인식해야 한다.
- 넷째, 상담자는 특정한 심리적 이론에 대한 순응의 강요가 아닌, 특정한 사람의 삶의 상황에 융통성 있게 반응할 수 있는 능력을 갖추어야 한다.
- 다섯째, 상담자는 차이점과 유사점 그리고 특성과 공통성의 가치를 인정하고 이러한 내용이 다른 사람의 차이점과 관련이 있음을 인식해야 한다.
- 여섯째, 상담자는 잘못된 가설과 편견 그리고 정보를 발견하고 이를 정정할 수 있는 자세를 가져야 한다.
- 일곱째, 상담자는 다른 사람의 역사적 전통에 대한 가치를 탐구하고, 이를 자신의 전통에 적용하는 자세를 가져야 한다.
- 여덟째, 상담자는 이전에 인식하지 못했던 의미와 실체의 새로운 영역 발견에 대한 기대를 가져야 한다.

3) 다문화상담의 유용성

다문화상담은 다음과 같은 유용성을 갖는다.

- 첫째, 상담장면에 있어서 다문화적 관점을 개발할 수 있도록 도와준다.
- 둘째, 한 사회 내에서 공존하는 하위문화층에 있는 내담자들에 대한 이해와 이를 바탕으로 상담적 접근을 수월하게 한다.
- 셋째, 기존 상담이론의 통합적 적용에 대한 인식의 확장에 도움을 준다.
- 넷째, 내담자의 전통문화적인 특성에 적합한 토착화 상담이론과 방법을 개발할 수 있다.

4) 다문화상담의 방향성

다문화상담을 할 때에는 올바른 방향성을 갖는 것이 무엇보다 중요하다. 문화적으로 민감한 상담자는 그렇지 못한 상담자보다 상담의 효과를 높일 수 있다. 수 등(Sue et al., 2008)은 다문화상담의 이론적 기초에 따라 다문화상담이 내포하는 가설 및 방향성을 제시했다. 그 내용은 다음과 같다.

- 다문화상담은 상담의 변형이론이다. 모든 상담은 문화 중심적이므로 그 가치관과 세계관, 문화적 맥락에 따른 철학적 기초이다.
- 기존의 상담이론은 특정한 문화적 상황 속에서 발달되었다. 각 이론은 특정한 문화적 상황에 적합하면서 동시에, 다른 문화적 상황에 편견을 갖는 경향이 있으므로 주의한다.
- 문화적으로 다른 세계관을 가진 상담자는 내담자의 관심에 대해 다른 해석을 할 수 있다.
- 한 사람의 정체성은 개인이 속한 문화적 상황에 의해 형성되며 삶에 지속적으로 영향을 미친다.
- 모든 개인은 개인과 집단 그리고 보편적 수준의 정체성을 가지고 있으며, 이 정체성은 유동적이다.

- 상담자는 그들 자신의 문화적 배경을 상담 현장에 가져오게 된다. 즉, 상담자의 문화적 집단과 연관된 세계관은 그들이 행하는 상담 형태에 영향을 미친다.
- 문화적 정체성은 무질서한 것이 아니라 매우 복잡한 것이다.
- 문화적으로 학습된 가설은 학습된 관점으로서 각 개인의 정체성이나 자기개념의 근본적인 특징이다.
- 개인의 문제는 종종 문화적 상황 속에서 나타난다. 따라서 개인의 문제를 가족, 집단, 또는 지역사회에 존재하는 것으로 정의할 수도 있다.
- 상담자는 문화적으로 다른 내담자를 효과적으로 돕기 위해 다문화적 기술을 향상시킬 수 있다.
- 상담의 다문화적 관점은 단지 소수 인구만을 위한 것이 아니라 모든 상담 장면에서 평가와 진단을 정확히 하는 데 기여한다.
- 다문화상담자는 내담자에 대한 문화적 차원의 배경, 가치관, 가족제도와 체계와 역사를 알지 못한 채 내담자를 이해할 수 없다.

4. 바람직한 다문화상담 기술

1) 다문화상담자의 지침

바람직한 다문화상담을 위해 상담자는 다음과 같은 점을 고려하여, 내담자와 효율적인 상담관계를 맺고 협력해야 한다.

- 첫째, 다문화상담자는 내담자의 문화 내적 요인을 고려해야 한다.
- 둘째, 다문화상담자는 우선 자신의 가치관과 인간행동의 기본 가정을 이해하고, 내담자의 세계관이 자신의 세계관과 어떻게 다른지를 문화적으로 인식해야 한다.
- 셋째, 다문화상담자는 문화적·효율적으로 적절한 상담 서비스를 제공하기 위하여 내담자를 적절하게 평가해야 한다.

또한 다문화상담자는 타 문화적 배경을 지닌 내담자에게 교육자적 권위가 있는 인물로 인식되어야 한다. 내담자의 문제가 단순히 심리적 어려움으로 국한되지 않는다는 점도 알아야 한다. 다문화상담자는 사회복지적 차원이나 법률적 지원 등 삶의 위기를 해결할 수 있는 다양한 실제적 자원을 연계하는 사회적 연결망에 대한 접근이나 사회복지에서 활용하는 전략으로서의 사례를 확충해야 한다.

때로 다문화상담자는 내담자가 표출하는 어려움을 단순히 내담자 혹은 그들만의 심리적 문제로 국한할 수도 있다. 하지만 올바른 다문화상담이 이루어지기 위해서는 상담자가 좀 더 체계적인 관점에서 내담자의 문제를 살펴볼 수 있어야 한다. 나아가 다문화상담자는 국내에 거주하는 타 문화권 출신 내담자들이 속한 문화공동체와 밀접한 관계를 유지해야 한다.

2) 다문화상담자의 문화적 유능성

일반적으로 상담자는 상담의 처음부터 끝까지를 책임질 수 있는 유능성을 가져야 한다. 이러한 측면에서 인식에 대한 유능성, 지식에 대한 유능성, 기술 측면의 유능성을 예로 들 수 있다.

(1) 인식에 대한 유능성

일반 상담을 할 때도 마찬가지겠지만, 특히 다문화상담에서는 상담 초기에 인식의 문제를 갖지 않도록 노력해야 한다. 이를 해결하지 못하면 이후 상담과정에서 발생하는 문제를 극복할 수 없기 때문이다. 인식에 대한 유능성이란 상담자 자신의 가정, 가치, 편견을 올바로 인식할 수 있는 유능성을 말한다.

이를 좀 더 구체적으로 살펴보면, ① 문화적으로 인식하지 못하는 것에서 벗어나 인식하고, ② 자신이 가지고 있는 자기 문화에 의해 영향받은 점에 민감하며, ③ 문화적 차이를 가치 있게 여기고 존중하는 방향으로 변화하며, ④ 자신이 가지고 있는 가치관, 고정관념, 편견 그리고 그것들이 다른 문화권에서 살았거나 다른 문화에 의해 영향받은 내담자에게 미칠 수 있는 영향을 인식하는 것이다. 또한 ⑤ 인종, 성, 성적 지향 그리고 기타 사회인구학적 변인들에서 자신과 내담자 사이에 존재하는 차이를 편안하게 받아들이고, ⑥ 이 차이를 일탈로 보지 않고 자연스럽게 받아들이며, ⑦ 내담자의 사회인구학적 집단 구성원 또는 다른 집단 상담자에게 의뢰하도록 처방해야 하는 상황(개인적 편견, 인종, 성, 성적 지향 정체성의 상태, 사회정치적 영향 등)을 순조롭게 처리하며, ⑧ 소수자와 관련하여 인종차별주의, 성차별주의, 동성애차별주의 또는 기타 해로운 태도, 신념 그리고 감정 등이 있는지 인식하는 것 등을 꼽을 수 있다. 인식의 유능성이란 한마디로 말해서 다문화상담 맥락에서 인지의 틀을 갖는 것이다.

(2) 지식에 대한 유능성

지식에 대한 유능성이란 문화적으로 다른 내담자가 포함된 문화의 구성원들이 가진 세계관 혹은 가치관을 이해하고 이 다문화상담에 대한 특별히 잘 이해하는 유능성을 말한다.

이를 좀 더 구체적으로 살펴보면, ① 문화적으로 다양한 집단, 특히 집단 상담자가 상담하는 집단에 대한 지식과 정보를 갖는 것, ② 사회 비주류집단의 치료에 관해 상담자가 속한 나라가 이들에 대해 어떠한 사회정치적 체계의 움직임을 보이는지에 대해 인식하는 것, ③ 다문화상담과 치료의 일반적 특징에 대한 구체적인 지식과 이해를 갖추는 것, ④ 다양한 내담자들이 정신건강 서비스를 이용하지 못하도록 방해하는 제도적 장벽에 관해 아는 것을 말한다. 이와 같은 지식에 대한 유능성은 지식 추구라는 노력까지 이어져야 다문화상담의 효과를 높일 수 있다.

(3) 기술 측면의 유능성

기술 측면의 유능성이란 상담에 적절한 개입전략과 기법을 통해 상담을 실질적으로 진행시키는 능력을 말한다.

이를 좀 더 구체적으로 살펴보면, ① 광범위하고 다양한 언어적 · 비언어적 조력 반응을 생성할 줄 아는 것, ② 언어적·비언어적 메시지를 정확하고 충분하게 주고받을 줄 아는 것, ③ 내담자를 위해 적절한 시점에 제도적 개입 기술을 실시할 줄 아는 것, ④ 문화적으로 다른 내담자에 대하여 자신이 가진 조력 방식과 한계점이 있을 수 있음을 예상할 줄 아는 것, ⑤ 적극적이고 체계적인으로 상담을 진행하여 상담 상황 외부에 존재하는 환경적 개입 즉, 다른 제도적 도움 등을 이끌어낼 줄 아는 것, ⑥ 과거부터 존재해 온 좋지 않은 관습적인 상담자/치료자의 작용양식에 제한받지 않는 것을 말한다. 이러한 점을 토대로 다문화상담자는 전문성과 신뢰성을 확보해야 한다. 이때 전문성을 능력 변인으로 볼 수 있지만, 신뢰성은 동기 변인으로 볼 수 있다. 따라서 상담자는 상담 능력을 갖추는 것에 그칠 것이 아니라 상담의 동기까지도 충분히 갖추어야 한다.

3) 다문화상담자의 기술

다문화상담을 진행할 때는 상담자의 태도도 중요하지만 이에 못지않게 중요한 것이 내담자와 효과적으로 작업하기 위하여 갖추어야 할 기술이다. 그중에서 가장 중요한 것으로 다음과 같은 사항을 들 수 있다.

- 첫째, 상담회기에서 언어적 장벽을 해결하는 방안을 마련해야 한다. 언어적 장벽은 한국어를 모국어로 사용하는 한국인 상담자와 영어를 모국어로 사용하는 미국인 내담자의 관계와 같은 형식이 전형적인 예이지만 같은 언어를 모국어로 사용하는 남한 상담자와 북한 이탈주민의 경우도 언어적 장벽이 존재할 수 있다. 그 이유는 같은 언어로 분류되는 한국어 사용자라고 해도 오랫동안 언어의 이질화를 겪은 남북한의 상황이 엄연히 존재하기 때문이다. 상담자는 언어적 장벽을 뛰어넘기 위해 내담자의 언어를 학습하거나 의사소통 시 통역을 사용할 수 있다. 또한 언어에 대한 의존을 줄일 수 있는 행동적 기법, 예술, 음악 등을 통한 표현방식을 사용할 수 있다.

- 둘째, 로저스 이론에 따른 인간중심적 상담기법을 사용하지 않는 경우라고 하더라도 무조건적·긍정적 수용과 공감 그리고 솔직성의 핵심적 사항 전달 시 융통성을 갖출 필요가 있다. 특히, 다문화가족 상담자는 좀 더 많은 구조화기법과 질문지법을 사용할 필요가 있다.
- 셋째, 심리 내적인 문제와 정서적 자료들에 대한 관심을 갖고 융통성을 발휘하면서 이들에 대처해야 한다.
- 넷째, 내담자의 개인적 행동과 감정뿐만 아니라 내담자의 행동과 상황에 영향을 주는 단체나 조직에 대한 개입전략을 포함해야 한다. 즉, 내담자의 생태학적 측면에 대한 개선을 위해 노력해야 한다.
- 다섯째, 다른 문화에 대한 지식에 통달하거나 현재 상황을 아는 것이 아니므로, 상담을 좀 더 효과적으로 하기 위해 기꺼이 자신에게 조언할 수 있도록 내담자의 문화적 배경에 대한 전문가와 접촉해야 한다.
- 여섯째, 공동체에서 조력자로 활동하는 사람들과의 협력에 대한 개방과 문화 속에서 전통적인 지원자와 함께 작업할 수 있는 기술을 개발하여야 한다. 특히 내담자들을 돕고 있는 사회복지사나 정신과 의사 등과의 협업을 위해 네트워크를 구성하여 활용할 수 있어야 한다.
- 일곱째, 상담을 할 때 내담자에 대한 심리적 접근뿐만 아니라 내담자를 위한 정부나 공공기관에서 제공하는 공식적인 자원에 관한 정보를 입수하고, 이를 적절히 연계·활용해야 한다. 이러한 것은 주로 이 사회에서 내담자에 대한 각종 정책과 관련 법률, 그리고 구체적인 사업에 해당되므로 이에 대해 시시각각 관심을 가지고 활용할 수 있어야 한다.

4) 다문화상담자의 문화적 민감성 향상

다문화상담자는 상담장면에서 드러내는 내담자의 내면과 문화적 특징이라는 2가지 측면 모두에 대해 민감하게 알아채고, 반응해야 한다. 이러한 민감성을 다문화상담자가 타고나면 좋겠지만 현실적으로는 그렇지 못하기 때문에, 민감성을 향상시킬 수 있도록 노력해야 한다. 민감성 향상을 위해 다음과 같은 단계를 제시할 수 있다.

- 제1단계: 이 단계는 문화에 대한 인식훈련 단계로서, 다문화상담자 자신과 문화적으로 다른 내담자의 관점으로부터 상황을 정확하게 볼 수 있는 능력을 배양하는 과정을 거쳐야 한다.
- 제2단계: 이 단계는 지식훈련의 단계로서, 다문화상담자 자신의 문화와 타 문화에 대한 다양한 자료를 통해 더욱 풍부하고 올바른 지식을 습득하는 과정을 거쳐야 한다.
- 제3단계: 이 단계는 기술훈련의 단계로서, 다문화상담자가 문화적 자각과 올바른 문화적 지식을 바탕으로 상담적 상황에서 올바른 방법을 통한 다문화적 상담기술을 활용하는 과정이다. 우선 다문화상담가로서 내담자와의 올바른 상호작용하는 기법을 익혀야 한다.
- 제4단계: 이 단계는 사례관리훈련의 단계로서, 다문화상담자가 내담자가 속한 집단이나 공동체로부터 얻을 수 있는 비공식적 자원과 정부나 공공기관으로부터 얻는 비공식적 자원을 활용하여 내담자의 삶 전반에 효과적으로 개입할 수 있는 체계적인 사례관리적 기법을 습득해야 한다.

5) 다문화상담자의 자기인식

다문화상담자는 일반적인 상담자처럼 자기인식을 정확히 해야 한다. 그중에서도 특히 문화적인 측면과 관련된 자기인식을 정확하게 할 수 있어야 한다.

이를 위해서는 스스로 주관적인 방식에 의존하기보다 더욱 객관적인 방식을 활용할 필요가 있다. 단드레이아 등(D'Andrea et al., 2001)은 다문화 인식, 지식, 기술을 검사하는 도구를 개발하였는데, 국내에서는 한재희가 이 도구를 토대로 한국문화 상황에 적합한 40개 문항의 MAKKS를 개발·제시했다. 이 도구를 사용하면 다문화상담자 자신의 자기인식 수준을 보다 정확하게 파악하여 부족한 면에 대해 보강하는 노력을 할 수 있다. 도구에 포함된 문항의 예를 살펴보면 다음과 같다.

- 나는 동성애자(게이 또는 레즈비언)를 보면 꺼려진다.
- 나는 다른 나라 사람과 가까이 사귀어 보았다.
- 나는 고정관념적인 표현(예: 혈액형, 성격 유형, 국가 등)을 나도 모르게 흔히 하는 편이다.
- 나는 나와 종교가 다른 사람들과 깊은 대화를 나누거나 어떤 일을 함께하는 것이 불편하다.
- 나는 청소년이나 노인 등 다른 세대의 사람들과 이야기할 때 높은 장벽을 느낀다.

6) 다문화상담자의 가상상담훈련

다문화상담자에게 필요한 여러 요소를 고루 갖추었다고 하더라도 실제 다문화상담을 하기에는 적지 않은 어려움에 직면할 수 있다. 따라서 실제 상담장면을 모사한 가상문화에 대한 훈련을 하는 것이 좋다. 이러한 훈련 방안은 페더슨과 아이비(Pedersen & Ivy, 1993)가 홉스테드(Hofstede, 1995)의 기본적인 문화적 분류 모델(예: 권력거리가 큰 문화 대 작은 문화, 집단주의 대 개인주의, 여성적 문화 대 남성적 문화, 명료성 대 모호성 문화)을 이론적 기초로 하여 4가지의 가상문화를 만들어서 제시했다. 페더슨 등이 제시한 4가지 특성문화는 알파문화, 베타문화, 감마문화, 델타문화이다.

이러한 페더슨 등의 훈련을 국내에서 적용하려면 한국 문화에 적합하게 변형해야 한다. 이에 대해 한재희(2011)는 트리안디스 등(1998)이 제시한 수직적 개인주의와 수평적 개인주의, 수직적 집단주의와 수평적 집단주의를 토대로 한국의 문화를 충효추구문화, 개성추구문화, 관계추구문화, 역할 추구문화로 구분하여 페더슨의 4문화 구분과 같은 방식의 가상상담훈련을 제시했다. 이때 각 문화에 해당되는 내담자가 가질 수 있는 특징은 긍정적인 측면과 부정적인 측면 모두를 함께 가진 상황으로 설정되어 있다. 그리고 이 내용들에 적합하게 상담 포인트를 설정하여 훈련하도록 되어 있다. 물론 이들 훈련 내용이 아직은 세세하게 규정되어 있고, 훈련자의 반응에 대해 평가하고 성과를 증진

시키는 추가적인 과정이 명시되지 않아서 이에 대해서는 추가적인 노력이 필요하다.

(1) 알파문화

알파문화는 '존경받는', '아버지 같은', '보호해주는', '지혜로운', '따뜻한', '겸손한' 등의 긍정적인 면과 '권리를 주장하는', '불평하는', '타협하는', '반대하는', '공평한' 등의 부정적인 면을 동시에 가지고 있는 것으로 설정되어 있다. 이 문화에 속해 있는 내담자의 대화 스타일은 절제된 예의와 격식을 갖추며 부드럽고 공손한 목소리를 유지한다. 어떤 문제가 있을 때 이들은 주로 그 문제를 내재화하고 타인에게 간접적으로 표출하거나 타인의 탓으로 돌리는 경향이 있다. 물론 이 특징은 남녀나 노소의 인구통계학적 측면에 대해서는 구분하지 않고 설정된 것이어서 실제 가상훈련을 실시할 때는 이에 대해 별도의 가이드라인을 마련해야 할 필요가 있다.

(2) 베타문화

베타문화는 불확실성에 대한 강한 회피적 경향을 가진 문화로서, 이 문화에 속한 내담자의 특징은 '안전한', '예측가능한', '안정감 있는', '명확한', '깔끔한', '체계적인', '구조적인', '법적으로 합당한' 등과 같은 긍정적인 측면과 '혼란스러운', '갈등하는', '참아야 하는', '즉흥적인', '느슨한', '융통성 있는', '비구조화된' 등과 같은 부정적인 측면을 동시에 가진다.

(3) 감마문화

감마문화는 강한 개인주의 경향의 문화로서 미국 문화의 영향을 받은 내담자에 가깝다고 할 수 있다. 이들은 '자율적인', '자아존중', '흥미 있는', '협상하는', '친구 또는 우정', '위엄 있는', '모험적인', '자기실현' 등과 같은 긍정적인 면과 '전형적인', '의무', '희생적인', '충성심 있는', '수치스러운' 등과 같은 부정적인 측면을 동시에 가지고 있다. 이들은 대화할 때 주로 자기를 강하게 드러넬 수 있는 주어를 사용하고, 자신에 대해 적극적으로 변호하고 객관적 사실로 뒷받침한다. 또한 상담에 다행스러운 점은, 이들이 문제해결을 자신의 능력을 시험하기 위한 것으로 여기고 기꺼이 모험하며 도전을 즐긴다는 점이다. 이러한 이들의 특징을 잘 활용한다면 로저스의 인간중심적 상담기법과 같은 것이 쉽게 적용될 수 있다.

(4) 델타문화

델타문화는 강한 남성적 경향을 가진 문화인데, 이는 홉스테드의 연구 결과에서 보인 일본문화와 유사하다고는 할 수 없고 미국문화와도 동일하다고 할 수 없지만 크게 보면 미국문화에 가까운 특징을 보인다고 할 수 있다. 이 문화에 속한 내담자는 '능력 있는', '성공적인', '경쟁력 있는', '확신에 찬', '승리하는', '투쟁적인', '뛰어난', '빠르고 강한', '힘 있는', '열성 있는' 등과 같은 긍정적인 측면과 '돌봄 받는', '작은', '느린', '부드러운', '비굴한', '유약한', '게으른' 등과 같은 부정적인 측면을 동시에 가지고 있다. 이들의 대화 스타일은 미국인 중에서도 경쟁적인 사람들과 거의 유사하게 일반적으로 다른 사람과 논쟁하고 비평하는 특성을 가지며, 큰소리로 다양한 제스처와 신체적 접촉을 하고 상대방의 눈을 직시하면서 말하는 경향이 있다. 또한, 이들은 일상생활에서 성취에 대한 끊임없는 욕구 때문에 다른 사람과 삶을 즐기는 것을 어려워한다. 이들은 자신에 대해 방어적인 경우가 많고, 바쁜 생활패턴 때문에 스트레스에 노출되기 쉬우며, 자신과 타인의 실수를 강하게 질책하는 경향이 있다.

(5) 4가지 문화 유형에 대한 평가

위 4가지 문화 유형을 구분해서 제시하고 이에 따라 상담자 훈련을 하도록 한 시도는 매우 높이 평가할 만하다. 하지만 우리나라의 문화에서 다문화상담을 하는데 그 내담자가 될 주된 부류의 사람들이 가진 문화를 적극적으로 반영하지 못한 점이 아쉽다. 예를 들어, 필리핀 출신자, 베트남 출신자, 중국 출신자, 미국 출신자 등의 특성을 고려하여 이를 반영하는 것이 필요하다. 또한 성별이나 나이 등의 하위문화적 속성이 크게 다른 집단을 고려한 문화 세분화를 추가적으로 마련해야 보다 내담자 중심의 정교한 훈련을 할 수 있을 것이다. 그리고 이러한 점들을 모두 고려한 상세한 매뉴얼이 마련되어야 한다. 이를 위해서는 앞으로도 많은 연구가 필요하다.

7) 다문화상담자와 내담자의 관계

다문화상담자와 내담자는 서로 다른 문화적 배경을 가진 경우가 많다. 따라서 상담자는 내담자와의 문화적 배경의 차이를 따져 이러한 측면이 상담에 어떤 영향을 미칠지 생각해야 한다.

이러한 비교를 할 때, 다문화상담자와 내담자와 상호작용하는 구조도 함께 생각해보아야 한다. 만약 상담자와 내담자가 동일한 행동에 동일한 의미를 부여하거나, 상이한 행동에 상이한 의미를 부여한다면 문제가 없을 것이다. 하지만 동일한 행동에 상이한 의미를 부여하거나, 상의한 행동에 동일한 의미를 부여한다면 이는 상담에 큰 걸림돌이 된다. 따라서 다문화상담자는 내담자와의 문화적 배경 차이를 충분히 세부사항까지 인식하고 상담에 임해야 한다. 그리고 이러한 점을 감안하여 다양한 다문화상담기법을 수정·보완하여 한국문화 상황에 걸맞는 다문화상담기법들을 마련해야 한다.

문화상담자와 내담자의 행동과 의미 조합

동일한 행동 – 동일한 의미 | 상이한 행동 – 동일한 의미
동일한 행동 – 상이한 의미 | 상이한 행동 – 상이한 의미

이러한 맥락에서 내담자의 심리적 틀을 보다 정확하게 세부적으로 안다면 다문화상담자의 상담 준비가 보다 더 효과적으로 이루어질 수 있다. 콜린스 (Collins, 1970)는 화자(상담자)의 신뢰성, 영향력에 대한 수용성에 대한 사람들의 인식을 이해하는 데 사용할 수 있는 개념적인 범주들을 제시했는데, ① 정보와 관련된 문제해결의 틀, ② 일관성의 틀, ③ 정체성의 틀, ④ 경제성의

표 14.2 다문화상담자와 내담자의 개인 내적인 문화 구조 비교틀

구 분	상담자	내담자	상담에 미치는 영향
인종 및 나라	한국	필리핀	
출신지역(도시/시골)	도시(서울)	시골지역(농촌)	
종교	천주교	무교	
나이	40	20	대체국으로 온 필리핀 여성이 문화적 차이로 가정 내에서 겪는 어려움을 상담자가 충분히 이해하지 못할 것 같은 불안이 있다.
성별	남자	여자	
거주지	대도시(서울)	도농경제지역(전주)	
사회적 지위	상담자	전업 주부	
경제적 여건	상	하	
교육 정도	대학원 졸업	중학교 졸업	
거주 형태	핵가족	확대가족(시부모 부양)	
소속 단체	스포츠 클럽	없음	

틀, ⑤ 권위의 틀이 바로 그것이다. 또한 다문화상담자와 내담자 간의 의사소통이 상담장면에서 원활히 이루어지는 것이 무엇보다 중요하므로 표 14.3과 같이 주요 문화마다 차이를 보이는 의사소통 방식의 특징을 알아두어야 한다.

표 14.3 주요 문화에서의 의사소통 방식 (자료: 한재희, 2011)

구 분	말의 빠르기	대화 중 눈맞춤	대화 중 끼어들기	답변 속도	음성
아메리카 원주민	조용하고 느림	간접적으로 응시	• 잘 끼어들지 않음 • 격려하는 의사소통은 거의 하지 않음	지연된 답변 (침묵)	• 저음 • 간접적 표현양식
아시아계 및 히스페닉 미국인	조용하고 느림	들을 때나, 지위가 높은 사람과는 눈을 마주치지 않음	• 잘 끼어들지 않음 • 격려하는 의사소통은 거의 하지 않음	약간의 지연	• 저음 • 간접적 표현양식
백인	듣는 사람을 사로잡기 위해 크고 빠름	들을 때 눈을 더 많이 마주침	• 고개 끄덕임 • 비언어적 표현을 주로 함	빠른 답변	• 객관적 • 과업 지향적
흑인	감정을 실음	• 말할 때 직접적으로 길게 시선을 맞춤 • 들을 때 짧게 시선 맞춤	기회가 생기면 교대로 끼어들기	더 빠른 답변	• 감정적 • 대인 간 표현양식

8) 한국에서의 다문화상담의 미래

한국에서의 다문화상담은 아직 걸음마 단계이다. 하지만 잠재적인 내담자 수는 우리나라의 일반적인 내담자보다 더 많다고 할 수 있다. 이들이 겪고 있는 어려움이 상당히 크며 주변에서 자주 나타나기 때문이다. 이러한 점에서 볼 때, 한국의 다문화상담은 지금이라도 발전의 궤도에 올라야 한다. 이러한 다문화상담적 관점은 앞서 언급했듯 모든 상담에서 다문화상담적 관점을 취해야 한다는 인식과 노하우를 가질 수 있는 계기가 되어야 한다. 다행인 것은 이러한 인식이 기존의 상담자뿐만 아니라 수련을 받는 상담학도들에게도 공유되어 있다는 것이다. 한국의 다문화상담 분야에 대한 관심은 점점 커지고 있다.

국내문헌

강신표(1980). 한국전통문화와 상담-한국인의 대화양식을 중심으로. 이화여자대학교 학생생활연구, 16, 1-31.

박성희(1999). 동양의 마음과 상담. 한국심리학회지: 상담과 심리치료, 11(2), 261-290.

서영석, 안창일 (2003). 문화가치에 대한 충실도, 성격유형 및 상담경험이 상담기법에 대한 인식에 미치는 영향. 한국심리학회지: 상담 및 심리치료, 15(3), 403-421.

안신호(1999). 한국의 집단주의에 관한 동기-자아개념-행동 모형의 검증. 한국심리학회지: 사회 및 성격, 13(1), 121-164.

이은경, 양난미, 서은경(2007). 한국에서의 상담에 대한 질적 연구. 한국심리학회지: 상담 및 심리치료, 19(3), 587-607.

이장호(1982). 상담면접의 기초. 서울: 중앙적성출판사.

장성숙(2002). 우리 문화에서의 상담자상. 한국심리학회지: 상담 및 심리치료, 14(3), 547-561.

장성숙(2004). 한국문화에서 상담자의 초점: '개인중심' 또는 '역할중심'. 한국심리학회지: 사회 및 성격, 18(3), 15-27.

조긍호(1999). 문화유형에 따른 동기의 차이. 한국심리학회지: 사회 및 성격. 13(2). 233-273.

최상진(1994). 한국인의 심정심리학. 사회과학연구, 제7집, 313-337. 중앙대학교 사회과학연구소.

최상진, 김기범(2000). 체면의 심리적 구조. 한국심리학회지: 사회 및 성격, 14(1), 185-202.

한재희(2011). 한국적 다문화상담. 학지사.

국외문헌

Abe, H., & Wiseman, R. L. (1983). A cross-cultural confirmation of the dimensions of intercultural effectiveness. *International Journal of Intercultural Relations, 7*, 53-69.

Abu-Lughod, L. (1986). *Veiled Sentiments: Honor and Poetry in a Bedouin Society*. New York: Oxford University Press.

Adler, N. J. (1991). *International dimensions of organizational behavior*. Belmont, CA: Wadsworth.

Al-Zahrani, S. S., & Kaplowitz, S. A. (1993). Attributional biases in individualistic and collectivistic cultures: A comparison of Americans with Saudis. *Social Psychology Quarterly, 56*, 223-233.

Aron, A., & Aron, E. (1986). *Love and the expansion of self: Understanding attraction and satisfaction*. New York: Hemisphere.

Arthur, W., & Bennett, W. (1995). The international assignee: The relative importance of factors perceived to contribute to success. *Personnel Psychology, 48*, 99-114.

Asch, S. E. (1955). Opinions and social pressure. *Scientific American, 793*(5), 31-35.

Augsburger, D. W. (1986). *Pastoral Counseling Across Cultures*. Westminster John Knox Press.

Averill, J. R. (1994). Emotions are many splendored things. In P. Ekman & R.J. Davidson (Eds.), *The nature of emotion* (pp. 99±102). New York: Oxford University Press.

Axtell, R. E. (1991). *Gestures: The do's and taboos of body language around the world.* New York: John Wiley.

Bakan, D. (1966). *The Duality of Human Existence.* Chicago: Rand McNally.

Banting, K., & Kymlicka, K. (2006). *Multiculturalism and the Welfare State: Recognition and Redistribution in Contemporary Democracies.* Oxford: Oxford University Press.

Benedict, R. (1974). *The chrysanthemum and the sword: Patterns of Japanese culture.* Rutland, VT: Charles E. Tuttle(original work published 1946).

Berlin, B., & Kay, P. (1969). *Basic color terms: their universality and evolution.* Kerkeley: University of California Press.

Berry, J. (1980). Introduction to methodology. In H. C. Triandis & J. Berry (Eds.), *Handbook of cross-cultural psychology* (Vol. 2, pp. 1-28). Boston: Allyn & Bacon.

Berry, J. (1999). Cross-Cultural Psychology: A Symbiosis of Cultural and Comparative Approaches. *The 3rd conference of AASP.*

Boas, F. (1910). Psychological problems in Anthropology. American Journal of Psychology, 21. 371-384, reprinted in Stocking, G. (1974). *The shaping of American Anthropology* 1883-1911: A Franz Boas Reader, New York: Basic Books.

Bock, P. K. (1974). *Modern Cultural Anthropology.* Random House, Inc.

Boesch, C. (1996). The question of culture. *Nature, 379*, 207-208.

Briggs, J. (1970). *Never in anger: Portrait of an Eskimo family.* Cambridge, MA: Harvard University Press.

Buss, A. (2000). The evolution of Western individualism. *Religion, 30*, 1-25.

Campbell, D. T. (1986). Relabeling internal and external validity for applied social scientists. In W. M. K. Trochim (Ed.), *Advances in quasi-experimental design and analysis* (pp. 66-77). San Francisco: Jossey-Bass.

Carrithers, M. (1997). Culture. in Barfield, T.(ed.). *The dictionary of anthropology.* Oxford, England: Basil Blackwell.

Chiu, L. (1972). A cross-cultural comparison of cognitive styles in Chinese and American children. *International Journal of Psychology, 7*, 235-242.

Choi, S. C., Kim, U., & Choi, S. H. (1993). Indigenous Analysis of Collective Representations -A Korean Perspective. In Kim, U. & Berry, J. W. (Ed.). *Indigenous Psychologies: Research and Experience in Cultural Context.* 79-103. Newbury Park: Sage.

Church, A. T. (1982). Sojourner adjustment. *Psychological Bulletin, 91*(3), 540-572.

Corey, G. (2009). *Theory and Practice of Counseling and Psychotherapy.* Cengage Learning.

D'Andrade, R. G. (1990). Culture and Personality: A False Dichotomy. In D. K. Jordon and M. J. Swartz (eds), *Personality and the Cultural Construction of Society.*

Toscaloosa: The University of Alabama Press: 145-60.

DanZiger, K. (1997). *Naming the mind*. London: Sage.

Darnell, R. (1986). The Fate of the Sapirian Alternative. In Stocking, G. (ed.). Malinowski, Rivers, *Benedict and Others: Essays on Culture and Personality*. Madison: University of Wisconsin Press.

De Gerando, J-M. (1969). *The observation of savage peoples*. Berkeley: University of California Press(original publication, 1800).

De Mooij (1994). *Advertising worldwide*.

Desjarlais, et al. (1995). *World Mental Health: Problems and Priorities in Low-Income Countries*. New York: Oxford University Press.

Doi, T. (1973). *The anatomy of dependence*. Tokyo: Kodansha International.

Dougherty, J. W., D. (1985). *Directions in Cognitive Anthropology*. Urbana: University of Illinois Press.

Ekman, P. (1994). Strong evidence for universals in facial expressions: A reply to Russell's mistaken critique. *Psychological Bulletin, 115,* 268-287.

England, G. W. (1967). Personal value systems of American Managers. *Academy of Management Journal, 10,* 53-68.

Enriquez, V. (1993). *Developing a filipino psychology*. In J. Berry & U. Kim (Eds.), Indigenous Psychologies: Research and experience in cultural context (pp.152-170). Thousand Oaks, CA: Sage Publications.

Ferraro, G. P. (1994). *The cultural dimension of international business*. Englewood Cliffs, NJ: Prentice Hall, 50-51.

Franzen, G. (1994). *Advertising effectiveness: Findings from empirical research*. Henly-on-Thomas. Oxfordshire, UK: NTC Publications.

Frijda, N. H. (1986). *The emotions*. Cambridge, UK: Cambridge University Press.

Geertz, C. (1973). *The interpretation of cultures*. New York: Basic Books.

Gerber, E. (1985). Rage and obligation: Samoan emotions in conflict. In G. White & J. Kirkpatrick (Eds.), *Person, self, and experience: Exploring Pacific ethnopsychologies* (pp. 121-67). Berkeley, CA: University of California Press.

Gluckman, M. (1954). *Rituals of Rebellion in Southeast Africa*. Manchester, England: Manchester University Press.

Goffman, E. (1982) *Interaction Ritual: Essays on Face-to-Face Behavior*. New York: Pantheon Books.

Gould, J., & Kolb, W. L. (Eds.) (1964). *A Dictionary of the Social Sciences*. London: Tavistock.

Greenfield, P. (1997). Culture as process: Empirical methods for cultural psychology. In J.W. Berry, Y.H. Poortinga & J. Pandey (Eds.), *Handbook of cross-cultural psychology* (pp. 301-346). Boston: Allyn.

Greenfield, P. (1999). Three Approaches th the Psychology of Culture: Where do they come from? Where can they go? *The 3rd conference of AASP.*

Gudykunst, W. B., & Ting-Toomy, S. (1988). *Culture and interpersonal communication,* Newbury Park, CA: Sage.

Hall, E. T. (1969). *The hidden dimension.* Garden City, New York: Doubleday/Anchor.

Hammer, M. R., Gudykunst, W. B., & Wiseman, R. L. (1978). Dimensions of intercultural effectiveness: an exploratory study. *International Journal of Intercultural Relations, 2,* 382-393.

Hartley, E. L., & Hartley, R. E. (1952). *Fundamentals of social psychology.* New York: Knopf.

Hartley, E. L., & Hartley, R. E. (1952). *Fundamentals of Social Psychology.* New York:Knopf.

Haviland, W. A. (1996). *The Faces of Culture.* Harcourt College Publishers.

Hawes, F., & Kealey, D. J. (1981). An empirical study of Canadian technical assistance. *International Journal of Intercultural Relations, 5,* 239-258.

Hebb, D. O. (1949). *The Organization of Behaviour.* John Wiley & Sons.

Hecsacker, M., & Bradley, M. M. (1997). Beyond feelings: Psychotherapy and emotion. *Counseling Psychologist, 25,* 201-219.

Helzer, J. E., & Canino, G. L. (eds.) (1992). *Alcoholism in North America, Europe, and Asia.* New York: Oxford University Press.

Hernstein, R., & Murray, C. (1994). *The bell curve.* NewYork: Free Press.

Herskovits, M. J. (1948) *Man and His Works: The Science of Cultural Anthropology.* New York: Knopf.

Hofstede, G. (1980). *Cultures's Consequences.* Beverly Hills, CA:Sage.

Hofstede, G. (1991). *Cultures and organizations: software of the mind.* New York: McGraw-Hill.

Holmberg, A. (1969). *Nomads of the long bow: The siriono of eastern Bolivia.* Garden City, NY: Natural History Press(original publication, 1950).

Hui, C. H. (1984). *Individualism-collectivism: Theory, measurement, and individualism and collectivism 47 its relation to reward allocation.* Unpublished doctoral dissertation, University of Illinois, Urbana-Champaign.

Hui, C. H. (1988). Measurement of individualism-collectivism. *Journal of Research in Personality, 22,* 17-36.

Hui, C. H., & Triandis, H. C. (1986). Individualism-collectivism: A study of cross-cultural researchers. *Journal of Cross-Cultural Psychology, 17,* 222-248.

Hymes, D. (1964). *Language in culture and society.* New York: Harper and Row.

Iwao, S., & Triandis, H. C. (1993). Validity of auto- and heterostereotypes among Japanese and American students. *Journal of Cross-Cultural Psychology*, 24 (4), 428-444.

Izard, C. E. (1977). *Human emotions*. New York: Plenum Press.

Jahoda, G. (1992). *Crossroads between Culture and Mind-Continuities and Change in Theories of Human Nature*. New York : Harvester Whearsheaf.

Jilek-Aall, L. (1988). Suicidal behaviour among youth: A cross-cultural comparision. *Transcultural Psychiatric Research Review, 25*, 87-105.

Johnson, F. (1985). The Western Concept of Self In A. J. Marsella, G. Devos and F. L. K. Hsu (eds.) *Culture and Self. Asian and western perspectives*, London: Tavistock.

Johnson-Laird, P.N., & Oatley, K. (1989). The language of emotions: An analysis of a semantic field. *Cognition and Emotion, 3*, 81-123.

Kealey, D. J., & Protheroe, D. R. (1996). The Effectiveness of Cross-Cultural Training for Expatriates: An Assessment of the Literature on the Issue. *International Journal of Intercultural Relations, 20*(2), 141-165.

Kealey, D. J., & Ruben, B. D. (1983). Cross-Cultural Personnel Selection: Criteria, Issues and Methods. In: D. Landis, R. W. Brislin(eds.), *Handbook of Intercultural Training*. Vol.1, 155-175.

Kim, B. S. K., Atkinson, D. R., & Umemoto, D. (2001). Asian cultural values and counseling process: Current knowledge and directions for future research. *Counseling Psychologist, 29*, 570-603.

Kim, B. S. K., Li, L. C., & Liang, C. T. H. (2002). Effects of Asian American client adherence to Asian cultural values, session goal, and counselor emphasis of client expression on career counseling process. *Journal of Counseling Psychology, 49*, 342-354.

Kim, U. (1999). Indigenous, Cultural, and Cross-Cultural Psychology : Theoretical, Conceptual, and Espistemological Analysis. *The 3rd conference of AASP*.

Kim, U., & Berry, J. W. (Ed.) (1993). *Indigenous Psychologies : Research and Experience in Cultural Context*. Newbury Park : Sage.

Kim, U., Park, Y. S., & Park, D. H. (1999). The Korean indigenous psychology approach: Theoretical considerations and empirical applications. Applied Psychology: An International Review, 45, 55-73.

Kim, U., Triandis, H. C., Kagitcibasi, C., Choi, S. G., & Yoon, G. (Ed.) (1994). *Individualism and Collectivism-theory, method, and applications*. Newbury Park: Sage.

King, M-C., & Wilson, A. C. (1975). Evolution at two levels in humans and chimpanzees. *Science, 188*(4184), 107-116.

Kleinman, A. (1977). Depression, somatization, and the new cross-cultural psychiatry. *Social Science & Medicine, 11*, 3-10.

Kluckhohn, C. (1939). Theoretical bases for an empirical method of studying the acquisition of culture by individuals. *Man 39*, 98–105.

Kluckhohn, C. (1939). Theoretical Bases for an Empirical Method of Studying the Acquisition of Culture by Individuals. *Man, 39*, 98–103.

Kluckhohn, F. R., & Strodtbeck, R. L. (1961). *Variations in value orientations.* Evanston, Ill.: Row, Peterson and Co.

Knight, G. P. (1981). Behavioral and sociometric methods of identifying cooperators, competitors, and individualists: Support for the validity of the social orientation construct. *Developmental Psychology, 17,* 430–433.

Kottak, C. P. (1994). *Anthropology: The exploration of human diversity.* New York: McGraw-Hill.

Kroeber, A., & Kluckhohn, C. (1952). *Culture: A critical review of concepts and definitions.* Papers of the Peabody Museum of American Archaology and Ethnology, 47(1). Cambridge, Mass.: Peabody Museum.

Lang, P. J. (1977). Psychophysiological assessment of anxiety and fear. In J. D. Cone, & R. P. Hawkins, (Eds.), *Behavioral assessment: New directions in clinical psychology.* New York: Brunner-Mazel.

Lazarus, R. S. (1991). *Emotion and adaptation.* Oxford, UK: Oxford University Press.

Leung, K., & Bond, M. H. (1989). On the empirical identification of dimensions for cross –cultural comparisons. *Journal of Cross-Cultural Psychology, 20,* 133–151.

Levy, R. (1973). *Tahitians: Mind and experience in the Society Islands.* Chicago: Chicago University Press.

Levy-Bruhl, L. (1926). *How natives think.* London: Allen & Unwin(original publication, 1912).

Lukes, S. (1973). *Individualism, Key Concepts in the Social Sciences.* Oxford: Basil Blackwell.

Lutz, C. (1985). Ethnopsychology compared to what? Explaining behavior and consciousness among the Ifaluk. In G. White & J. Kirkpatrick (Eds.), *Person, self, and experience: Exploring Pacific ethnopsychologies* (pp. 35–9). Berkeley, CA: University of California Press.

Lutz, C. (1987). Goals, events, and understanding in Ifaluk emotion theory. In D. Holland & N. Quinn (Eds.), *Cultural models in language and thought* (pp. 290– p312). Cambridge: Cambridge University Press.

Lutz, C. (1988). *Unnatural emotions: Everyday sentiments on a Micronesian atoll and their challenge to Western theory.* Chicago: University of Chicago Press.

Ma, H. K. (1988). Objective moral judgment in Hong Kong, mainland China, and England. *Journal of Cross-Cultural Psychology*, 19(1), 78–95.

Macfarlane, A. (1978). *The origins of English individualism.* Cambridge, MA: Blackwell.

Markus, H. R., & Kitayama, S. (1991). Culture and the self: Implications for cognition, emotion, and motivation. *Psychological Review, 98*, 224-253.

Marsella, A. (1980). Depressive experience and disorder across cultures. In H. Triandis & J. Draguns, (Eds.), *Handbook of cross-cultural psychology. Vol. V. (Psychopathology)*. Boston: Allyn and Bacon.

Masuda, T., & Nisbett, R. E. (2001). Attending holistically versus analytically: Comparing the context sensitivity of Japanese and Americans. *Journal of Personality and Social Psychology, 81*, 922-934.

McCall, B. P. (1994). Testing the Proportional Hazards Model in the Presence of Unmeasured Heterogeneity. *Journal of Applied Econometrics, 9*, 321-334.

Mendenhall, M., & Oddou, G. (1985). The Dimensions of Expatriate Acculturation: A Review. *The academy of management review, 10*(1), 39-47.

Miller, J. G. (1984). Culture and the development of everyday social explanation. *Journal of Personality and Social Psychology, 46*, 961-978.

Mills, J., & Clark, M. S. (1982). Communal and exchange relationships. In L. Wheeler (Ed.), *Review of personality and social psychology* (Vol. 3, pp. 121-44). Beverly Hills, CA: Sage.

Miracle, G. E. (1982). Applying cross-cultural research findings to advertising practice and research. In A. D. Fletcher(Ed.), *Proceedings of the 1982 Conference of the American Academy of Advertising*.

Miracle, G. E., Bang, H. K., & Chang, K. Y. (1992, March 20). *Achieving reliable and valid cross-cultural research results*. Working paper panel of Cross-Cultural Research Design, National Conference of the American Academy of Advertising, San Antonio, TX.

Mitchell, A. (1978). *Consumer Values: A typology*. Menlo Park. Calif.: SRI International.

Morgan, L. H. (1963). *Ancient Society*. Cleveland: World Publishing(original publication, 1877).

Morris, D. (1994). *Bodytalk: A world guide to gestures*. London: Johathan Cape.

Morris, M., & Peng, K. (1994). Culture and cause: American and Chinese attributions for social and physical events. *Journal of Personality and Social Psychology, 67*, 949-971.

Morsbach, H. (1980). Major psychological factors influencing Japanese interpersonal relations. In N. Warren (Ed.), *Studies in cross-cultural psychology* (Vol. 2, pp. 167-172). London: Academic Press.

Munson, J. M., & McIntyre, S. H. (1978). Personal values: A cross-cultural assessment of self values and values attributed to a distant cultural stereotype. In Hunt, H. K. *Contributions to Consumer Research*, V. Chicago: Association for Consumer Research, Proceedings, 160-166.

Murdock, G. P. (1945). The common denominator of culture. In Linton, R. (ed.). *The science of man in the world-crisis*. New York: Columbia University Press.

Neisser, U. (1976). *Cognition and Reality: Principles and Implications of Cognitive Psychology*. W.H. Freeman.

Nuckolls, C. (1996). *The cultural dialectics of knowledge and desire*. Madison: University of Wisconsin Press.

Oakland, J. S. (1989). *Total quality management*(2nd ed.). Oxford, UK: Butterworth Heinemann.

Ortony, A., & Turner, T. J. (1990). What's basic about basic emotions? *Psychological Review, 97*, 315-331.

Pedersen, P., & Ivy, A. (1993). Culture-centered counseling. New York: Greenwood.

Pederson, P. B. (1994). *Increasing multicultural competence at the individual level*. Thousand Oaks, California: Sage

Peristiany, J. G. (1965). (Ed.), *Honour and shame: The values of Mediterranean society*. London: Weidenfeld & Nicolson.

Pierce, C. S. (1990). Collected papers [1931-1958]. In Fiske, J. (Ed.), *Introduction to communication studies*(2nd ed.). New York: Routledge.

Pike, K. L. (1954). *Language in relation to a unified theory of the structure of human behavior*. Glendale, CA: Summer Institute of Linguistics.

Posner, B. Z., & Munson, J. M. (1979). The importance of personal values in understanding organizational behavior. *Journal of Human Resource Management, 18*, 9-14.

Reynolds, T. J., & Gutman, J. (1983). *Laddering : extending the repertory grid methodology to construct attribute-consequence-value hierarchies*. Paper presented at the Personal Values and Consumer Behavior Workshop, May 6-7, the University of Mississipi, Oxford, Mississippi.

Rice, C. (1993). *Consumer behavior: Behavioral aspects of marketing*. Oxford, UK: Butterworth Heinemann, 242-253.

Ridley, M. (2003). *Nature via Nurture: Genes, Experience, and What Makes us Human*. Harper Collins, New York.

Rogoff, B., & Chavajay, P. (1995). What's become of research on the cultural basis of cognitive development. *American Psychologist, 50*(10), 859-877.

Rokeach, M. (1973). *The nature of human values*. New York: Free Press.

Roland, A. (1988). *In search of self in India and Japan*. Princeton, NJ: Princeton University Press.

Rozin, P., & Nemeroff, C. (1990). The laws of sympathetic magic: a psychological analysis of similarity and contagion. In Stigler, J., Shweder, R., and Herdt, G. (eds.). *Cultural Psychology: Essays on comparative human development*. Cambridge University Press.

Ruben, B. D. (1976). Assessing communication competency for intercultural adaptation. *Group & Organization Studies, 1*(3), 334-354.

Sapir, E. (1923). The Two Kinds of Human Beings. *Freeman, 8*, 211-212.

Sapir, E. (1929). The Status of Linguistics as a Science. *Language, 5*, 207-214.

Scheff, T. J. (1988). Shame and conformity: The deference-emotion system. *American Sociological Review, 53*(3), 395-406.

Scherer, K. R. (1984). On the nature and function of emotion: A component process approach. In K. Scherer & P. Ekman (Eds.), *Approaches to emotion.* (pp. 293±318). Hillsdale NJ: Erlbaum.

Segall, M., Campbell, D., & Herskovitz, M. (1966). *The influence of culture on visual perception.* Indianapolis, IN: Bobbs-Merrill.

Shweder, R. (1984). Anthropology's Romantic Rebellion, or There's More to Thinking than Reason and Evidence. In Shweder, R. and LeVine R.(eds.), *Culture Theory: Essays on Mind, Self and Emotion.* Cambridge, England: Cambridge University Press.

Shweder, R. (1991). *Thinking Through Cultures: Expeditions in Cultural Psychology.* Cambridge, MA: Harvard University Press.

Shweder, R. A. (1999). The psychology of practice and the practice of the three psychology. *The 3rd conference of AASP.*

Singh, R. (1999). Intergroup Relations as a Compromise between the Norms of In-Group Bias and Fair-Mindedness. *The 3rd conference of AASP.*

Sinha, J. B. P. (1999). Towards Integrative Psychology in India. *The 3rd conference of AASP.*

Sturdivant, F. D. (1981). Minority Markets and Subcultural Analysis. In Kassarjian, H, H. and Roberston, T. S. (eds). *Perspectives in Consumer Behavior*(3rd ed.). Glenview, Ill.: Scott Foresman and Co., 429-443.

Sue, D. W., & Sue, D. (1999). *Counseling the culturally different: Therapy and Practice(3rd ed.),* New York: Wiley.

The Economist, 1995, December 23. America's strange clubs : Brotherhoods of oddballs, 63.

Triandis, H. (1999). *Dialectics between Cultural and Cross-cultural psychology. The 3rd conference of AASP.*

Turner, V. (1957). *Schism and Continuity in an African Society: A Study of Ndembu Village Life.* Manchester, England: Manchester University Press.

Whiting. J. W. M. (1961). Socialization processes and personality. In Hsu. F. L. K. (ed.). *Psychological anthropology.* Homewood, Illinois: Dorsey Press.

Williams, R. M. (1979). Change and stability in values and value systems : A sociological perspective. In Rokeach, M. (Eds.). *Understanding human values: individual and societal.* New York:Free Press, 15-44.

Yang, K. S. (1999). Monocultural and Cross-Cultural Indigenous Approaches : The Royal Road to the Development of a Balanced Global Psychology. *The 3rd conference of AASP.*

author introduction
지은이

채 정 민

고려대학교 심리학과 졸업(문화심리학 박사)
고려대학교 행동과학연구소 연구교수
고려대학교 행동과학연구소 선임연구원
한국사회문제심리학회 부회장 역임
육군사관학교 전임강사
제일기획 마케터
서울사이버대학교 전임교수

한국인 상담과 심리치료를 위한
문화심리학

2014년 3월 7일 초판 인쇄 | 2014년 3월 10일 초판 발행

지은이 채정민
펴낸이 류제동 | 펴낸곳 ㈜교문사

전무이사 양계성 | 편집부장 모은영 | 책임진행 이정화 | 표지디자인 신나리 | 본문편집·디자인 디자인이투이
제작 김선형 | 홍보 김미선 | 영업 이진석·정용섭·송기윤 | 출력 현대미디어 | 인쇄 동화인쇄 | 제본 과성제책

주소 413-756 경기도 파주시 교하읍 문발리 출판문화정보산업단지 536-2 | 전화 031-955-6111(代) | 팩스 031-955-0955
등록 1960. 10. 28. 제406-2006-000035호 | 홈페이지 www.kyomunsa.co.kr | E-mail webmaster@kyomunsa.co.kr

ISBN 978-89-363-1394-4 (93180) | 값 16,000원